本书获得福建省乡村振兴高端智库的支持和资助

台湾农业产业发展研究

翁凝 著

九 州 出 版 社
JIUZHOUPRESS
全国百佳图书出版单位

图书在版编目（CIP）数据

台湾农业产业发展研究 / 翁凝著. —北京：九州出版社，2023.11

ISBN 978-7-5225-2526-6

Ⅰ.①台… Ⅱ.①翁… Ⅲ.①农业产业—产业发展—研究—台湾 Ⅳ.①F327.58

中国版本图书馆CIP数据核字（2023）第230894号

台湾农业产业发展研究

作　　者	翁　凝　著
责任编辑	张万兴　云岩涛
出版发行	九州出版社
地　　址	北京市西城区阜外大街甲 35 号（100037）
发行电话	(010)68992190/3/5/6
网　　址	www.jiuzhoupress.com
印　　刷	鑫艺佳利（天津）印刷有限公司
开　　本	710 毫米 ×1000 毫米　16 开
印　　张	25
字　　数	116 千字
版　　次	2023 年 11 月第 1 版
印　　次	2023 年 11 月第 1 次印刷
书　　号	ISBN 978-7-5225-2526-6
定　　价	98.00 元

前　言

○ ○ ○

　　台湾自2017年起推动《新农业创新推动方案》，提升产业竞争力成为三大施政主轴之一，通过加速产业结构升级、落实农产品初级加工、构建农产品冷链体系、推动智慧农业等一系列措施，提升农产品附加价值，增加农民收入，为消费者提供优质安全的农产品，确保农业、农民、农村永续发展。2017年10月，习近平总书记在党的十九大报告中提出"实施乡村振兴战略"，2018年中央一号文件进一步指明，产业兴旺是实现乡村振兴的重点，要加快构建现代农业产业体系，提高农业创新力和竞争力。因此，台湾农业产业发展是乡村振兴战略的重要组成部分，全面分析台湾农业产业发展情况，深入比较两岸农业产业竞争力，对于促进农业产业结构转型，推进农业农村现代化具有重要的现实意义。

　　本书基于统计数据和VAR模型等研究方法，梳理了台湾农业产业的主要政策，从市场供求变化、成本收益、国际竞争力等方面分析了台湾农业产业的总体发展概况，考察了谷物、油料作物、特用作物、蔬菜、水果、花卉、畜产品、水产品、林产品等重要农产品的产业发展情况，预测了台湾农业产业2021—2025年的市场发展走势，明确了台湾农产品在国际贸易中的竞争地位，并对比了大陆与台湾各类农产品的国际竞争力。

本书共分成十个章节。第一章从供求变化、未来市场发展走势、国际竞争力三个角度剖析台湾农业产业发展的总体概况。第二章从农产品初级加工、农业标准化建设、农产品冷链体系等7个方面，总结提升台湾农业产业竞争力的主要政策。第三章至第十章从供求变化、未来市场发展走势、成本收益和国际竞争力四个角度，具体分析9类重要农产品的产业发展情况。

本书得到以下主要结论：

第一，从生产情况来看，台湾农业生产总值波动明显，农林渔业产值下行压力较大，农林牧渔业就业人口相对稳定，占总就业人口的比例很低，且呈不断下降趋势，其中农牧业就业人口处于主导地位，占农林牧渔业就业人口的比例高达90%。谷物生产以稻谷为主，但稻谷产量波动较大；玉米生产中食用玉米产量明显高于饲料玉米，但二者均呈增长趋势。蔬菜生产以叶菜类蔬菜为主，茎菜类蔬菜和花果菜类蔬菜的生产比重也较高，产量变化相对稳定。水果产业是台湾农业主导产业之一，以香蕉和凤梨生产为主，其中香蕉产量增长明显，而凤梨产量逐渐下降。花卉产业是台湾农业的另一主导产业，其中兰花产业在全球市场中占有重要地位。畜产品生产以猪肉和家禽肉为主，猪肉产量不断下降，而家禽肉产量逐渐增长；家禽肉产量中鸡肉产量所占比例最大。水产品生产以鱼类为主，其产量所占比例高达80%以上。

第二，从消费情况来看，谷类产品在台湾农产品消费中所占比例最大，其次是果品类产品和蔬菜类产品。玉米、猪肉、头足类水产品和贝介类水产品的消费量波动较大，根菜类蔬菜、凤梨、瓜果类水果和鱼类水产品的消费量明显下降，牛肉、家禽肉和虾蟹类水产品的消费量不断增长。台湾农产品消费结构中，谷物、油料作物、蔬菜、水果、畜产品和水产品的消费以食用消费为主。但值得注意的是，谷物消费中玉米消费所占比例最大，玉米消费以饲料用消费为主，占玉米总消费量的比例平均高达97.3%；油料作物中大豆消费所占比例最大，大豆消费以加工用消费为主，占大豆总消费量的比例稳定在80%以上。

第三，从进出口贸易来看，台湾农产品进出口量均保持平稳状态，进口量远大于出口量，二者的巨大差距主要体现在农耕产品，其进口量是出口量的近14倍。在贸易结构中，对于出口量，农耕产品所占比例最大，且呈波动上升趋势，从2002年的47.7%上升至2020年的63.2%；其次是水产品，但2020年出口量出现明显下降，这可能是受到新冠疫情的影响。农产品进口量也以农耕产品为主，其所占比例稳定在70%左右。台湾各类农产品中，大米出口量快速增长，大豆、花果菜类蔬菜、菇类蔬菜和香蕉的出口量不断下降，根菜类蔬菜、瓜果类水果、头足类水产品的进口量明显下降，凤梨、柑橘类水果和贝介类水产品的进出口量波动较大，小麦、玉米、落花生、芝麻、茶叶、鱼类水产品和林产品的需求主要依赖进口，茎菜类蔬菜、叶菜类蔬菜、猪肉、牛肉、家禽肉和虾蟹类水产品的对外依存度高，但茎菜类蔬菜、叶菜类蔬菜和猪肉的进口量波动较大，而牛肉、家禽肉和虾蟹类水产品的进口量不断增长。

第四，从成本收益来看，台湾谷物生产的机械化程度较高，稻米的总收益高于饲料玉米，但利润低于饲料玉米，说明稻米利润较低的主要原因在于成本较高。台湾蔬菜生产的人工费最高，主要蔬菜人工费占总成本的比例大于20%，多数蔬菜的总成本与总收益、利润成正比。水果生产中，台湾多数水果的人工费是总成本的主要来源，木瓜和凤梨的总成本与总收益、利润成正比，文旦柚的利润最高是高收益和低成本带来的，椪柑和柠檬的利润较低是较低的收益和较高的成本导致的，而过低的总收益导致香蕉利润为负。台湾花卉生产中香水百合的总成本明显高于冬菊和文心兰，而香水百合的高成本伴随着高收益和高利润，尽管文心兰的总收益明显高于冬菊，但文心兰过高的总成本导致其利润明显低于冬菊。台湾畜产品生产的饲料费最高，占总成本的比例超过59%，总成本与总收益、利润成正比。

第五，从农产品的国际竞争力来看，2000—2020年，台湾地区农产品的国际市场占有率和出口贡献率均处于极低水平；贸易竞争力指数平均值为−0.68，仅高于日本，贸易竞争力较薄弱；显示性比较优势指数保持在0.2以下，与日本、韩国情况相似，贸易竞争力非常弱；相对贸易优势指数稳定在−0.5左右，仅高于日本和韩国，国际贸易处于比较劣势地位。对比两岸农产品的国际竞争力，对于谷物，两岸谷物的国际竞争力处于较低水平，其中台湾稻米的国际竞争力略高于大陆，大陆小麦的国际竞争力高于台湾，大陆玉米的国际竞争力前期明显高于台湾，中后期与台湾玉米趋同。对于油料作物，两岸大豆国际竞争力均处于较低水平，但台湾大豆的国际竞争力略高于大陆；台湾落花生具有一定的国际竞争优势，而大陆落花生的国际竞争力较弱；台湾芝麻具有较强的贸易竞争力，而大陆芝麻不具有贸易竞争优势。对于特用作物，大陆茶叶国际竞争力很强，而台湾茶叶不具有出口比较优势；大陆烟草具有一定的贸易竞争优势，而台湾烟草的国际竞争力较弱。对于蔬菜，大陆蔬菜的国际竞争力较强，而台湾蔬菜的国际竞争优势不明显。对于水果，台湾香蕉、凤梨具有较强的国际竞争力，而大陆香蕉、凤梨的国际竞争力较弱；大陆柑桔类、瓜果类水果具有一定的贸易竞争优势，而台湾柑桔类、瓜果类水果的国际竞争力较弱。对于畜产品，大陆猪肉具有较强的贸易竞争优势，而台湾猪肉的国际竞争力较弱；两岸牛肉均处于贸易竞争劣势地位；大陆家禽肉具有一定的贸易竞争优势，而台湾家禽肉的国际竞争力较弱。对于水产品，两岸鱼类水产品具有一定的贸易竞争优势，但台湾鱼类水产品的国际竞争力高于大陆；两岸甲壳类水产品不具有贸易竞争优势，但大陆甲壳类水产品的国际竞争力明显高于台湾；大陆软体类水产品具有较强的贸易竞争优势，而台湾软体类水产品的国际竞争力较弱。对于林产品，两岸林产品不具有贸易竞争优势，但大陆林产品的国际竞争力略高于台湾。

本书获得福建省乡村振兴高端智库（XTCXGC2021022）的支持和资助，在此感谢庄忠钦所长、曾玉荣首席专家及课题组成员的指导和帮助。

目 录

○ ○ ○

第1章 | 台湾农业产业发展概况 1

  1 供求变化分析 1

    1.1 生产情况 1

    1.2 贸易情况 6

    1.3 消费情况 9

  2 未来市场发展走势判断 10

    2.1 农林牧渔业生产预测 13

    2.2 农产品进出口贸易预测 14

    2.3 农产品消费预测 16

  3 农产品的国际竞争力对比 17

    3.1 农产品的国际市场占有率 20

    3.2 农产品的出口贡献率 23

    3.3 农产品的贸易竞争力指数 25

    3.4 农产品的显示性比较优势指数 27

    3.5 农产品的相对贸易优势指数 30

第 2 章 | 提升台湾农业产业竞争力的主要政策 33

　1 推动农产品初级加工 33

　　1.1 建立管理制度 33

　　1.2 设置农产加值打样中心 34

　　1.3 建设区域农产品加工中心 34

　2 加强农业标准化建设，推动本地农产品消费 35

　　2.1 精进消费者可信任的农产品标章（志）制度 35

　　2.2 提升消费认知，鼓励地产地销 36

　3 提升农业机械化，改善农产品产销冷链缺口 37

　　3.1 推动省工机械化及设备现代化 37

　　3.2 构建农产品冷链体系 38

　4 发展科技兴农战略 38

　　4.1 推动智慧农业 38

　　4.2 营造农业科技产业聚落 39

　　4.3 推广农业资讯整合服务 40

　5 推动林业永续多元发展 40

　　5.1 发展森林生态深度旅游 40

　　5.2 提高本地木材自给率 41

　　5.3 发展适地林下经济 42

　6 推动畜禽产业升级 43

　　6.1 强化养猪产业竞争力 43

　　6.2 提升家禽产业竞争力 44

　7 永续渔业产业发展 45

　　7.1 提升养殖渔业竞争力 45

　　7.2 完善渔政管理 46

7.3 维护海洋渔业资源 47

第3章｜谷物产业 49

　1 供求变化分析 49

　　1.1稻谷产业 49

　　1.2小麦产业 54

　　1.3玉米产业 57

　2 未来市场发展走势判断 62

　　2.1稻米产业预测 62

　　2.2小麦产业预测 63

　　2.3玉米产业预测 64

　3 成本收益分析 66

　　3.1生产成本构成与收益比较 66

　　3.2成本收益变化趋势 68

　4 两岸国际竞争力对比 72

　　4.1稻米产业 72

　　4.2小麦产业 76

　　4.3玉米产业 79

第4章｜其他作物产业 83

　1 供求变化分析 83

　　1.1 油料作物产业 83

　　1.2 特用作物产业 97

　2 未来市场发展走势判断 106

　　2.1 油料作物产业 106

2.2 特用作物产业 109

3 成本收益分析 111

3.1 油料作物产业：落花生 111

3.2 特用作物产业：茶叶 114

4 两岸国际竞争力对比 118

4.1 油料作物产业 118

4.2 特用作物产业 130

第 5 章 ┃ 蔬菜产业 139

1 供求变化分析 139

1.1 根菜类蔬菜产业 139

1.2 茎菜类蔬菜产业 144

1.3 叶菜类蔬菜产业 148

1.4 花果菜类蔬菜产业 153

1.5 菇类蔬菜产业 157

2 未来市场发展走势判断 161

2.1 根菜类蔬菜产业预测 161

2.2 茎菜类蔬菜产业预测 162

2.3 叶菜类蔬菜产业预测 162

2.4 花果菜类蔬菜产业预测 163

2.5 菇类蔬菜产业预测 164

3 成本收益分析 165

3.1 生产成本构成与收益比较 165

3.2 成本收益变化趋势 168

4 两岸国际竞争力对比 181

第 6 章｜水果产业 185

  1 供求变化分析 185

    1.1 香蕉产业 185

    1.2 凤梨产业 190

    1.3 柑桔类水果产业 195

    1.4 瓜果类水果产业 199

  2 未来市场发展走势判断 202

    2.1 香蕉产业预测 202

    2.2 凤梨产业预测 203

    2.3 柑桔类水果产业预测 204

    2.4 瓜果类水果产业预测 205

  3 成本收益分析 206

    3.1 生产成本构成与收益比较 206

    3.2 成本收益变化趋势 209

  4 两岸国际竞争力对比 224

    4.1 香蕉产业 224

    4.2 凤梨产业 228

    4.3 柑桔类水果产业 232

    4.4 瓜果类水果产业 236

第 7 章｜花卉产业 241

  1 生产情况分析 241

    1.1 切花类花卉产业 241

    1.2 兰花产业 253

　　　　1.3　苗圃类花卉产业 255

　　　　1.4　盆花类花卉产业 257

　　2　贸易情况分析 258

　　3　未来市场发展走势判断 259

　　　　3.1　切花类花卉产业预测 259

　　　　3.2　兰花产业预测 263

　　　　3.3　苗圃类花卉产业预测 263

　　　　3.4　盆花类花卉产业预测 264

　　　　3.5　进出口量预测 265

　　4　成本收益分析 265

　　　　4.1　生产成本构成与收益比较 265

　　　　4.2　成本收益变化趋势 267

第8章 | 畜产品产业 277

　　1　供求变化分析 277

　　　　1.1　生猪产业 277

　　　　1.2　肉牛产业 281

　　　　1.3　家禽产业 285

　　2　未来市场发展走势判断 289

　　　　2.1　生猪产业预测 289

　　　　2.2　肉牛产业预测 290

　　　　2.3　家禽产业预测 291

　　3　成本收益分析 291

　　　　3.1　生产成本构成与收益比较 291

　　　　3.2　成本收益变化趋势 294

4 两岸国际竞争力对比 303

　4.1 生猪产业 303

　4.2 肉牛产业 307

　4.3 家禽产业 311

第 9 章 ｜水产品产业 315

1 供求变化分析 315

　1.1 鱼类水产品产业 315

　1.2 虾蟹类水产品产业 320

　1.3 头足类水产品产业 323

　1.4 贝介类水产品产业 327

2 未来市场发展走势判断 330

　2.1 鱼类水产品产业预测 330

　2.2 虾蟹类水产品产业预测 331

　2.3 头足类水产品产业预测 332

　2.4 贝介类水产品产业预测 332

3 两岸国际竞争力对比 333

　3.1 鱼类水产品产业 333

　3.2 甲壳类水产品产业 337

　3.3 软体类水产品产业 341

第 10 章 ｜林产品产业 345

1 生产情况分析 345

　1.1 木材产业 345

　1.2 竹产业 348

1.3 森林副产物产业 348

1.4 育苗及造林情况 352

2 贸易情况分析 366

2.1 林产品 366

2.2 木材及制品 367

2.3 竹 368

3 未来市场发展走势预测 369

3.1 木材及竹产业生产预测 369

3.2 育苗及造林预测 370

3.3 进出口量预测 371

4 两岸国际竞争力对比 371

4.1 林产品产业 371

4.2 圆木类产品产业 376

4.3 针叶树产业 380

第 1 章 │ 台湾农业产业发展概况

1 供求变化分析

1.1 生产情况

1.1.1 耕地、水产养殖面积逐渐减少，畜牧用地面积先减后增，林地面积保持平稳

台湾农业生产用地面积包括耕地面积、畜牧用地面积、林地面积以及水产养殖面积。根据图1-1可知，2002—2020年，林地面积占农业生产用地面积的比例最大，平均为213.18万公顷；其次是耕地面积，平均为81.22万公顷；第三是水产养殖面积，平均为4.7万公顷；畜牧用地面积所占比例最小，平均仅为0.88万公顷。从变化趋势来看，2002—2014年林地面积维持在210.17万公顷，2015—2020年林地面积有所增加，稳定在219.71万公顷；耕地面积整体上呈逐渐下降趋势，2002年耕地面积为84.73万公顷，到2020年减少至79.01万公顷，减少幅度为6.76%；水产养殖面积呈小幅波动下降趋势，2002年水产养殖面积为5.05万公顷，到2020年减少至4.25万公顷，减少幅度为15.84%；畜牧用地面积呈现先减后增趋势，从2002年的1.14万公顷逐渐减少至2015年的0.77万公顷，减少幅度为32.46%，之后面积逐年回升至2020年的0.83万公顷，增长幅度为7.79%。

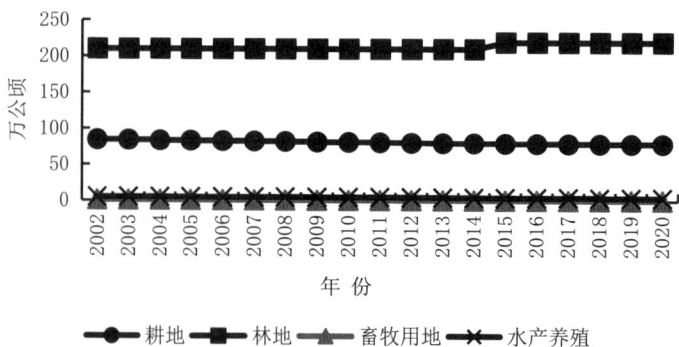

图1-1 2002—2020年台湾农业用地面积

注：林地包括针叶林、阔叶林、阔针叶混合林以及竹林，不含保安林；水产养殖包括浅海养殖、咸水鱼塭养殖、淡水鱼塭养殖和其他养殖，不含箱网养殖。

资料来源：历年《台湾农业统计年报》

1.1.2 农林渔业产值下行压力较大，畜牧业产值波动增长

2002—2020年台湾农林牧渔业总产值整体上呈现先升后降的趋势。根据图1-2可知，2002—2016年总产值从3504.78亿新台币（NT$）逐渐上升至6478.91亿新台币的最大值，增长幅度为84.86%；此后总产值呈现波动下降的趋势，到2020年总产值为5994.55亿新台币，较2016年下降了7.48%。从总产值结构来看，农业产值所占比例最大，总体上呈现逐渐增长趋势，2002年比例为43.33%，2020年增长至52.31%，增长了8.98个百分点。其次是畜牧业产值所占比例相对平稳，平均比例为32.29%。第三是渔业产值所占比例呈现逐步减少趋势，从2002年的26.41%减少至2020年的14.15%，减少了12.26个百分点；林业产值所占比例最小且呈不断减少趋势，从2002年的0.25%减少至2020年的0.03%，减少了0.22个百分点。从各产值的变化趋势来看，农业产值在2002年至2017年间总体上呈不断增长态势，2002年农业产值为1518.62

亿新台币，2017年增长至最大值3424.05亿新台币，增长了1.25倍；畜牧业产值总体上呈现波动增长的趋势，2002年产值为1052.13亿新台币，到2020年产值增加至2008.17亿新台币，增长幅度为90.87%；渔业产值整体上呈现先增后减的趋势，2002—2012年产值从925.61亿新台币波动增加至最大值1230.21亿新台币，增长幅度为32.91%，此后渔业产值呈波动减少趋势，到2020年产值减少至848.23亿新台币，较2012年减少了31.05%；林业产值呈现明显下降趋势，2002年产值为8.76亿新台币，到2020年减少至1.80亿新台币，减少幅度为79.45%。

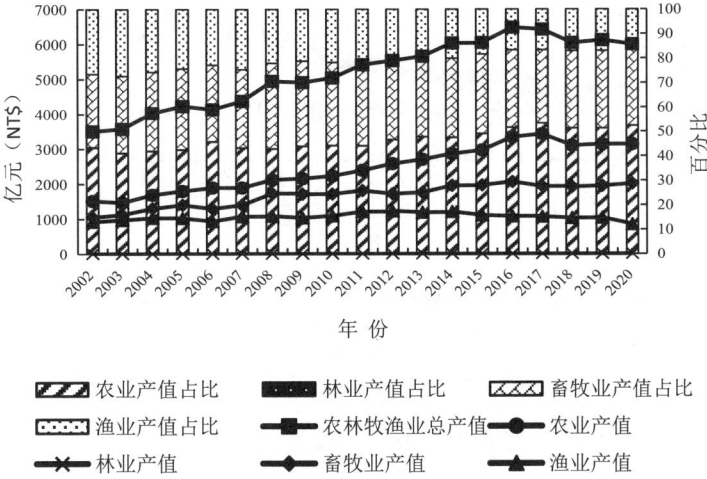

图1-2 2002—2020年台湾农林牧渔业生产结构

注：产值为2002年不变价，平减指数为生产指数。

资料来源：历年《台湾农业统计年报》

1.1.3 农业生产总值由平稳增长趋向大幅波动

2002—2020年农业生产总值[1]与农林牧渔业总产值的变化趋势相似。

---

1 这里农业包括农作物、林业、畜牧业和渔业。

根据图1-3可知，2002—2016年农业生产总值整体上呈现不断上升的趋势，2002年为1915.79亿元NT$，2016年达到最大值4078.71亿元NT$，增长了1.13倍，明显快于农林牧渔业总产值的增长速度；2017—2018年农业生产总值连续下降至3591亿元NT$，减少幅度为11.96%；近两年生产总值有所回升，2020年农业生产总值为3841.41亿元NT$。2002—2020年农业生产总值占省内生产总值的比例很小，始终低于2%，且略有下降，2002年占比为1.81%，2020年下降至1.65%，下降了0.16个百分点。

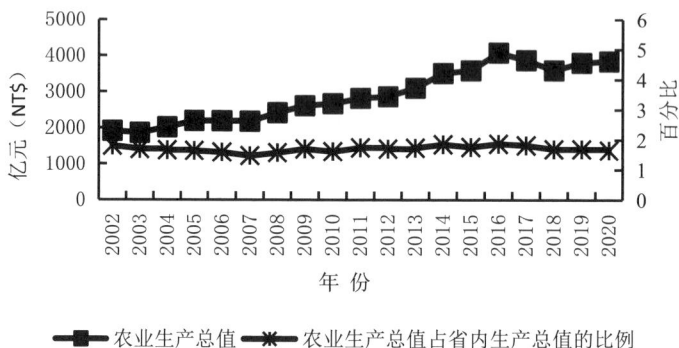

图1-3　2002—2020年台湾农业生产总值变化情况

注：生产总值为2002年不变价，平减指数为生产指数。

资料来源：历年《台湾农业统计年报》

1.1.4 农林牧渔业就业人口由持续下降趋于平稳，农牧业就业人口占主导地位

2002—2020年农林牧渔业就业人口变化大致可以分为两个阶段：2002—2008年为连续下降阶段，2009—2020年为相对平稳阶段。根据图1-4可知，2002年农林牧渔业就业人口为70.9万人，2008年降低至最低值53.5万人，减少幅度为17.4%，此后就业人口趋于平稳，2009—2020年就业人口在54万人至56.5万人之间小幅波动。农林牧渔业就业人口占台湾总就

业人口的比例很低，且呈不断下降趋势，2002年占比为7.5%，2020年降低至4.76%，下降了2.74个百分点。从就业人口结构来看，农林牧渔业就业人口以农牧业就业人口为主，所占比例高达90%；其次是渔业就业人口，所占比例平均为8.79%；林业就业人口所占比例最小，基本不超过1%。从各就业人口变化趋势来看，农牧业就业人口变化趋势与农林牧渔业就业人口变化趋势基本一致，2002—2008年就业人口从64.6万人减少至最低值47.8万人，减少幅度为26.01%，2009—2020年就业人口在48万人至50.5万人之间小幅波动；渔业和林业及伐木业就业人口保持平稳发展，分别为50万人和5万人。

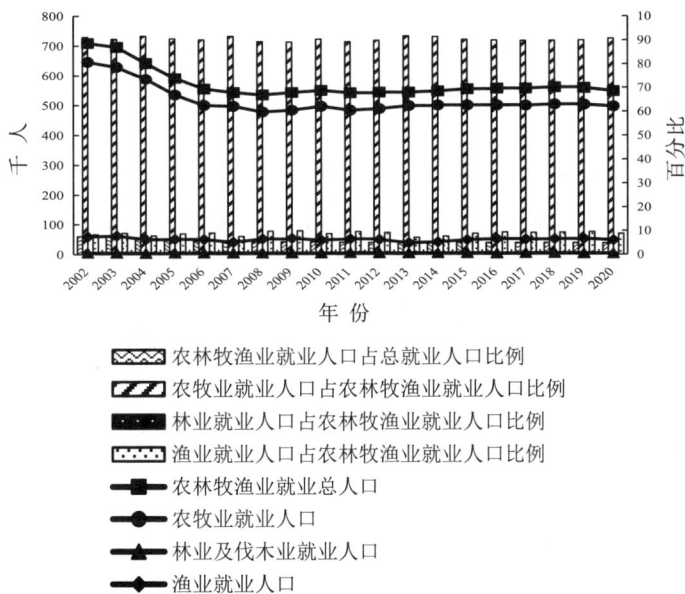

图1-4 农林牧渔业就业人口结构

资料来源：历年《台湾农业统计年报》

1.2 贸易情况

台湾农产品进出口量均保持相对平稳态势，且进口量远大于出口量。根据图1-5可知，2002—2020年出口量与进口量的均值分别为185.19万吨和1803.55万吨，进口量是出口量的近10倍。从变化趋势来看，进口量总体上呈现先增再减最后趋于平稳的趋势，2002—2005年进口量从1823.07万吨缓慢增长至最大值1914.26万吨，此后进口量开始逐年减少，到2009年降至最小值1666.57万吨，2010—2020年进口量保持平稳状态，在1730万吨至1850万吨之间小幅波动；出口量整体上呈现稳中有升的态势，2002年出口量为172.78万吨，2020年增加至209.16万吨，增长幅度为21.06%。

从进出口结构来看，根据图1-6和图1-7可知，农产品进出口量的巨大差距主要体现在农耕产品，其平均进口量（93.45万吨）是出口量（1283.96万吨）的近14倍。对于出口量，农耕产品所占比重最大，且呈现波动上升趋势，2002年占比为47.7%，2020年上升至63.2%，上升了15.5个百分点；其次是水产品，其所占比重在27%至42%之间上下波动，值得注意的是，2020年比重（27.66%）出现明显下降，这可能是受到新冠疫情的影响，导致其比重首次降至30%以下；第三是畜产品，其所占比重整体上呈现逐渐下降的趋势，2002年占比为11.48%，2020年下降至7.86%，下降了3.62个百分点；林产品所占比重最小，且呈不断下降趋势，2002年占比为6.34%，2020年下降至1.28%，下降了5.06个百分点。对于进口量，农产品进口以农耕产品为主，其所占比重基本维持在70%左右；其次是林产品，其所占比重小幅波动并趋于下降，2002年占比为21.69%，2020年下降至17.80%，下降了3.89个百分点；第三是畜产品，其所占比重很小且呈小幅波动上升趋势，从2002年的4.79%上升至2020年的

6.21%，上升了1.42个百分点；水产品所占比重最小，基本维持在3%以下。

从各类农产品的变化趋势来看，对于出口量，根据图1-6可知，2002—2020年，农耕产品出口量整体上呈现先减后增的趋势，2002—2006年出口量逐年减少，从82.41万吨减少至最低值61.55万吨，减少幅度为25.31%，此后出口量快速增长，2019年达到最大值136.73万吨，较2006年增长了1.22倍，2020年略微下降至132.20万吨；水产品出口量在57.8万吨至80万吨之间波动，2020年可能受疫情影响，出口量降至最低水平57.86万吨，较上一年减少了15.79万吨，减少幅度为21.44%；畜产品出口量在14.5万吨至22万吨之间小幅波动；林产品出口量极少且呈现逐渐减少的趋势，2002年出口量为10.95万吨，2020年减少至2.67万吨，减少幅度为75.62%。对于进口量，根据图1-7可知，2002—2020年，农耕产品进口量在1195万吨至1375万吨之间上下波动；林产品进口量在2009年出现明显减少，其余年份呈现平稳中缓慢减少的趋势，从2002年的395.36万吨减少至2020年的318.25万吨，减少幅度为19.50%；畜产品进口量整体上呈现波动上升趋势，从2002年的87.33万吨增加至2020年的110.96万吨，增长幅度为27.06%；水产品进口量在平稳中略有增长，2002年进口量为39.00万吨，2020年增加至52.70万吨，增长幅度为35.13%。

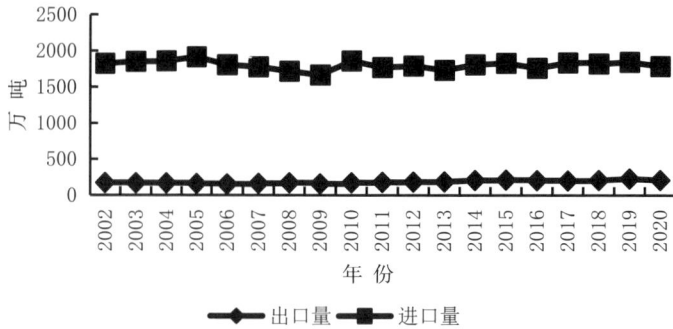

图1-5 2002—2020年台湾农产品进出口量变化

资料来源：历年《台湾农业统计年报》

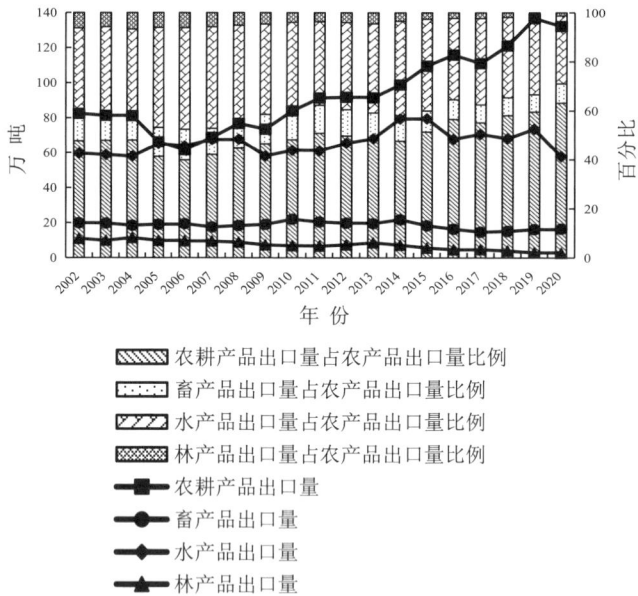

图1-6 2002—2020年台湾农产品出口结构变化

资料来源：历年《台湾农业统计年报》

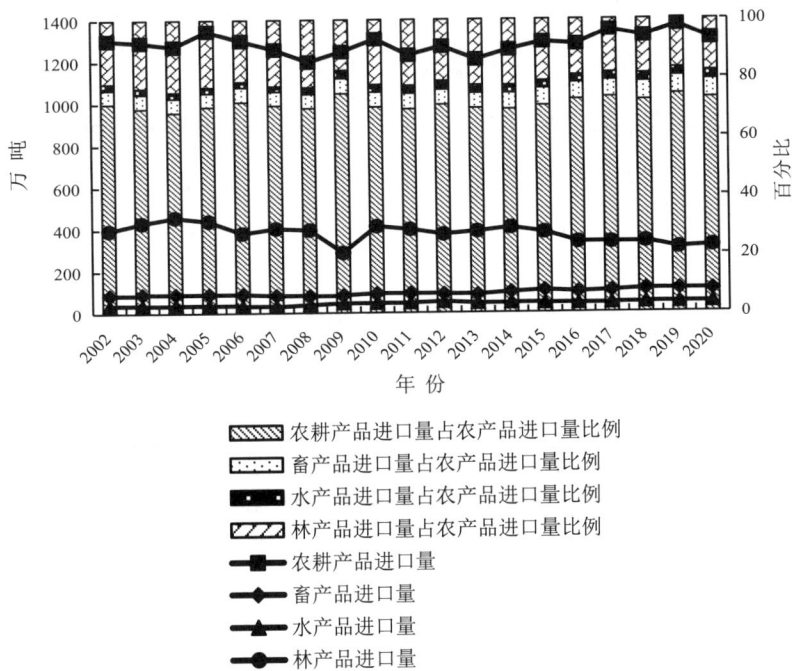

图1-7 2002—2020年台湾农产品进口结构变化

资料来源：历年《台湾农业统计年报》

1.3 消费情况

台湾农产品消费可以分为五大类：谷类、蔬菜类、果品类、肉类和水产类。根据图1-8可知，2002—2020年，谷类在农产品消费中所占比例最大，以稻谷、小麦和玉米消费为主，其消费量基本稳定在760万吨左右；果品类是农产品消费的第二大来源，主要包括香蕉、凤梨、柑橘类和瓜果类消费，其消费量在295万吨至365万吨之间小幅波动；蔬菜类是农产品消费的第三大来源，主要包括叶菜类、根菜类、茎菜类、花果菜类和菇类消费，其消费量基本稳定在280万吨左右；肉类消费以猪肉、牛肉、家禽肉及羊肉为主，其消费量在平稳中略有增长，从2002年的186万吨增加至2020年的217万吨，增长幅度为16.67%；水产类在五大类农产品消费中所占比例最小，主要包括鱼类、虾蟹类、头足类和贝介类消费，其消费量在小幅波动中略有下降，从2002年的91.7万吨减少至2020年的69.7万吨，减少幅度为23.99%。

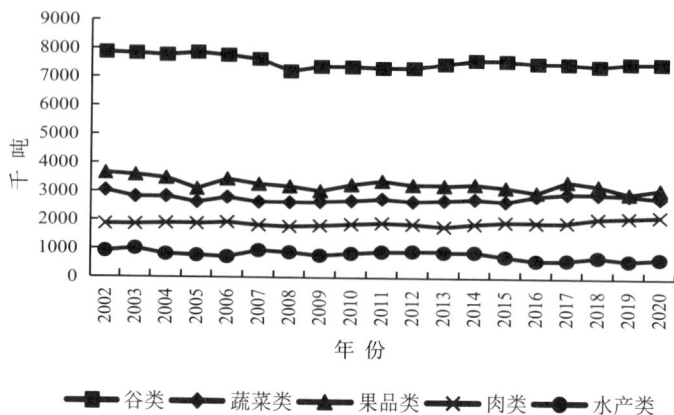

图1-8 2002—2020年台湾五大类农产品消费量

资料来源：历年《台湾农业统计年报》

2 未来市场发展走势判断

本部分采用VAR模型对台湾农业产业未来五年的发展走势进行预测。VAR模型适用于多个关联时间序列的预测，假设有n个时间序列变量 $\{y_{1t},\cdots y_{nt}\}$ 分别作为n个回归方程的被解释变量，解释变量为这n个变量的p阶滞后值，那么VAR（p）模型可以表示为：

$$y_t = B_0 + B_1 y_{t-1} + \cdots + B_P y_{t-P} + \varepsilon_t \qquad (1)$$

其中，表示n维随机扰动向量；B_0，B_1，…，B_P 为系数矩阵。

首先构建VAR系统，系统包括产量、消费量、进出口量等经济变量，然后对农业产业及分类产业进行未来市场预测。由于模型预测结果基本稳健，本书以农业生产结构为例，阐述详细的预测步骤并展示主要估计结果，其余部分仅展示最终的预测结果[1]。

　　估计关于农作物产值、林产值、畜产值和渔产值的农业生产结构四元VAR系统：第一，根据信息准则确定VAR模型的最佳滞后阶数为2阶。第二，估计2阶VAR模型，并检验各阶系数的联合显著性。结果表明，作为四个方程的整体，各阶系数均高度显著（见图1-9）。第三，检验残差是否存在自相关。结果显示，可以接受残差"无自相关"的原假设，即认为扰动项为白噪声（见图1-10）。第四，对VAR系统进行单位根检验，检验此VAR系统是否为平稳过程。结果显示，所有特征值均在单位元之内，故此VAR系统是稳定的（见图1-11）。第五，检验VAR模型的残差是否服从正态分布。检验结果接受这四个变量的扰动项服从正态分布的原假设（见图1-12），因此变量未来值的预测区间是可信的。第六，预测未来5年的各变量取值（结果见表1-1）。

Equation:ALL

lag	chi2	df	prob > chi2
1	133.5506	16	0.000
2	176.5714	16	0.000

图1-9　各阶系数的联合显著性检验结果

Lagrange-multiplier test

lag	chi2	df	prob > chi2
1	17.8438	16	0.33312
2	18.0299	16	0.32215

图1-10　残差项自相关检验结果

1　如需详细的预测步骤及估计结果，可向作者索取。

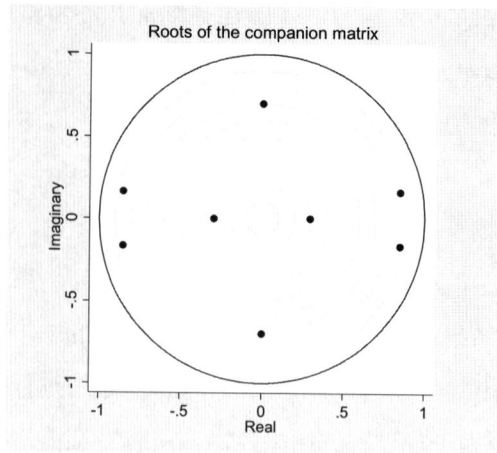

图1-11 VAR系统稳定性的判别图

Jarque-Bera test

Equation	chi2	df	Prob > chi2
crop_value	0.015	2	0.99240
forest_value	0.976	2	0.61388
livestock_value	0.639	2	0.72641
aquatic_value	1.104	2	0.57587
ALL	2.734	8	0.94992

Skewness test

Equation	Skewness	chi2	df	Prob > chi2
crop_value	.03669	0.004	1	0.95075
forest_value	-.57893	0.950	1	0.32981
livestock_value	-.19132	0.104	1	0.74742
aquatic_value	.37848	0.406	1	0.52407
ALL		1.463	4	0.83317

Kurtosis test

Equation	Kurtosis	chi2	df	Prob > chi2
crop_value	2.8729	0.011	1	0.91480
forest_value	2.8074	0.026	1	0.87122
livestock_value	2.1305	0.536	1	0.46428
aquatic_value	2.0074	0.698	1	0.40350
ALL		1.271	4	0.86625

图1-12 残差服从正态分布检验结果

2.1 农林牧渔业生产预测

对于台湾农林牧渔业生产产值，根据表1-1可知，农业产值未来五年预计逐渐减少，2021年产值为3070.20亿元NT$，较2020年减少65.55亿元NT$，到2025年产值将减少至2346.12亿元NT$，较2020年减少789.63亿元NT$，减少幅度为25.18%；林业产值未来预计先减后增，先从2020年的1.80亿元NT$减少至2022年的最小值1.01亿元NT$，之后逐渐增加，到2025年产值将达到2.77亿元NT$；畜牧业产值预计将逐渐减少，2025年产值为1622.14亿元NT$，较2020年减少386.03亿元NT$，减少幅度为19.22%；渔业产值未来五年预计相对平稳，在784亿元NT$至821亿元NT$之间小幅波动。

表1-1 2021—2025年台湾农林牧渔业生产产值预测值（单位：亿元NT$）

年 份	农 业	林 业	畜牧业	渔 业
2021	3070.20	1.37	1871.98	783.73
2022	2805.38	1.01	1780.43	814.08
2023	2637.41	1.52	1775.92	820.97
2024	2521.92	2.38	1712.45	785.33
2025	2346.12	2.77	1622.14	788.54

资料来源：根据历年《台湾农业统计年报》数据计算所得

对于台湾农业用地面积，根据表1-2可知，耕地面积未来五年预计基本维持在79万公顷；林地面积未来预计略有增加，2025年面积为223.70万公顷，较2020年增加4万公顷，增长幅度为1.82%；畜牧用地面积预计在平稳中略有增长，2025年面积为0.86万公顷，较2020年增加0.03万公顷，增长幅度为3.61%；水产养殖面积未来五年预计稳定在4万公顷左右。

表1-2 2021—2025年台湾农业用地面积预测值（单位：万公顷）

年 份	耕 地	林 地	畜牧用地	水产养殖
2021	79.00	221.83	0.83	4.01
2022	78.99	221.04	0.83	3.97
2023	79.03	223.37	0.84	4.00
2024	79.05	223.70	0.84	3.97
2025	79.09	223.70	0.86	3.97

资料来源：根据历年《台湾农业统计年报》数据计算所得

对于台湾农林牧渔业就业人口，根据表1-3可知，农牧业就业人口未来五年预计依然占主导地位，人口将基本保持在49万人左右；林业及伐木业就业人口未来五年预计稳定在5000人左右，较2020年略有增长；渔业就业人口未来预计略有波动，2020—2022年，就业人口将从4.80万人增加至最大值5.34万人，增长幅度为11.25%，2023年就业人口将减少至4.74万人，随后逐步回升，2025年就业人口将增加至4.90万人，较2020年增加0.1万人。

表1-3 2021—2025年台湾农林牧渔业就业人口结构预测值（单位：千人）

年 份	农牧业	林业及伐木业	渔 业
2021	487.57	5.16	52.70
2022	483.36	5.06	53.35
2023	494.01	4.99	47.44
2024	491.50	5.05	47.75
2025	492.83	4.86	48.98

资料来源：根据历年《台湾农业统计年报》数据计算所得

2.2 农产品进出口贸易预测

对于台湾农产品出口量，根据表1-4可知，农耕产品出口量未来五年预计在平稳中缓慢下降，到2025年出口量为126.67万吨，较2020年减少5.53万吨，减少幅度为4.18%；畜产品出口量2021年预计将有所增长，此后基本维持在17.6万吨左右，较2020年增长约7%；林产品出口量未来五年预计逐年增长，2025年增加至4.58万吨，较2020年增加1.91万吨，增长幅度为71.54%；水产品出口量未来五年预计缓慢增长，从2020年的57.85万吨增加至2025年的64.18万吨，增长幅度为10.94%。

表1-4 2021—2025年台湾农产品出口量预测值（单位：万吨）

年 份	农耕产品	畜产品	林产品	水产品
2021	132.74	17.47	3.49	60.16
2022	131.58	17.76	4.03	61.91
2023	129.82	17.75	4.35	63.09
2024	128.08	17.65	4.51	63.79
2025	126.67	17.56	4.58	64.18

资料来源：根据历年《台湾农业统计年报》数据计算所得

对于农产品进口量，根据表1-5可知，农耕产品进口量未来五年预计将逐渐增长，从2020年的1306.33万吨缓慢增加至2025年的1342.27万吨，增长幅度为2.75%；畜产品进口量未来预计将逐年递增，到2025年进口量将为116.05万吨，较2020年增加5.09万吨，增长幅度为4.59%；林产品进口量未来五年预计在小幅波动中略有减少，从2020年的318.25万吨减少至2025年的311.90万吨，减少幅度为2%；水产品进口量2021年将略有增长，从2020年的52.70万吨增加至53.92万吨，增长幅度为2.31%，之后基本保持不变。

表1-5 2021—2025年台湾农产品进口量预测值（单位：万吨）

年 份	农耕产品	畜产品	林产品	水产品
2021	1329.94	112.58	316.40	53.92
2022	1332.26	113.94	320.08	53.74
2023	1336.45	114.77	316.83	53.67
2024	1339.69	115.47	314.14	53.68
2025	1342.27	116.05	311.90	53.73

资料来源：根据历年《台湾农业统计年报》数据计算所得

2.3 农产品消费预测

从台湾农产品消费结构来看，根据表1-6可知，谷类消费量未来五年预计将呈现先减后增的趋势，2020—2023年消费量将从751.82万吨逐渐减少至最小值717.17万吨，减少幅度为4.61%，随后消费量开始回升，到2025年增加至731.70万吨，但较2020年减少20.12万吨，减少幅度为2.68%；蔬菜类消费量未来五年预计在波动中略有下降，从2020年的282.12万吨减少至2025年的274.77万吨，减少幅度为2.61%；果品类消费量未来五年预计维持稳定状态，在300万吨至315万吨之间小幅波动；肉类消费量未来五年预计先减少后保持平稳，从2020年的216.90万吨逐渐减少至2023年的200.91万吨，减少幅度为7.37%，之后保持不变；水产类消费量未来五年预计呈现先增后减的趋势，从2020年的69.70万吨逐年递增至2024年的最大值86.56万吨，增长幅度为24.19%，2025年消费量为85.53万吨，较上一年略有减少。

表1-6 2021—2025年台湾五大类农产品消费量预测值（单位：千吨）

年 份	谷 类	蔬菜类	果品类	肉 类	水产类
2021	7281.09	2847.60	3101.97	2131.79	781.46
2022	7190.17	2739.50	3009.68	2009.54	826.41
2023	7171.70	2798.87	3141.77	2009.06	849.62
2024	7250.93	2749.38	3115.43	2015.29	865.55
2025	7316.96	2747.67	3116.62	2012.05	855.25

资料来源：根据历年《台湾农业统计年报》数据计算所得

3 农产品的国际竞争力对比

本部分采用国际市场占有率、出口贡献率、贸易竞争力指数、显示性比较优势指数以及相对贸易优势指数5种贸易国际竞争力测度方法，对台湾农产品与主要农产品发达（发展中）国家的国际竞争力进行对比分析。

（1）国际市场占有率

国际市场占有率（World Market Share,WMS）是直接体现一国（地区）某种产业或产品对外贸易竞争优势的重要指标。一国（地区）农产品的国际市场占有率可用公式表示如下：

$$WMS_i = X_i / X_w \times 100\% \qquad (2)$$

其中，WMS_i 表示 i 国（地区）农产品的国际市场占有率，X_i 表示 i 国（地区）农产品的出口额，X_w 表示世界农产品的出口总额。WMS_i 越大，表示 i 国（地区）农产品的国际市场份额越高。

（2）出口贡献率

出口贡献率（Export Contribution, EC）是衡量一国（地区）某种产业或产品贸易对总体贸易的贡献程度。一国（地区）农产品的出口贡献率可用公式表示如下：

$$EC_i = X_i / X_j \times 100\% \qquad （3）$$

其中，EC_i 表示 i 国（地区）农产品的出口贡献率，X_i 表示 i 国（地区）农产品的出口额，X_j 表示 i 国（地区）所有产品的出口总额。EC_i 越大，表明农产品越具有国际竞争优势。

（3）贸易竞争力指数

贸易竞争力指数（Trade Comparativeness, TC）是较常用的测量国际竞争力的指标，用来衡量相较于其他国家或地区，一国（地区）生产的某种产品是处于竞争优势还是劣势以及优劣程度。一国（地区）农产品的贸易竞争力指数可用公式表示如下：

$$TC_i = (X_i - M_i) / (X_i + M_i) \qquad （4）$$

其中，TC_i 表示 i 国（地区）农产品的贸易竞争力指数，X_i 表示 i 国（地区）农产品的出口额，M_i 表示 i 国（地区）农产品的进口额。TC_i 取值范围在-1到1之间。当 $TC_i > 0$ 时，表明 i 国（地区）农产品具有出口竞争优势，且取值越接近1，出口优势越强；当 $TC_i < 0$ 时，表明 i 国（地区）农产品处于出口竞争劣势，且取值越接近-1，出口劣势越强；当 $TC_i = 0$ 时，表明 i 国（地区）农产品贸易竞争力呈中性。

（4）显示性比较优势指数

显示性比较优势指数（Revealed Comparative Advantage, RCA）是衡量一国（地区）某种产业或产品的出口竞争优势的重要指标，用来比较一国（地区）某种产业或产品的出口水平与世界平均水平的相对优势。一国（地区）农产品的显示性比较优势指数可用公式表示如下：

$$RCA_i = (X_i / X_j) / (X_w / X) \qquad (5)$$

其中，RCA_i 表示 i 国（地区）农产品的显示性比较优势指数，X_i 表示 i 国（地区）农产品的出口额，X_j 表示 i 国（地区）所有产品的出口总额，X_w 表示世界农产品的出口额，X 表示世界所有产品的出口总额。当 $RCA_i > 1$ 时，说明 i 国（地区）农产品具有出口比较优势；当 $RCA_i < 1$ 时，说明 i 国（地区）农产品处于出口比较劣势；当 $RCA_i = 1$ 时，说明 i 国（地区）农产品与国际平均水平相当。具体而言，当 $RCA_i \geqslant 2.5$ 时，表明 i 国（地区）农产品具有极强的出口比较优势；当 $1.25 \leqslant RCA_i < 2.5$ 时，表明 i 国（地区）农产品具有很强的出口比较优势；当 $0.8 \leqslant RCA_i < 1.25$ 时，表明 i 国（地区）农产品具有较强的出口比较优势；当 $RCA_i < 0.8$ 时，表明 i 国（地区）农产品不具有出口比较优势，国际竞争力较弱。

（5）相对贸易优势指数

相对贸易优势指数（Relative Trade Advantage, RTA）是通过一国（地区）某种产业或产品的出口比较优势减去进口比较优势，从而间接度量该种产业或产品的国际竞争力的重要指标。一国（地区）农产品的相对贸易优势指数可用公式表示如下：

$$RTA_i = RCA_i - (M_i / M_j) / (M_w / M) \qquad (6)$$

其中，RTA_i 表示 i 国（地区）农产品的相对贸易优势指数，RCA_i 表示 i 国（地区）农产品的显示性比较优势指数，M_i 表示 i 国（地区）农产品的进口额，M_j 表示 i 国（地区）所有产品的进口总额，M_w 表示世界农产品的进口额，M 表示世界所有产品的进口总额。当 $RTA_i > 0$ 时，表明 i 国（地区）农产品贸易具有比较优势，当 $RTA_i < 0$ 时，表明 i 国（地区）农产品贸易不具有比较优势，且取值越大，i 国（地区）农产品的国际竞争力越强，反之则国际竞争力越弱。

3.1 农产品的国际市场占有率

　　台湾农产品的国际市场占有率非常低。根据图1-13可知，2000—2020年，台湾农产品的国际市场占有率始终保持在0.2%左右的水平。对比9个主要发达国家（地区）的情况可以看出，中国台湾农产品的国际市场份额与以色列相似，均位于极低水平；日本与韩国的农产品国际市场占有率略高于中国台湾，平均份额分别为0.31%和0.38%，仍然处于极低水平；新西兰的农产品国际市场份额约为1.5%；澳大利亚和加拿大的农产品平均国际市场占有率位于2%与5%之间，分别为2.78%和3.38%；德国和法国的农产品国际市场占有率相似，平均约为6%；美国农产品的国际市场占有率最大，平均高达11%。从各国的变化趋势来看，2000—2020年，以色列、日本、韩国、新西兰和加拿大的农产品国际市场占有率处于相对平稳状态，而澳大利亚、德国、法国和美国的农产品国际市场占有率整体上呈现逐渐下降的趋势。具体而言，澳大利亚农产品的国际市场占有率在2000年为3.78%，与加拿大相当，但到2020年占有率下降至2.78%，明显低于加拿大（3.39%）；德国农产品国际市场占有率先缓慢增长再缓慢下降，而法国农产品的国际市场占有率基本上呈现不断下降的趋势，且下降速度快于德国，2000年法国农产品国际市场占有率为8%，明显高于德国（5.87%），2009年德国农产品国际市场份额（6.68）开始高于法国（6.05），且此后两者的差距逐步拉大，到2020年法国的国际市场占有率降至4.42%，较2000年下降了3.58个百分点；美国农产品的国际市场占有率在2000—2006年间快速下降，从13.74%下降至9.89%，下降了3.85个百分点，2007—2008年市场份额逐步回升至11.25%，此后呈现在波动中缓慢下降的趋势，到2020年占有率为9.91%。

大陆农产品的国际市场占有率远高于台湾，但仍处于较低水平，且整体上呈逐渐上升的趋势，这意味着两岸的差距在拉大。根据图1-14可知，2000—2020年，大陆农产品的国际市场占有率从2.94%逐渐上升至3.37%，与台湾的差距也从2.70个百分点增加至3.13个百分点。对比8个主要发展中国家（地区）的情况可以看出，中国台湾的国际市场占有率最低，其次是巴基斯坦，为0.3%左右；俄罗斯和越南的农产品国际市场占有率相似，平均分别为0.83%和0.89%，略高于中国台湾；墨西哥和印度的农产品国际市场份额相当，平均分别为1.83%和1.88%；泰国和阿根廷的农产品国际市场份额超过2%，平均分别为2.20%和2.71%，但略低于中国大陆（3.28%）；巴西农产品的国际市场占有率最大，平均水平超过了5%。从各国（地区）的变化趋势来看，巴基斯坦与中国台湾的农产品的国际市场份额均保持平稳；俄罗斯、越南、墨西哥与中国大陆的国际市场占有率相似，总体上呈现在波动中缓慢上升的趋势，分别从2000年的0.26%、0.56%、1.80%增加至2020年的1.57%、1.22%、2.32%；印度、泰国和阿根廷的农产品国际市场占有率整体上呈现先波动上升后波动下降的趋势，到2020年三个国家的农产品国际市场份额达到相同水平（2.2%左右）；巴西农产品的国际市场份额先快速增长，后在波动中缓慢下降，2000—2011年占有率从3.10%迅速增长至最大值6.15%，之后开始下降，到2020年占有率逐渐下降至5.71%。

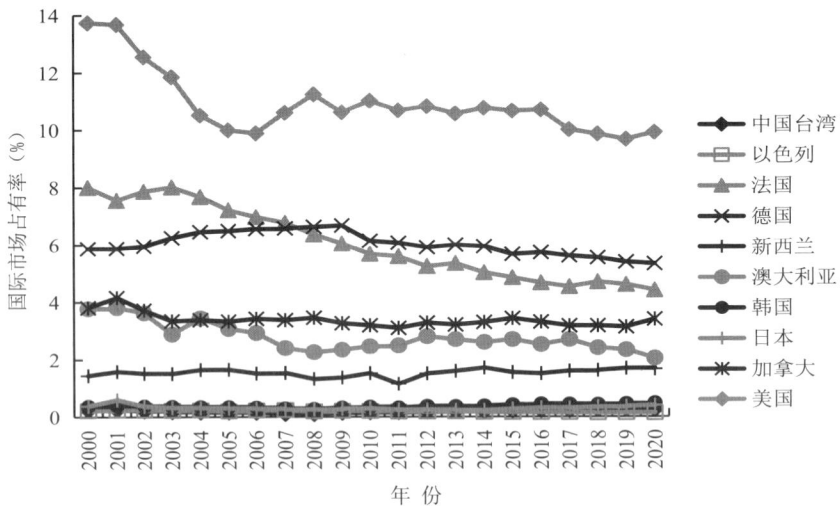

图1-13 中国台湾与主要发达国家的农产品国际市场占有率比较

资料来源：根据FAOSTAT数据计算所得

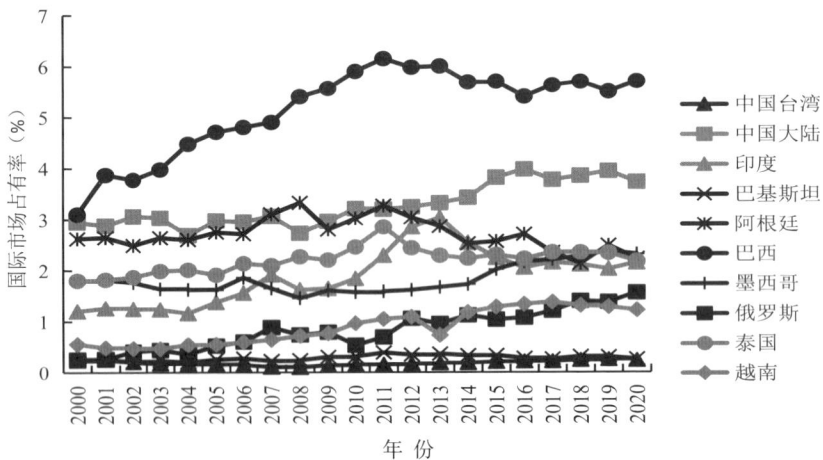

图1-14 中国台湾与中国大陆及主要发展中国家的农产品国际市场占有率比较

资料来源：根据FAOSTAT数据计算所得

3.2 农产品的出口贡献率

台湾农产品的出口贡献率维持在极低水平，根据图1-15可知，2000—2017年出口贡献率基本处于1%以下，2018—2020年出口贡献率可达1%。对比9个主要发达国家（地区）的情况可以看出，2000—2020年，中国台湾农产品的出口贡献率仅略高于日本，日本农产品的出口贡献率始终在1%以下；韩国农产品的出口贡献率略高于中国台湾，但仍然处于极低水平；以色列和德国的农产品出口贡献率位于2%到5%之间，平均分别为3.51%和5%；加拿大和美国的农产品出口贡献率相似，平均为8.7%；法国和澳大利亚的农产品出口贡献率位于10%到20%之间，平均分别为11.44%和17.39%；新西兰的农产品出口贡献率最大，平均高达53.17%。从各国的变化趋势来看，2000—2020年，日本、韩国、以色列、德国、美国和法国的农产品出口贡献率整体上保持相对平稳态势，加拿大的农产品出口贡献率呈现缓慢增长趋势，从2000年的5.64%增长至2020年的13%；澳大利亚的农产品出口贡献率总体上呈现明显下降趋势，2000年出口贡献率为27.44%，远大于除新西兰以外的其他发达国家，但到2011年出口贡献率快速下降至12.21%，与法国基本持平，此后出口贡献率虽然缓慢增长，但2015年以后又不断下降，2020年出口贡献率为12.20%，略低于法国（13.49%）；新西兰农产品的出口贡献率呈现波动增长趋势，从2000年的50.20%增长至2020年的63.97%。

大陆农产品的出口贡献率略高于台湾，且基本保持平稳状态，根据图1-16可知，2004—2020年出口贡献率稳定在2.3%左右，与台湾的差距约为1.5个百分点。对比8个主要发展中国家（地区）的情况可以看出，2000—2020年，农产品平均出口贡献率从小到大排序依次为中国台湾（0.74%）、中国大陆（2.65%）、俄罗斯（2.73%）、墨西哥

（7.51%）、印度（10.34%）、越南（11.22%）、泰国（13.32%）、巴基斯坦（15.43%）、巴西（31.74%）和阿根廷（49.71%）。从各国（地区）的变化趋势来看，印度和泰国的农产品出口贡献率保持相对平稳状态；俄罗斯和巴基斯坦的农产品出口贡献率总体上呈现略有增长趋势，2000年俄罗斯农产品的出口贡献率为0.94%，比中国大陆低3.92个百分点，到2020年贡献率增加至7.03%，比中国大陆高4.88个百分点，而巴基斯坦农产品的出口贡献率从2000年的11.84%增加至2020年的18.14%，增长了6.3个百分点；墨西哥农产品的出口贡献率整体上呈先减后增趋势，2000—2007年出口贡献率从8.5%波动减少至最小值5.29%，随后开始小幅波动增长，到2020年出口贡献率增加至8.28%；越南农产品的出口贡献率呈小幅波动减少趋势，从2000年的15.87%减少至2020年的6.46%，减少了9.41个百分点；巴西和阿根廷的农产品出口贡献率总体上呈现波动增长的趋势，从2000年的23.17%、40.91%分别增加至2020年的40.57%、60.67%，由此可见，巴西和阿根廷是农产品出口大国。

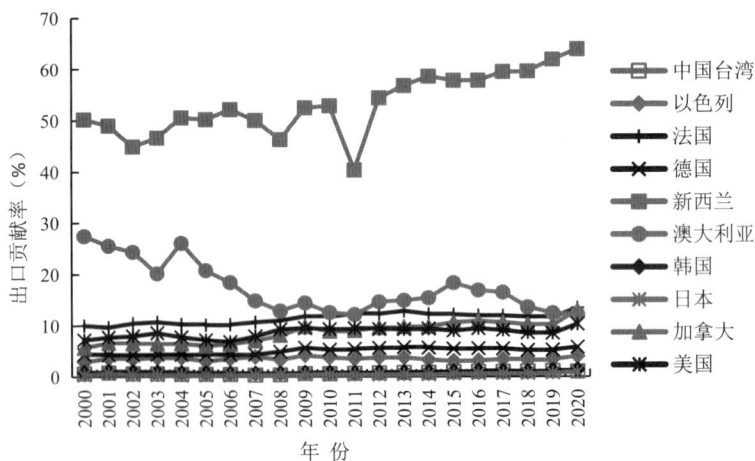

图1-15 中国台湾与主要发达国家的农产品出口贡献率比较

资料来源：根据FAOSTAT数据计算所得

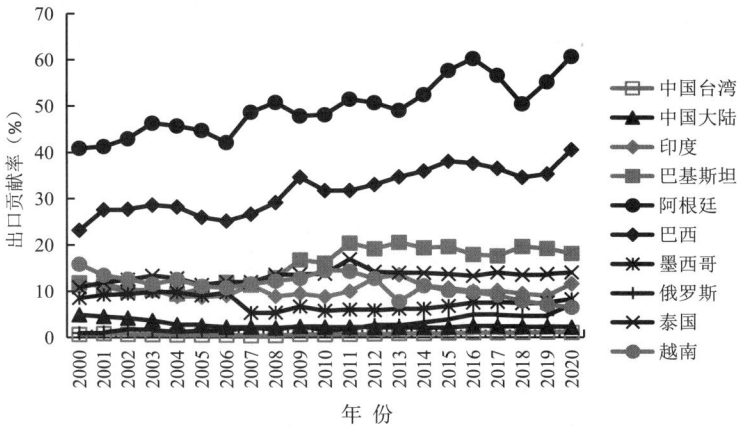

图1-16 中国台湾与中国大陆及主要发展中国家的农产品出口贡献率比较

资料来源：根据FAOSTAT数据计算所得

3.3 农产品的贸易竞争力指数

台湾农产品不具有出口比较优势，贸易竞争力较薄弱。根据图1-17可知，2000—2020年台湾农产品贸易竞争力（TC）指数在-0.5到-0.8之间，且呈现先减后增的趋势，2008—2020年TC指数从最小值-0.8逐渐增加至-0.55，说明台湾农产品的贸易竞争力虽然薄弱但不断增强。对比9个主要发达国家（地区）的情况可以看出，2000—2020年，按平均指数值从小到大排序，不具有农产品出口比较优势的国家（地区）有日本（-0.89）、中国台湾（-0.68）、韩国（-0.66）、以色列（-0.35）和德国（-0.1）；具有农产品出口竞争优势的国家有美国（0.08）、法国（0.13）、加拿大（0.14）、澳大利亚（0.52）和新西兰（0.67）。从指数变化趋势来看，韩国农产品TC指数与中国台湾基本相似，日本、德国、法国、加拿大和新西兰的农产品TC指数保持相对稳定状态，可见新西兰的农产品始终具有很强的贸易竞争力；美国农产品TC指数呈现小幅波动下降趋势，且近几年基本在零值附近徘徊，说明其农产品进出口额相当，贸易竞争力呈中性；以色列和澳大利亚的农产品TC指数呈波动下降趋势，值得注意的是，以色列的指数2000年为-0.33，比中国台湾高0.37，到2020年指数下降至-0.53，与中国台湾相同，而澳大利亚的指数从2000年0.68下降至2020年的0.34。

大陆农产品贸易竞争力指数略高于台湾，但不具有出口比较优势，且在波动中趋于下降，这说明大陆与台湾的农产品贸易竞争力差距在不断缩小。根据图1-18可知，2000—2002年大陆农产品TC指数大于0，具有出口比较优势，自2003年起TC指数小于0，农产品转入出口比较劣势，到2020年TC指数下降至-0.48，与台湾的差距也从2000年的0.8缩小至2020年的0.07。对比8个主要发展中国家（地区）的情况可以看出，2000—2020年，按平均指数值从小到大排序，不具有农产品出口比较优势的国家（地区）有中国台湾（-0.68）、俄罗斯（-0.49）、中国大陆（-0.26）、巴基斯坦（-0.22）和墨西哥（-0.05）；具有农产品出口竞争优势的国家有越南（0.08）、印度（0.21）、泰国（0.5）、巴西（0.74）、阿根廷（0.87）。从指数变化趋势来看，阿根廷、巴西和泰国的农产品TC指数保持相对平稳状态，且阿根廷和巴西的TC指数甚至超过了发达国家中贸易竞争力最强的新西兰，可见农产品贸易在阿根廷和巴西两国占据十分重要的地位；印度和巴基斯坦的农产品TC指数波动幅度较大，印度在0.05到0.38之间波动，而巴基斯坦在-0.37到-0.03之间波动；越南农产品TC指数呈小幅波动下降趋势，从2000年的0.23降至2020年的-0.09，贸易竞争力从具有出口比较优势逐渐转变为不具有竞争优势；墨西哥农产品TC指数呈平缓上升趋势，从2000年的-0.11上升至2020年的0.24，贸易竞争力从出口比较劣势逐渐转变为出口比较优势；俄罗斯农产品TC指数整体上呈波动上升趋势，尤其是2010年以后增长速度加快，2000年TC指数为-0.74，略低于中国台湾，到2020年TC指数增长至-0.07，明显高于中国台湾（-0.55）。

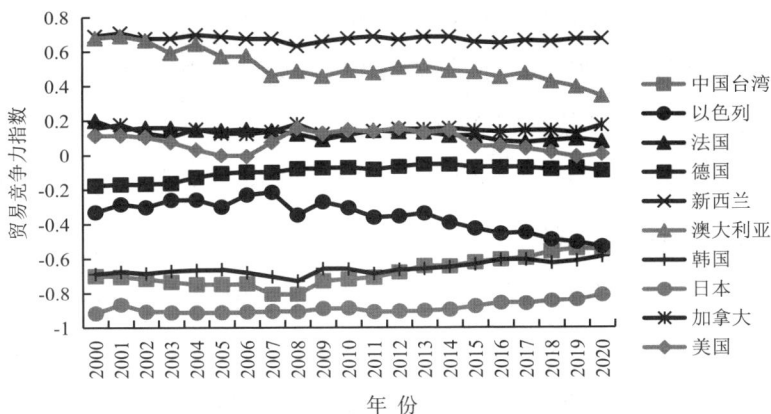

图1-17 中国台湾与主要发达国家的农产品贸易竞争力指数比较

资料来源：根据FAOSTAT数据计算所得

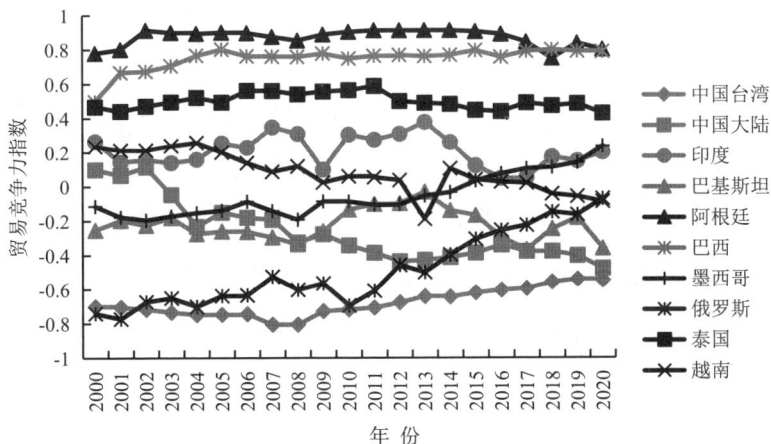

图1-18 中国台湾与中国大陆及主要发展中国家的农产品贸易竞争力指数比较

资料来源：根据FAOSTAT数据计算所得

3.4 农产品的显示性比较优势指数

台湾农产品贸易国际竞争力非常弱，根据图1-19可知，2000—2020年台湾农产品显示性比较优势（RCA）指数始终小于0.15。对比9个主要发达国家（地区）的情况可以看出，2000—2020年，日本和韩国的农产品RCA指数保持在0.2以下，国际竞争力非常弱，与中国台湾情况相似；以色列和德国的农产品RCA指数在0.4到0.8之间，国际竞争力较弱；美国和加拿大的农产品RCA指数略大于1，具有较强的国际竞争力；法国和澳大利亚的农产品RCA指数平均分别为1.6和2.5，国际竞争力很强；新西兰农产品具有极强的贸易竞争力，其RCA指数平均高达7.4。从指数变化趋势来看，除了新西兰和澳大利亚，各国（地区）农产品RCA指数保持相对平稳状态，值得注意的是，美国农产品RCA指数呈现先增后减的趋势，2007—2014年RCA指数略大于1.25，此后RCA指数开始下降至1.25以下，国际竞争力逐渐变弱，而加拿大农产品RCA指数呈缓慢增长趋势，从2000年的0.88增长至2020年的1.54，国际竞争力不断增强；澳大利亚农产品RCA指数总体上呈波动下降趋势，2000—2006年RCA指数大于2.5，具有极强的国际竞争力，2007—2020年RCA指数降至1.25到2.5之间；新西兰农产品RCA指数尽管波动较大，但国际竞争力始终保持极强水平。

大陆农产品国际竞争力略高于台湾，仍处于较弱水平。根据图1-20可知，2000—2020年，大陆农产品RCA指数小于0.8，且呈小幅波动下降趋势，从2000年的0.76降至2020年的0.25。对比8个主要发展中国家（地区）的情况可以看出，与中国大陆相似，俄罗斯农产品RCA指数也小于0.8，但其变化趋势与中国大陆相反，呈现小幅波动上升的趋势，从2000年的0.15上升至2020年的0.83，虽然国际竞争力较弱，但处于不断增强之中；墨西哥农产品RCA指数略大于0.8，具有较强的国际竞争力；印度、越南、泰国和巴基斯坦的农产品RCA指数平均分别为1.45、1.6、1.87和2.13，具有很强的国际竞争力；巴西和阿根廷的农产品RCA指数平均分别为4.41和6.94，国际竞争力极强。从指数变化趋势来看，墨西哥、印度、泰国和巴基斯坦的农产品RCA指数保持相对平稳状态；越南农产品RCA指数呈小幅波动下降趋势，到2020年RCA指数下降至0.8以下，国际贸易从比较优势地位转入比较劣势地位；巴基斯坦农产品RCA指数呈小幅波动上升趋势，2011年以后基本大于2.5，表现出很强的国际竞争力；阿根廷农产品RCA指数尽管波动较大，但始终大于6，保持极强的国际竞争力。

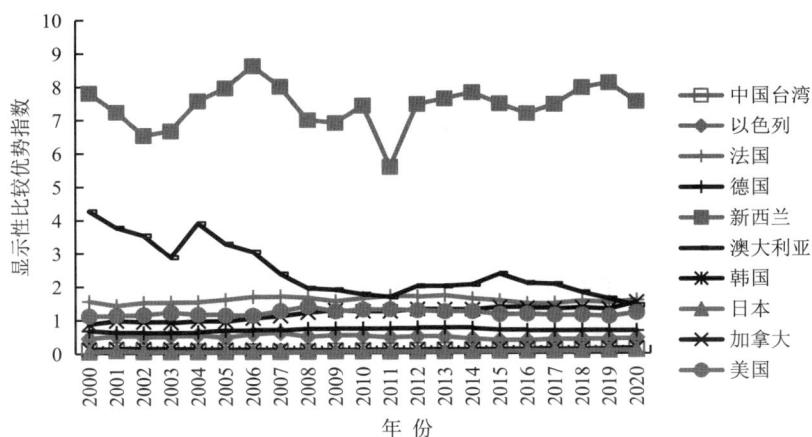

图1-19 中国台湾与主要发达国家的农产品显示性比较优势指数比较

资料来源：根据FAOSTAT数据计算所得

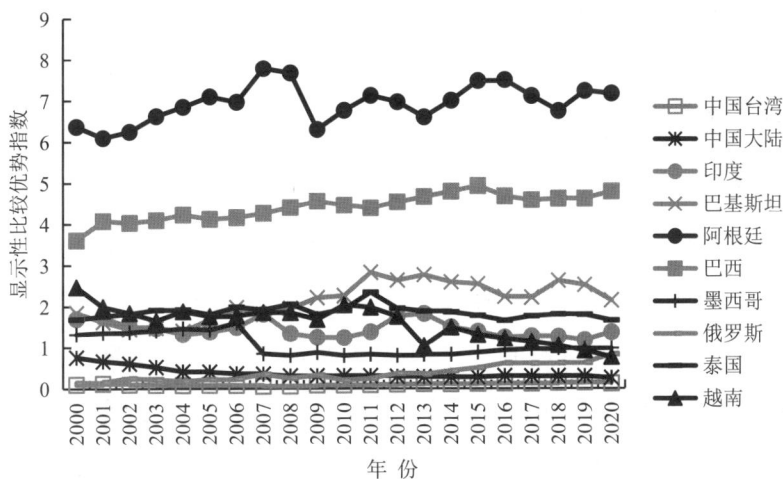

图1-20 中国台湾与中国大陆及主要发展中国家的农产品显示性比较优势指数比较

资料来源：根据FAOSTAT数据计算所得

3.5 农产品的相对贸易优势指数

台湾农产品贸易竞争力较弱，根据图1-21可知，2000—2020年，台湾农产品相对贸易优势（RTA）指数保持在-0.5左右，国际贸易处于比较劣势地位。对比9个主要发达国家（地区）的情况可以看出，2000—2020年，按平均指数值从小到大排序，不具有农产品出口比较优势的国家（地区）有日本（-1.08）、韩国（-0.55）、中国台湾（-0.5）、以色列（-0.4）和德国（-0.32），具有农产品出口比较优势的国家（地区）有加拿大（0.3）、法国（0.51）、美国（0.59）、澳大利亚（1.77）和新西兰（6.1）。从指数变化趋势来看，除了澳大利亚和新西兰，各国（地区）的农产品RTA指数保持相对平稳状态；澳大利亚农产品RTA指数呈波动下降趋势，从2000年的3.57降至2020年的0.62，国际竞争力不断减弱；新西兰农产品RTA指数波动较大，但始终保持4.5以上，具有很强的国际竞争力。

大陆农产品RTA指数总体上与台湾相似，但呈现缓慢下降趋势。根据图1-22可知，2000年大陆农产品RTA指数为0.09，略大于台湾（-0.49），2012年之后RTA指数略小于台湾。对比8个主要发展中国家（地区）的情况可以看出，2000—2020年，按平均指数值从小到大排序，不具有农产品出口比较优势的国家（地区）有俄罗斯（-1.41）、中国台湾（-0.5）和中国大陆（-0.34），具有农产品出口比较优势的国家（地区）有墨西哥（0.01）、越南（0.4）、巴基斯坦（0.28）、印度（0.79）、泰国（1.24）、巴西（3.68）和阿根廷（6.34）。从指数变化趋势来看，墨西哥、印度和泰国的农产品RTA指数保持相对平稳状态；俄罗斯农产品RTA指数缓慢增长，从2000年的-2.29增长至2020年的-0.47；越南农产品RTA指数呈小幅波动下降趋势，2000—2017年RTA指数基本大于0，具有比较优势，

2018年开始RTA指数小于零，农产品转入出口比较劣势；巴基斯坦农产品RTA指数整体上呈波动增长趋势，2000—2005年RTA指数小于0，2006年开始RTA指数大于0，农产品贸易从比较劣势转入比较优势，但值得注意的是，2020年RTA指数突降至0；巴西农产品RTA指数呈小幅波动上升趋势，从2000年的2.51逐渐上升至2020年的4.08；阿根廷农产品RTA指数波动较大，但始终大于5，保持很强的国际竞争优势。

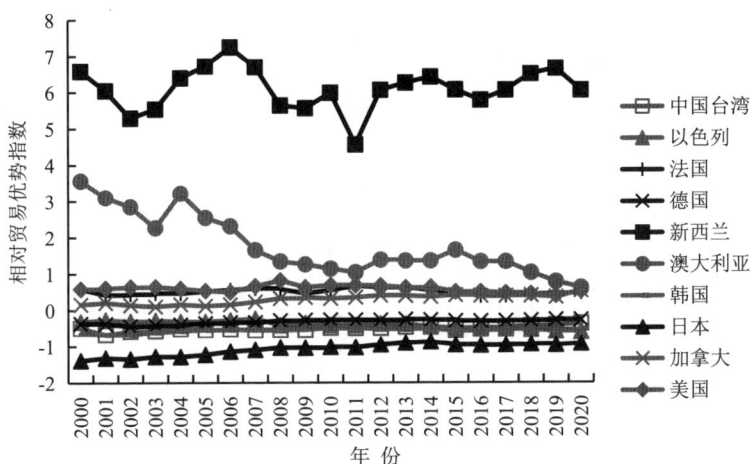

图1-21 中国台湾与主要发达国家的农产品相对贸易优势指数比较

资料来源：根据FAOSTAT数据计算所得

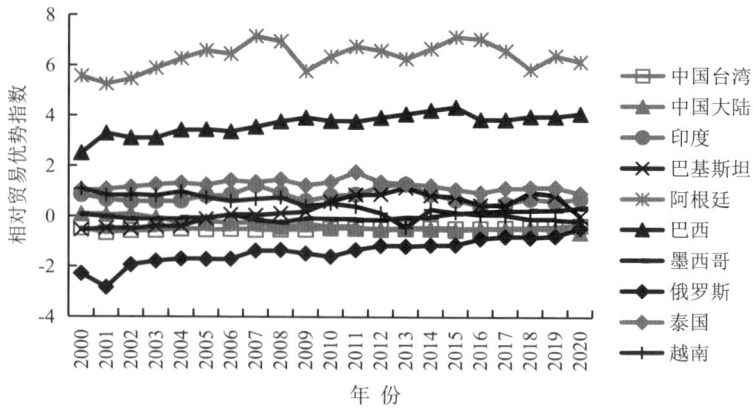

图1-22 中国台湾与中国大陆及主要发展中国家的农产品相对贸易优势指数比较

资料来源：根据FAOSTAT数据计算所得

第 2 章 ｜ 提升台湾农业产业竞争力的主要政策 [1]

近年来，提升产业竞争力是台湾农业政策的三大施政主轴之一。为应对国际贸易自由化、产销市场失灵、农业结构僵化等内外环境冲击，自2017年起实施《新农业创新推动方案》，积极创新农业价值，并持续完善各项农业政策，2021年进一步出台《新农业创新推动方案2.0》，以期通过构建农产品冷链体系、落实农产品初级加工、提升农产品附加价值等措施，提升产业竞争力，实现农业产业转型升级。

1 推动农产品初级加工

1.1 建立管理制度

为建构农产品由生产到初级加工一元化管理制度，协助农产品初级加工场的设置，促进农产品多元利用，2020年3月台湾发布《农产品初级加工场管理办法》，并公告《农产品初级加工场适用之特定品项加工产品及其加工方式》，辅导小农进行初级加工。落实推动农产初级加工场

---

1 本章参考资料来源于台湾地区行政管理机构农业委员会https://www.coa.gov.tw/.

取得登记证，畅通上架销售渠道，通过连结农业一级生产、二级加工至上架通路贩售，提升农产品附加价值；开展加工技术及食品安全卫生教育训练，提升农民加工技能与食品安全专业技能；成立专业辅导团队实地协助改善场区动线、制作过程与人员卫生管理及加工设施。

1.2 设置农产加值打样中心

为协助地方青农和小农增加农产品价值，解决产品单一、产销失衡、加工设备缺乏等问题，2018年在台南、高雄、花莲及台东4区农业改良场建置"农产加值打样中心示范场域"。为构建农产品加工整合服务体系，进一步在台湾农委会农业试验所、桃园、苗栗等试验改良场及中兴大学设置农产加值打样中心，协助农民进行干燥、粉碎、碾制、焙炒等初级加工打样服务。为串接各区域农产品加工服务能量，2019年在南投中创园区成立"农产加工整合服务中心"，提供农民一站式农产品加工咨询服务。

1.3 建设区域农产品加工中心

为改善加工设施及生产环境，提高农产品产能与品质，2016年选定沙鹿果菜运销合作社、莿桐合作农场、下营区农会等6处加工场，结合香蕉等产业团体，从生产端扩大种植面积，由农委会农粮署提供采后处理及贮存等相关设施，为加工厂提供充足的原料，并进一步辅导加工场扩大形成规模区域加工基地。2017年开始进一步将部分重要产区规划设置为区域农产品加工中心，结合农民、农民团体和农业产销班扩大契约合作面积，促进农产品市场销售，同时辅导渔业团体根据地区产业需求，建立设置区域水产品加工场，并导入HACCP验证等安全品质管理系统，从而提升水产品安全卫生品质及优质形象。

2 加强农业标准化建设，推动本地农产品消费

2.1 精进消费者可信任的农产品标章（志）制度

    台湾现行农产品标章（志）包括"有机农产品标章（志）"和"台湾良好农业规范（TGAP）标章（志）"两项。2017年台湾农委会将市面上使用的有机、吉园圃、CAS和产销履历等4项农产品标章（志）整合为现行的两项，其中吉园圃、CAS和产销履历标章（志）整合为"TGAP标章（志）"。2018年8月，"有机农产品标章（志）"配合有机农业促进有关规定，启用新版有机农产品标章（志）图式。2019年完成"TGAP标章（志）"整合，为扩大推广产销履历农产品，吉园圃标章（志）于2019年6月15日退场，并推动原吉园圃产销班转型升级加入产销履历制度。

    农产品产销履历制度是一种可追溯性的安全卫生记录制度，具有辅导安全用药及追溯货源的功能，确保农产品的安全。2020年12月修正公布的有关配合农产品生产及验证管理规定，截至2021年年底，已许可16家产销履历认证机构，提供农友验证服务。根据产业需求，2021年进一步修正《实施农产品产销履历验证制度之特定农产品类别及品项一览表》，从而让更多品类的农产品经营者加入产销履历验证。2020年2月和2021年3月，"香蕉良好农业规范（TGAP）2020 PLUS"和"凤梨、芒果及红龙果良好农业规范（TGAP）PLUS"先后通过东京奥组委审核认可，符合东京奥运食材供应标准；2021年8月香蕉通过"香蕉良好农业规范（TGAP）2020 PLUS"验证，为选手村供应香蕉达5吨，占选手村香蕉总供应量的1/6，成为台湾产销履历接轨国际的重要里程碑。2022年规划将有害生物综合管理（IPM）导入TGAP，进一步升级为TGAP PLUS，并通过差异化产销履历环境补贴，鼓励农民升级耕作模式。

2.2 提升消费认知，鼓励地产地销

为鼓励民众增加食用本地农产品，台湾自2011年开始通过多种方式鼓励地产地销：一是推展食农教育。宣传本地农产品的安全与优质，营造生产者与消费者良好交流的环境，推广食农教育教学资源平台，通过科普本地农渔畜产品教学资源，提升民众对农村特色及农业文化的理解，落实向下扎根理念；推动食农教育有关规定的确立，成立食农教育推动小组，于2021年12月29日经台湾地区行政管理机构初审通过，该规定有助于提升民众对农业及粮食生产系统的认知水平。

二是推广本地米食消费。通过实施学童种稻体验教育计划、开展米谷粉应用技术发表会、开办本地米制糕点训练班等方式，加强本地米食加工产品、米食营养、米谷粉应用技术等方面的研讨与宣传，呼吁民众以本地产稻米为主食。2014年起推动使用"台湾米标章（志）"，并通过粮食管理有关规定，规定市场销售的粮食不得以本地稻米和进口稻米混合销售。

三是分流管理本地与进口的农畜产品。建立粮食追踪追溯机制，分开记录粮商业者对于本地粮食与进口粮食的购买销售资料，对于经主管机关公告的具有一定规模的粮食进口或加工业者，需记录供应来源及流向资料。2013年3月起根据消费者保护的有关规定，对于生鲜超市贩卖的冷藏鸡肉（猪肉）需明确标示"解冻肉"或"冷藏肉"，以规范不同肉品价格，保障消费者权益。

四是推动学校午餐与军队副食采用本地食材。2016年建立学校有机团膳供应体系，整合农场生产、通路供应及团膳需求，以契约合作方式稳定供货，通过校园带动学童家庭消费有机蔬菜，协助宜兰、新北、桃园等11个县市的中小学校学生午餐采用有机食材，2017年9月实行学校午餐使用"四章一Q"食材奖励方案，2019年推动22个县市学校午餐使

用本地可溯源食材，2021年进一步推动学校午餐全面使用本地可溯源食材，确保学生食用来源明确、优质安全的本地农产品。为确保军队食材安全，2016年9月起推动农民团体为军队副食供应产销履历、有机等可溯源蔬菜，进一步提高本地农产品自给率。

3 提升农业机械化，改善农产品产销冷链缺口

3.1 推动省工机械化及设备现代化

为改善农业缺工，2016年启动"辅导引进省工农业机械设备示范推广计划"，改善作业环境与产业作业流程，推动自动化及机械化省工经营模式，鼓励农民购置农业生产、加工、收获后处理的省工农业机械，强化省工、节能的自动/智慧化机械设备研发及应用。为提升农机使用率，2018年成立农业机械耕作服务协会，提供人机协同租赁耕作服务，提升人力与农机运用效率，同时开发农业机械耕作服务系统，推动农机共享，实现农民使用手机或电脑简便操作便可查询各地区的农事服务情况。2020年开发农机Uber App，提供"人+机"或"单纯机体出租"服务，代耕项目包括整地、种植及收获、田间管理、病虫草害防治及农业废材清理等。

2022年启动"全面推动农粮产业省工机械化及设备现代化计划（2022年至2025年）"，预计每年投入经费23亿新台币，推动措施包括：辅导购置高效省工农机；扩大农事服务，增进农机共享；提升农机使用效能及品质；导入节能高效新型农机；推动专业场域，引领产业升级；推动农机电动化及碳汇农机；促进农业副产物循环再利用；扩大杂粮生产及粮食、育苗设备、养殖、畜禽设施现代化，提升效能及精准管理。

3.2 构建农产品冷链体系

为提升农产品品质，降低运销过程的损耗和风险，2018年规划设置桃农综合农产品批发市场、台中外埔园区、花莲蔬菜运销合作社等8处区域冷链物流中心，完善生产地至消费地批发市场冷链交易体系。为提供优质、均一化农产品，稳定供应量，推动果蔬集团产区，2019年规划全程冷链环境，设置符合国际标准包装场卫生安全及检疫防护条件的大型蔬果理集货包装场，并辅导农民团体产地采后处理、分级包装、运输、仓储等阶段低温调控，配置预冷设备、冷藏设备、冷藏车及车柜、自动化设备等，以期延长柜架寿命，确保农产品到货前各运销环节物流品质。2020年进一步改善本地生鲜猪肉温控设施，辅导建置和升级渔业冷链设备，并于农业生物科技园区着手建立国际保鲜物流中心。

为扭转农产品产销结构，提高农民收益，从根本上解决产销失调的问题，2021年启动"农产品冷链物流及品质确保示范体系计划（2021-2024年）"，建构冷链物流全程不断链示范模式，协助农渔会、农民团体、批发市场等建置和升级冷链设备，辅导县市政府设置区域冷链物流中心，提升产销调节职能，稳定供货品质。

4 发展科技兴农战略

4.1 推动智慧农业

为解决台湾田区规模较小、生产成本偏高及极端天气频繁导致的农业经营风险偏高等问题，2015年出台《农业生产力4.0策略方案》，提出通过推动智慧生产与数据服务，促进台湾农业生产力再提升。2017年实施"智慧农业4.0计划"，以智慧生产和数据服务为两大主轴，进行关键技术与产品的研发及运用，建立农粮产业溯源系统资料统一交换机制，并建置种苗智慧生产示范场域，结合自动化移植机械，每分地可节省50%作业时间。2018年运用感测技术、物联网技术、智能装置、大数据分析等通信技术，建构智慧农业产销与数据服务体系，提升农业整体生产效率与职能；为应对人口老龄化及缺工问题，积极研发智慧省工机具，并推动智农联盟，促进农业企业转型。

4.2 营造农业科技产业聚落

为配合产业趋势及整体政策，引领台湾农业朝技术密集与高附加值的农业科技产业发展，2006年建立屏东"农业生物科技园区"，逐渐打造以园区为核心的智慧科技、低污染、高附加值的产业聚落，整合扩散农委会及相关大专院校的研发能量，成立问题导向创新研发支援体系，协助进驻园区从业者突破技术瓶颈，同时实施《农业生物技术产业化发展方案》，设置商业化平台，落实生物技术研发成果商品化，营造资金融通、有关规定松绑及跨领域人才培养等环境，以扶持台湾农业生物技术产业。

2009年于园区规划设置"外销观赏鱼及水产种苗研发产销暨物流中心"，具有蓄养、检疫、包装、出口的功能。逐步打造台南县"台湾兰花生物科技园区"，其与"农业生物科技园区"均列入台湾全球招商计划，从而构建农业生物技术产业聚落及兰花全球价值链。随着产业聚落扩大及外销需求增加，2016年启动"农业生物科技园区扩充计划"，包括多功能仓储区兴建工程、生活服务区暨产业人才培育中心兴建工程，并结合园区内的国际保鲜物流中心及桃园农业物流园区等资源，逐步扩大台湾智慧农业产业聚落规模。

4.3 推广农业资讯整合服务

为逐步构建农政辅导作业资讯化,强化各项农业施政资讯整合效能,2013年规划推动农民资讯整合服务,推动农民以身份证作为取得各项补助及进入各农业资讯平台的凭证。2014年,建立农民、土地、作物及行政措施勾稽检核机制,建立产销决策研判评估体系,整合市场行情、成本、价格、产量等资讯,并运用云端传输技术,根据使用者需求主动推送相关产销资讯,推动农业资源整合。为强化农业生产作业管理效能,2016年推广农业数据资源整合服务,开发软件"农务E把抓",为农民提供简便有效率的资讯化工具,同时构建农业资料开放平台、建置农渔会资讯共同利用平台,并运用各种媒体渠道向农民进行政策宣导。2018年建置农业空间资讯协作平台,强化地理资讯系统技术在农地盘查、农作物调查、水资源管理及灾害应变等方面的农业施政应用;为应对天然灾害科技勘灾需求,建置航照、卫星及无人载具影像共用处理、流通及管理等整合系统。为进行农民相关数据整合,完善农民政策分析,2019年开发"农民关联资料库查询系统",提供人、地、补助资料查询与勾稽服务;开发软件"猪场e把抓",提供生猪饲养管理及经营管理资讯化。

5 推动林业永续多元发展

5.1 发展森林生态深度旅游

为兼顾环境保育与环境品质的森林生态旅游,营造自然体验的平地生态知性旅游区,2009年选定花莲大农大富、嘉义东石鳌鼓、屏东林后四林等3处农场作为大型平地森林旅游区，持续整建18处森林游乐区，完备8处自然教育中心网络串联，打造节能减碳的健康休憩与环境教育场所。2011年启动"阿里山森林游乐区整体改善计划"，并设置国际木雕艺术暨林业文化园区。2013年倡议强化森林环境教育并纳入APEC部长宣言，推动国际级步道生态旅游。为带动森林周边本地产业，串联森林旅游区及步道周边部落社区与协会，发展异业结盟及步道生态旅游，2017年已与53家旅游业者签订策略联盟契约，并推进相关设施整建及ISO9001等服务品质验证。

5.2 提高本地木材自给率

为整合林产原料供应链，构建区域林业生产体系，2013年成立3个林业合作社，配合休耕地活化推动短期经济林造林，促进菇蕈、纸浆及木材利用等产业发展，并协助林产加工业者改进采伐与初级加工技术，2014年辅导林产业者示范本地木竹材产地证明制度，促进本地木材利用多元化，提高木材自给率。为保护环境及创新林业技术，2016年推动经济人工林利用符合国际森林管理委员会（FSC）规范与标准，强化森林经营事业监测技术，建立木材产销资讯平台，辅导在通过林产物TGAP的产品上张贴本地材标章（志），并与学术单位合作进行木质林产品全材增值利用及非木质林产品生活、医疗用途等研究，创造产业新价值。

为推动公有林及私有林经营辅导，振兴林产业政策，2018年建构稳定本地材供应系统，针对公有林发展永续森林经营技术规范与作业程序，建立多年期采伐计划，并开发主要造林树种全材利用技术，而对于私有林，辅导友善采伐；通过发展省工技术、建立人才培训基地、构建溯源管理机制提供资讯交流平台等，盘活本地木材市场。为实现到2028年将木材自给率提升至5%的目标，2019年启动林业永续多元辅导方案，强化公有林和私有林经营辅导，办理各项补助项目与增（修）订有关规定，成立单一窗口与辅导平台，加强服务效率并拟定森林经营计划。2020年发布《具生产性私有林限制采伐补偿要点》，兼顾林木生产与维护生态环境，规划建置竹东林业训练基地，运用分期分区的方式进行软硬件设置，引进高效能林业收获机械，并导入智慧林业生产管理模式，降低木材运输、采购、制造成本，提高配送效率。

5.3 发展适地林下经济

为推动林业永续多元辅导方案，2016年起实施"适地发展林下经济"政策，成立"林下经济推动小组"，规定在不破坏森林环境与组成，维持既有森林样貌及功能等原则下，林下经营森林副产物在政策上可归属"林业使用"一类。2019年修正发布《非都市土地使用管制规则》，林业用地除容许造林及苗圃等林业使用行为外，新增"林下经济经营使用"行为，订立《林下经营使用审查作业要点》，发布森林蜂产品、椴木香菇及木耳、台湾金线莲等3项森林副产物技术规范并列为首批允许品项，同时成立林下经济技术服务团，提供技术咨询。2020年新增10项品项试验及3项品项确认食用历史、疫病及病虫害防治、苗木供应链等事项，建置生产溯源系统，成立地区林下经济发展中心，提升品项盘点能力。2021年新增台湾山茶品项，限定原产地栽植，以维护基因多样性，并规划成立北中南东各区林下经济发展中心，结合地方发展特色林下经济，同时建置非木质林产品标章（志）及农产品生产追溯系统，确保林下经济产品安全。

6 推动畜禽产业升级

6.1 强化养猪产业竞争力

为提高畜牧产销效率，2009年辅导养猪农民团体建立企业化生产体系，强化产业经营管理效能，扩大品牌猪肉产品的市场占有率，建立最少疾病优良种猪场，提高猪场生猪育成率，并成立养猪技术平台与咨询服务团队，推广养猪新技术，加速现代养猪生产系统普及率。为提升畜牧饲养效能，2010年起通过养猪产销班及产业团体推广异地、分龄、分批次的新式生产模式与自动化喂饲系统，整合上、下游产业。

为提升本地生鲜猪肉品质及安全，2016年启动传统市场生鲜猪肉追溯制度，强化本地猪肉与进口猪肉分流管理与标示，推动传统猪肉贩售业者以温控方式贩售生鲜猪肉；为稳定生猪供销，导入新式养猪观念与技术，促进养猪经营管理企业化，推动生产医学，提高生猪育成率，并与县市政府合作成立养猪专区及评估成立海外生产基地；推动养猪场沼气发电，根据规模规划不同奖励及补助额度，并组成专家辅导团队进行逐场访视及协助解决相关问题，并于2017年印发《养猪场沼气发电奖励及补助作业要点》，2018年全面推动养猪场沼气再利用，推动畜禽废弃物多元化利用，拓展节电、增能、减废的循环经济。

2019年建立冷链物流运送，改善本地猪肉整体新鲜度，强化本地毛猪标示追溯码以明确来源牧场，并示范性推动本地生鲜肉品供应链现代化，辅导肉品市场、运输车辆与传统肉摊同步增设温控设备及改善卫生环境。2020年实施养猪产业振兴发展计划，辅导养猪场参与群饲个检生产模式，有效扩大种猪后代追踪头数，并补助养猪场导入自动化省工设备，强化本地养猪农民教育训练与能力提升，加强生产技术与管理效率；推动导入HACCP验证制度及先进屠宰分切加工包装设施，从而与国际接轨，扩大台湾猪肉出口。2021年启动"养猪产业全面转型升级计划（2021—2024年）"，以期在面对贸易高度自由化的挑战下，确保农民收益，稳定猪肉供销，推动产业全面转型升级。

6.2 提升家禽产业竞争力

为确保禽品供需稳定，达到产品安全、消费安心及环境保育等目标，2009年推动土鸡、肉鸭产业契约养殖制度，赓续白肉鸡产业企业化统合经营，规划有色鸡屠宰场设置，强化产销预警功能，推动畜禽场生物安全监控机制，防范家禽传染疾病发生，并辅导家禽产销班经营架构，建立统一生产管理模式及统进统出生产流程，加速更新生产系统及设备，建立高效能的行销物流体系。2012年进一步推动家禽产业契养制度，协助CAS认证的家禽屠宰场增设分切加工设备，辅导从业者成立外销平台，开发高附加值的精致加工畜禽产品。2014年以白肉鸡产业链为标杆，扩大引导现有家禽产销班、生产合作社、产业团体等，协助建构企业化产业模式，促进产业结构调整与升级。为推动蛋品分级并强化防疫风险管控，2017年起采用一次性容器或包材装载禽蛋，并粘贴QR code追溯标志以加强核查。

为建立专业分工、现代化及企业化家禽饲养体系，2018年推动家禽产业垂直统合经营产销模式，家禽由饲料业者、中大型电宰业者契约饲养及屠宰供应，经屠宰、分切及加工后，通过禽肉行销业者或自行销售模式连结至销售端；推动白肉鸡、鸭、鹅全面进入合格屠宰场所屠宰，加速推动禽品产销标准化与规格化；以渐进方式推动鸡蛋全面洗选政策，建立分区集货及盘蛋运销示范供应链，以杜绝鸡蛋装载容器交叉污染。2019年辅导开发智慧家禽饲养管理监控系统，让饲养者随时掌握禽舍环境状况、鸡只生长、育成率等资讯，建立标准化饲养管理程序。2020年配合全面洗选政策，推动鸡蛋逐颗喷印示范，强化鸡蛋来源畜牧场追踪追溯，提升蛋品安全品质。2021年订立《指定洗选鲜蛋为应登录溯源资讯之农产品与其应登录之项目及标示方式》，并办理禽舍改（新）建升级与产销供应链冷链建置，加速产业结构调整，永续产业经营。

7 永续渔业产业发展

7.1 提升养殖渔业竞争力

台湾气候及地理条件适宜，水产繁、养殖技术成熟，2009年将观赏鱼和石斑鱼产业列入《精致农业健康卓越方案》重点辅导，建立观赏鱼行销网站与技术咨询服务平台，规划于屏东的农业生物科技园区设置了"观赏鱼及水产种苗研发产销暨物流中心"，发展其成为新的外销主力产业。2010年研发石斑鱼种苗及观赏鱼量产模厂技术，发展种禽畜产业，以人工生殖科技缩短经济动物新品种育成时间，加强育种技术选育优质健康种畜禽。2010年创造台湾石斑鱼产业新商机，与大陆交通运输部签订《台湾地区渔船航行至大陆地区许可及管理办法》，使15艘台湾活鱼搬运船可直接航行至福州、厦门等11处港口，使渔民经营产生新商机；推动建立水产种苗及观赏鱼农企业体系，辅导业界提升技术研发能力及经营管理能力。2011年已在宜兰、新竹、云林、高雄及屏东等5个养殖渔业生产区完成海水供水设施，为养殖业者提供优质海水，鼓励转养高单价海水鱼；为促进亚太区域渔业及养殖渔业永续发展，在APEC渔业工作小组（FWG）会议上提出"APEC极端气候对渔业及养殖渔业冲击和因应策略研讨会"计划。

2014年推动养殖渔业专区契约合作生产，构建效率化产销体系，成立渔业经营辅导团队，协助扩大经营规模，改善保鲜仓储设备，提高产制储销效能，强化品质管控，稳定供应各方市场。2015年于农业生物科技园区设立亚太水族中心，协助台湾观赏鱼及其周边产业发展，提供便捷通关物流服务及防检疫服务。2017年发展养殖渔业绿能光电，并成立单一窗口专案小组，鼓励业者进行农业绿能投资，增加渔民收益，达到农电共荣双赢。2018年推动海洋牧场，规划建置台湾周边海域（恒春）第一场圆周100米之外海可沉式智能箱网养殖示范场，并辅导两处鱼市场达成鱼货不落地，完善渔产品供应链卫生安全管理，从源头提升渔产品品质及卫生。2019年引导陆上鱼塭转型，推动外海箱网养殖并结合绿能设施及智能化养殖模式，振兴重点物种（文蛤、虾等），落实计划型生产及产销预警机制，增设区域型加工厂、冷链及物流中心，提升加工及仓储能力，强化内外销多元通路。为促进产业跃进升级，2020年规划"养殖渔业中长程计划"，通过专区、专水、专法三大策略主轴，逐步调整养殖产业结构。2021年启动"养殖渔业振兴计划（2021—2024年）"，强化聚落整合及养殖生产区基础建设，逐步增加划设生产区数量，改善生产环境，引导产业规模发展。

7.2 完善渔政管理

为活跃渔业经济，提升远洋渔船管理效能，积极推动责任制渔业，并推动海岸新生，打造多功能渔港，改善渔民作业环境，2009年持续推动"远洋渔业管理及产业重整"方案，强化渔业管理并落实执行能力，加强渔业统计资料收集及资源评估研究，奖励远洋渔船海上作业；在沿近海渔业方面，持续收购渔船筏，放流鱼贝介种苗，投放人工鱼礁，增设渔业资源保育区并强化管理，推展娱乐渔业；在推动海岸新生方面，持续既有渔港航道疏浚与机能维护及整建，维护渔船作业安全，增设渔港休闲设施，营造优质渔港渔村环境，并构建高效能及卫生安全的渔产运销体系；为促进渔港多元化发展，辅导渔会转型经营休闲产业，积极发展休闲渔业，推动渔港深度旅游。2009年12月签署《海峡两岸渔船船员劳务合作协议》，使两岸渔船船员劳务合作朝制度化及正常化发展。2012年研发渔业机具"高亮度LED集鱼灯"和节能水车，发展高效节能的创新渔产业；为保障渔船作业权益，台湾于2012年9月23日正式成为"南太平洋区域性渔业管理组织"（SPRFMO）会员，有助于拓展国际空间，维护台湾相关产业权益。

2019年实施渔船通信设备全额补助，改善渔业基础设施；为改善渔船作业环境，2019年5月23日公告渔船船员纳入劳动基准有关规定，给予劳雇双方合理协商工作时间的弹性，订定渔船船员工作时间参考指引，营造劳资和谐环境，并修正《渔船建造许可及渔业证照核发准则》，以提升船员权益。2020年启动"前镇渔港建设专案（中长程）计划"，以期提升水产卫生安全，改善船员休憩空间及港区水陆环境。为落实刺网渔业渔具源头管理，2021年公告《刺网渔业渔具标示措施》，实行刺网实名制，建立网具流失回报机制，让使用者负起责任，减少废弃渔网具，搜集渔网具流失热点咨询，提高清除效率。

7.3 维护海洋渔业资源

为共同维护渔业物种资源，2011年台湾参加第10届"北太平洋公海渔业管理多边会议"，完成《北太平洋渔业公约》内容，与各国共同养护及管理北太平洋底层渔业物种、秋刀鱼、赤鱿等非高度洄游物种资源；建立沿近海渔业监控、管制及调查制度（MCS），强化海洋渔业资源管理及保育，对环境生态较为敏感的特定渔业（珊瑚、飞鱼卵等）采取严格管制。为永续利用及保护海洋生态，2016年划设"海洋保护区"，并通过办理"世界海洋日"系列活动，加强宣导并推广海洋保育与资源永续利用观念；召开研商"沿近海渔业资源复育事宜"会议，对3海里内禁止流刺网渔船作业或重要栖地划为管制区的可行性进行评估沟通，并据以实施伤害性渔具渔法退场转型措施；为尽早解除欧盟对台湾渔业的黄牌警告，共同打击"非法、未报告、不受规范"（IUU）渔业，台湾地区行政管理机构审议通过《远洋渔业条例》草案、有关渔业管理规定部分条文修正草案等，明确规定从事远洋渔业应遵守的行为义务，并指导相关业者遵守国际组织所通过的养护管理措施，推动栖地保护并永续渔业。2017年推动刺网渔业退出3海里海域作业政策，补助刺网业者转型为一支钓或曳绳钓渔业；为缓解沿近海水域受到污染及过度捕捞，导致渔业资源逐渐减少，实施"沿近海渔业永续发展种苗流放"计划，以增加沿近海渔业资源。2018年推动划设刺网渔业禁渔区及辅导转型措施，辅导地方政府根据辖属海域特性确立刺网渔业禁渔区，减少刺网对海域生态及资源的影响。为维护沿近海栖地环境，充裕海域渔业资源，2019年结合渔村再造，将传统渔业升级为社区自主管理型栽培渔业，并导入"以海为田"的概念，对示范区海域投放鱼介苗，建立捕捞规范。2021年实施渔船（筏）艘数及总吨数管制，鼓励渔民除捕捞旺季以外的时间，减少出海作业。

第 3 章 ｜ 谷物产业

1 供求变化分析

1.1 稻谷产业

1.1.1 收获面积、产量波动明显，单产稳中有升

台湾稻米的收获面积总体上呈现相对平稳趋势。根据图3-1可知，2002—2020年台湾稻米收获面积共出现两个拐点：2004年和2015年。2004年，稻米收获面积从2002年的30.68万公顷大幅度降至23.70万公顷，下降幅度为22.75%，2005年回升至26.90万公顷后，直到2014年，每个年份之间变化不大，基本维持在同一水平。2015年，稻米收获面积下降至25.19万公顷，2016年恢复到下降之前的种植水平，此后基本维持不变。

由于收获面积的大幅度下降，2004年台湾稻米产量下降幅度较大。根据图3-2可知，2004年，台湾稻谷产量从2002年的180.32万吨下降至143.36万吨，糙米产量从146.07万吨下降至116.46万吨。2007年，台湾稻米产量下降至2002—2020年间的最低水平，稻谷和糙米产量分别为136.35万吨、109.83万吨，该年稻米产量达到最低值是稻米单产水平大幅下降引起的。根据图3-3可知，2007年台湾稻谷和糙米的单产分别为5242公斤/公顷、4222公斤/公顷，是2002—2020年间的最低水平。台湾

稻米单产在2016年为第二低点。稻米单产2016年以前总体上呈现缓慢波动的上升态势，之后开始迅速增长，2016年稻谷和糙米的单产分别为5798公斤/公顷、4616公斤/公顷，到2018年大幅增长至7181公斤/公顷、5752公斤/公顷。结合稻米的收获面积和单产的发展趋势可以推断，2016年之后稻米的生产效率实现了显著提升。2019年和2020年因受自然灾害冲击，导致稻米产量略有下降[1]，2018年稻谷和糙米的产量实现最大值194.98万吨、156.16万吨，2020年减少至175.07万吨、138.72万吨。

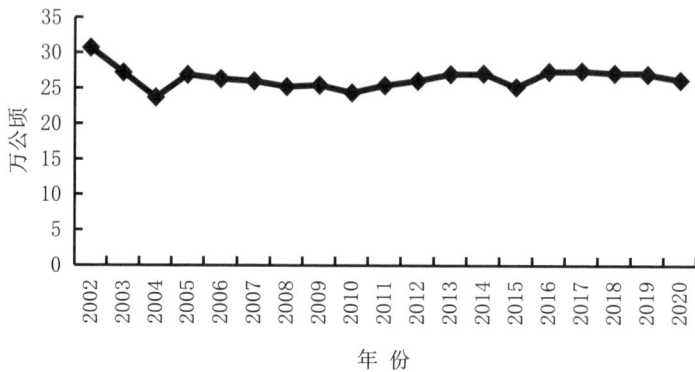

图3-1 2002—2020年台湾稻米收获面积

资料来源：历年《台湾农业统计年报》

---

1 熊俊莉.2020年台湾地区经济形势分析与展望[J].现代台湾研究，2021（1）:26-34；熊俊莉.2019年台湾地区经济回顾与展望[J].现代台湾研究，2020（1）:25-31.

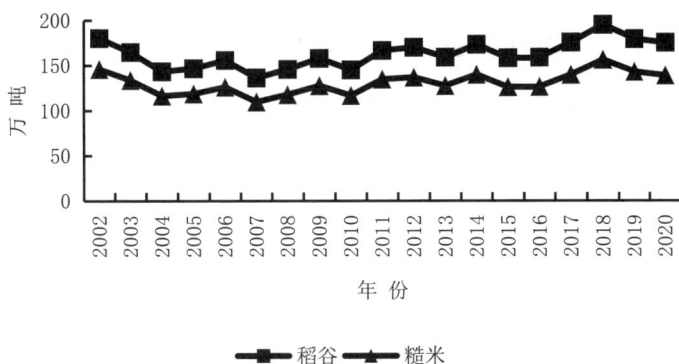

图3-2 2002—2020年台湾稻米产量

资料来源：历年《台湾农业统计年报》

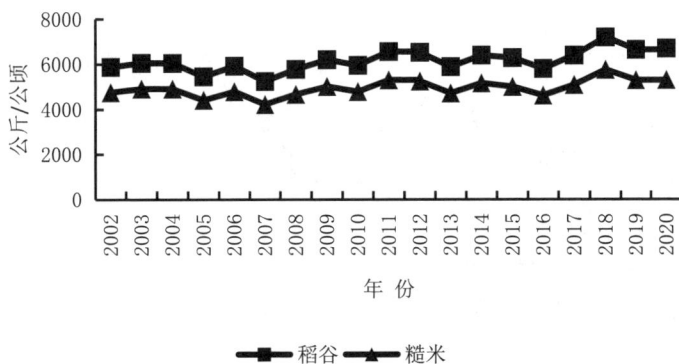

图3-3 2002—2020年台湾稻米单产

资料来源：历年《台湾农业统计年报》

1.1.2 消费由波动趋于平稳

台湾大米消费量变化趋势波动较大。根据图3-4可知，大米消费量从2002年的134.76万吨逐渐增加至2007年的144.54万吨；之后大米消费量开始急剧下降，一直到2010年，大米消费量下降至127.09万吨，是2002—2020年间的最低水平；此后大米消费量又呈现出快速增长的态势，到2015年增长至149.52万吨；2015—2020年大米消费量呈现相对平稳状态，在145万吨至150万吨之间小幅波动。

从消费结构来看，台湾大米消费主要以食用消费为主。根据图3-5可知，大米食用消费量占消费总量的比重一直维持在80%以上。饲料用消费是大米消费的第二大来源。大米饲料用消费量占消费总量的比重为8%左右，从变化趋势看，饲料用消费量在2011年以前波动较大，2011年以后总体呈逐渐增长趋势，从2011年的7.40万吨增加到2020年的21.15万吨。加工用消费是大米消费的第三大来源，2002—2020年基本维持在3.5万吨至5万吨之间。大米种用消费量占比最小，2002—2020年间变化也较小，2020年达到最大值1.58万吨。

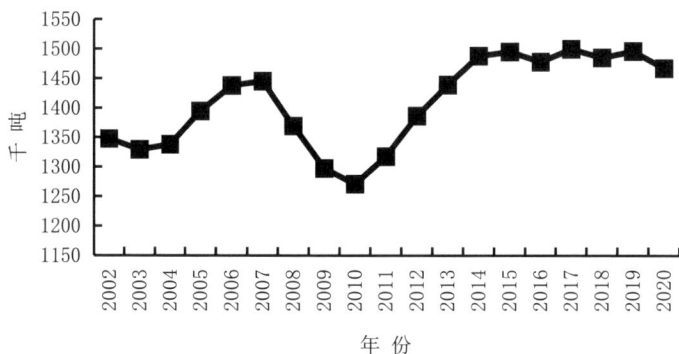

图3-4 2002—2020年台湾大米消费量

资料来源：历年《台湾农业统计年报》

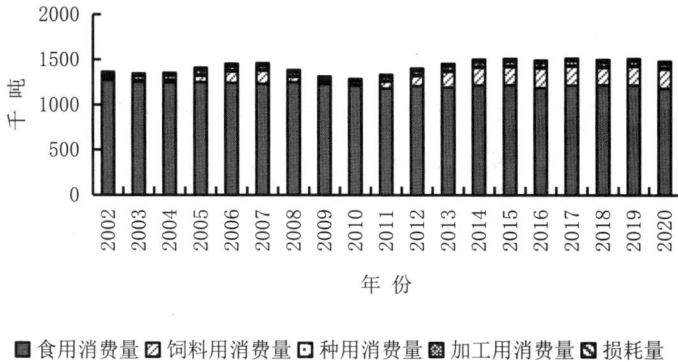

図例: ■食用消费量 ▨饲料用消费量 ▢种用消费量 ▩加工用消费量 ▨损耗量

图3-5 2002—2020年台湾大米消费结构

资料来源：历年《台湾农业统计年报》

1.1.3 进出口量波动明显

台湾大米进出口量变化趋势均有明显波动。根据图3-6可知，对于进口量，从2002年的12.26万吨逐渐增加至2004年的20.19万吨，随后急剧下降至2005年的8.4万吨，较上年减少了11.79万吨，为2002—2020年间的最低进口水平。2007年大米进口量逐渐增长到16.16万吨，后又逐渐下降至2009年的10.33万吨，2010年大幅度上升至18.15万吨。2011—2017年，大米进口量变化趋势相对平稳，在13万吨至16万吨之间小幅波动。之后大米进口量出现小幅下降，2020年下降至12.78万吨。

对于出口量，2002年大米出口量为12.19万吨，2009年逐渐下降至最小值0.84万吨，下降幅度高达93.11%。2009—2014年，大米出口量缓慢增长，增幅较小。此后大米出口量出现大幅度上升，从2014年的3万吨上升至2016年的10.46万吨，后又急剧下降至2017年的2.86万吨。2017—2020年大米出口量急剧上升，从2.86万吨增加至26.42万吨，增长了8.24倍。

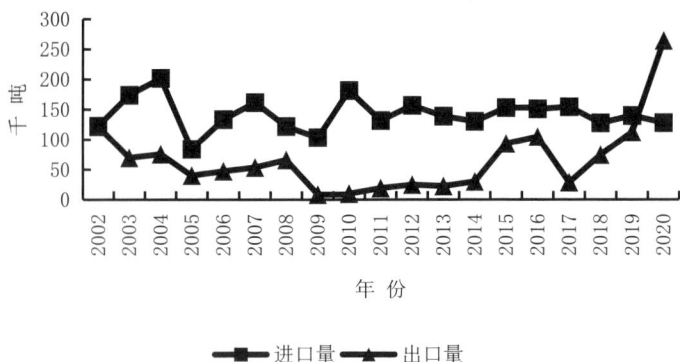

图3-6 2002—2020年台湾大米进出口量

资料来源：历年《台湾农业统计年报》

1.2 小麦产业

1.2.1 产量少，需求以进口为主

台湾小麦产量极少，虽然近几年明显增加，但始终维持在很低水平。根据图3-7可知，2002—2013年小麦产量在200吨到400吨之间小幅波动，2014年开始快速增长，2018年增加至1500吨，比2013年增长了2.75倍，达到2002—2020年间的最高水平。此后产量显著下降，2020年产量为900吨，比上年减产了500吨，减少幅度为35.71%。

由于产量水平很低，台湾小麦出口量也始终维持在低水平，需求基本依赖进口。根据图3-8可知，对于小麦出口量，2013年以后，随着产量明显增长，出口量也呈现逐年略增趋势，2013年出口量为6.64万吨，2020年增加至9.94万吨，增长幅度为49.70%。对于小麦进口量，总体呈现波动增长的趋势。2002—2011年进口量从121.47万吨增加至143.32万吨，且波动较大，2012—2017年进口量总体上呈平稳发展态势，在135万吨到155万吨之间小幅波动。2018年进口量明显下降，之后开始逐渐回升，2020年进口量为152.37万吨，比上年增加了7.59万吨，增长幅度为5.24%。

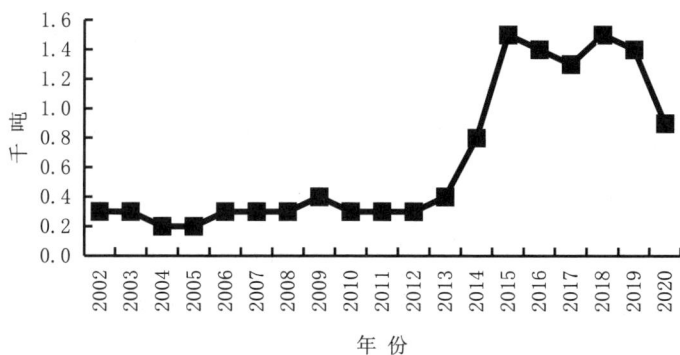

图3-7 2002—2020年台湾小麦产量

资料来源：历年《台湾农业统计年报》

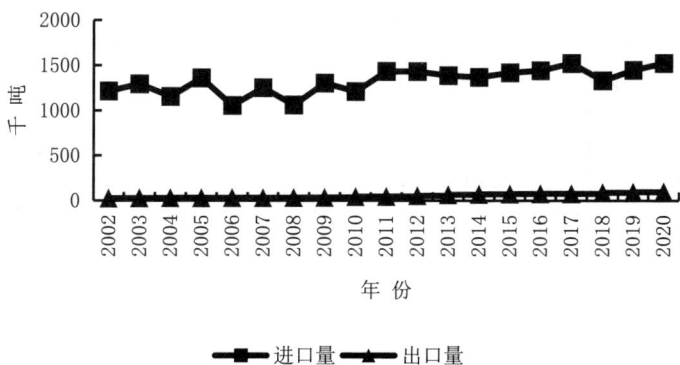

图3-8 2002—2020年台湾小麦进出口量

资料来源：历年《台湾农业统计年报》

1.2.2 消费前期波动明显，后期保持平稳

2002—2011年台湾小麦消费量从115.45万吨增加至136.14万吨，且波动较大，2012—2020年消费量呈现平稳发展态势，在130万吨到138万吨之间小幅波动。2020年小麦消费量为136.8万吨，较上年略增了4.1万吨（见图3-9）。从消费结构来看，根据图3-10可知，台湾小麦消费主要以食用消费为主，食用消费量占总消费量的比重始终保持在80%以上；小麦饲料用消费量在2011年以前处于3万吨左右的较低水平，2011年和2012年这两年突增至15万吨以上，增长了约4倍，但2013年明显下降，之后在4.8万吨到6.5万吨之间小幅波动；小麦加工用消费量始终处于平稳状态，2020年为6.64万吨，占总消费量的4.85%；损耗量占总消费量的比例固定在1.8%左右。

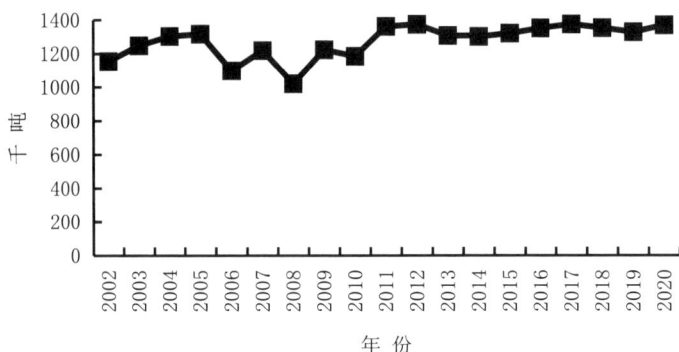

图3-9 2002—2020年台湾小麦消费量

资料来源：历年《台湾农业统计年报》

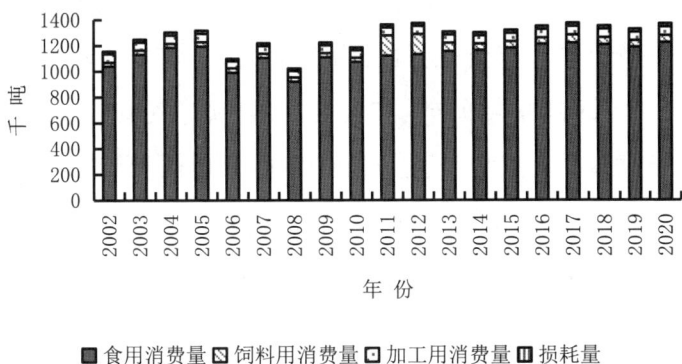

图3-10 2002—2020年台湾小麦消费结构

资料来源：历年《台湾农业统计年报》

1.3 玉米产业

1.3.1 玉米收获面积先降后升，食用玉米产量高于饲料玉米

台湾玉米收获面积总体上呈现先下降后上升的趋势。根据图3-11可知，2002—2012年玉米收获面积总体呈逐渐下降趋势，且食用玉米的收获面积大于饲料玉米的收获面积，2002年，饲料玉米和食用玉米的收获面积分别为1.15万公顷和1.56万公顷，到2012年均减少至2002—2020年间的最低值，分别为0.66万公顷和1万公顷。2013—2020年玉米的收获面积总体上呈上升趋势，尤其是饲料玉米，其收获面积的增长速度明显快于食用玉米的收获面积。2014年饲料玉米的收获面积开始超过食用玉米的收获面积，此后饲料玉米的收获面积基本略大于食用玉米的收获面积，2020年饲料玉米和食用玉米的收获面积分别达到1.62万公顷和1.58万公顷，比2012年分别增长了1.45倍和58%。

台湾玉米单产基本维持在相对平稳的水平，且饲料玉米的单产明显低于食用玉米单产，两者的平均差距为2625.58公斤/公顷。结合玉米收获面积的变化趋势可以推断，2012年以后玉米的生产效率有所下降，尤其是饲料玉米，在收获面积明显增加的情况下，其单产却呈现小幅下降趋势。2020年饲料玉米单产为4746公斤/公顷，较上年略减了90公斤/公顷，减少幅度为1.86%；反之，2020年食用玉米的单产为8201公斤/公顷，较上年增加了961公斤/公顷，增长幅度为13.27%（见图3-12）。

与收获面积相似，台湾玉米产量也呈现先降后升的趋势。根据图3-13可知，2002—2012年为下降阶段，2013—2020年为上升阶段。2002年饲料玉米和食用玉米的产量分别为6.02万吨和12.87万吨，2012年减少至最低值，分别为2.98万吨和7.54万吨。2012年之后玉米产量开始逐渐上升，到2020年，饲料玉米和食用玉米的产量分别增加至7.69万吨和12.96万吨。食用玉米的产量始终高于饲料玉米的产量，尽管后期饲料玉米的收获面积已经超过了食用玉米的收获面积，但由于饲料玉米的生产效率下降明显，导致产量无法进一步提高，与食用玉米的产量差距有所减小，2002—2012年两者的产量差距平均为5.17万吨，2013—2020年两者的产量差距平均减少为3.94万吨。

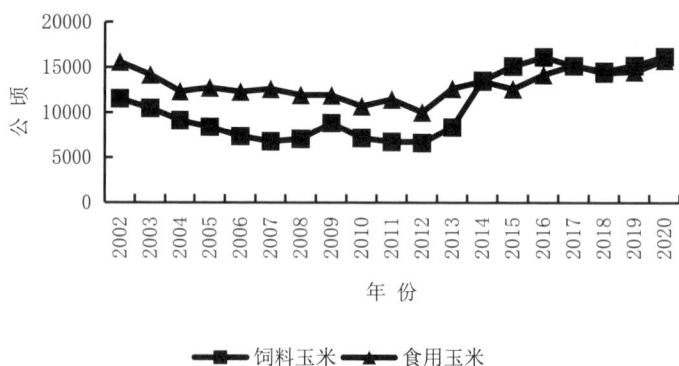

图3-11 2002—2020年台湾玉米收获面积

资料来源：历年《台湾农业统计年报》

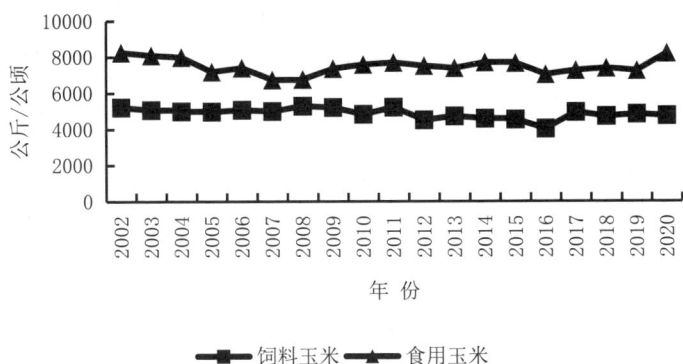

图3-12 2002—2020年台湾玉米单产

资料来源：历年《台湾农业统计年报》

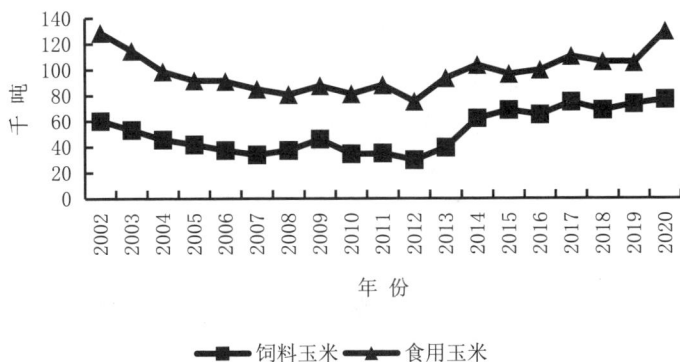

图3-13 2002—2020年台湾玉米产量

注：饲料玉米产量以脱粒干仁为计算标准。

资料来源：历年《台湾农业统计年报》

1.3.2 玉米消费量波动明显

台湾玉米消费量总体上呈下降趋势且波动较大。根据图3-14可知，2002—2004年消费量从507.51万吨减少至484.89万吨，减少幅度为4.46%，之后消费量开始回升，2006年增加至504.43万吨。2007年开始消费量迅速下滑，2012年消费量下降至2002—2020年间的最低值437.03万吨，较2006年减少了67.4万吨，减少幅度为13.36%，随后消费量又明显回升，2014年增加至471.73万吨。2014—2018年消费量呈缓慢下降趋势，2018年消费量为451.28万吨，较2014年减少了20.45万吨，减少幅度为4.34%，2020年消费量又小幅增加至465.83万吨，较2018年增加了14.55万吨，增长幅度为3.22%。

从消费结构来看，2002—2020年，玉米消费以饲料用消费为主，其占总消费量的比例平均高达97.3%，因而饲料用消费量的变化趋势基本与总消费量一致，2020年饲料用消费量为445.76万吨，较上年略增了0.5万吨；食用消费量总体呈现先减后增的趋势，占总消费量的比例平均为2.27%；加工用消费量在2002—2017年间一直稳定在1.5万吨，此后有所增加，2018—2020年保持在2.37万吨的水平；种用消费水平极低，在200吨到700吨之间小幅波动（见图3-15）。

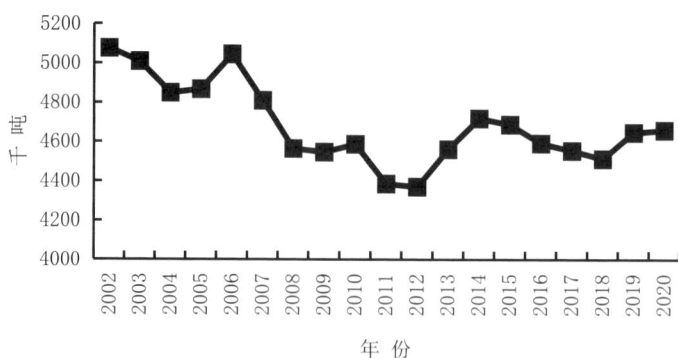

图3-14 2002—2020年台湾玉米消费量

资料来源：历年《台湾农业统计年报》

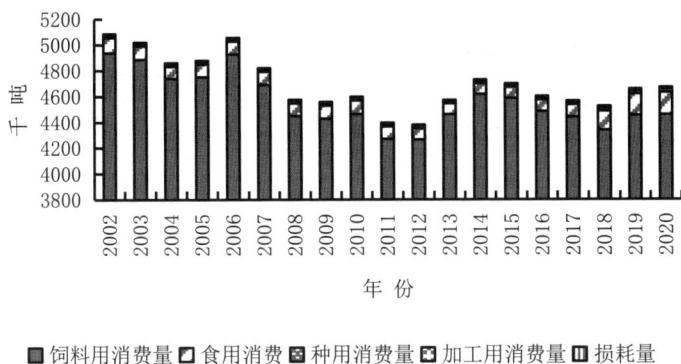

图3-15 2002—2020年台湾玉米消费结构

资料来源：历年《台湾农业统计年报》

1.3.3 玉米需求对外依存度高

由于产量很低，台湾玉米出口量极少，消费基本依赖进口。根据图3-16可知，玉米进口量占消费总量的比例平均高达98.34%。对于进口量，2002—2020年玉米进口量总体上呈现缓慢减少且小幅波动的趋势，从2002年的510.58万吨减少至2020年的455.91万吨。从变化情况来看，2002—2006年进口量呈平稳发展趋势，2007年进口量明显下降，2008年进一步下降至434.36万吨，随后进口量开始回升，2010年上升至2002—2020年间的最高值512.02万吨，2011年进口量又明显减少，此后进入平稳发展阶段，2011—2018年进口量在410万吨至450万吨之间小幅波动，2019年进口量明显增加，但2020年又减少至455.91万吨，较2019年减少了38.33万吨，减少幅度为7.76%。对于出口量，2002—2020年玉米出口量始终处于0.1万吨左右的极低水平。

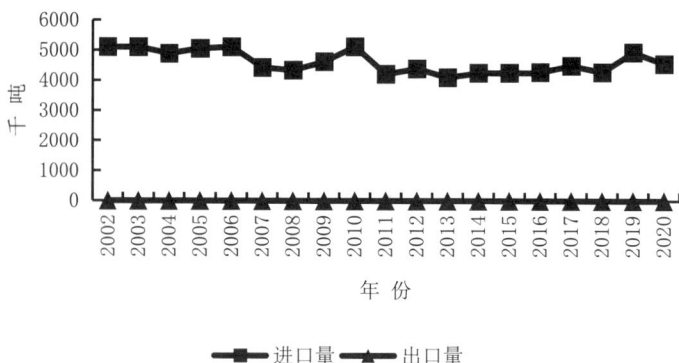

图3-16 2002—2020年台湾玉米进出口量

资料来源：历年《台湾农业统计年报》

2 未来市场发展走势判断

2.1 稻米产业预测

根据表3-1可知，台湾稻米的收获面积和产量将保持相对平稳的发展趋势，收获面积继续维持在26万吨左右，大米产量预计在平稳中缓慢下降，2021—2025年产量将从136.93万吨小幅减产至133.71万吨。大米进口量预计先上升后下降，2022年增加至最大值18.47万吨，比2021年增长了5.69万吨，增长幅度为44.52%，之后进口逐渐减少，2025年进口量预计为14.71万吨。大米出口量未来四年将呈现连续下滑趋势，预计2024年下跌至6.86万吨，比2020年减少19.56万吨，减少幅度为74.03%，2025年出口量将略有回升。大米消费量预计呈现先减后增的趋势，2022年将下降至最低值136.77万吨，较2020年减少了9.96万吨，减少幅度为6.79%，之后消费量开始回升，2025年预计为142.68万吨。

表3-1 2021—2025年大米产业预测值

年 份	收获面积 （万公顷）	产 量 （千吨）	进口量 （千吨）	出口量 （千吨）	总消费量 （千吨）
2021	26.58	1369.25	146.93	140.95	1469.01
2022	25.42	1309.65	184.69	133.98	1367.68
2023	26.24	1346.57	151.89	115.65	1433.24
2024	26.28	1346.81	141.44	68.64	1403.78
2025	26.27	1337.06	147.14	96.80	1426.76

资料来源：根据历年《台湾农业统计年报》数据计算所得

2.2 小麦产业预测

根据表3-2可知，小麦产量未来将略有增长但仍处在低水平，预计为0.2万吨左右。2021—2023年小麦消费量预计呈上升趋势，2023年消费量达到最大值152.62万吨，比2020年增加了15.82万吨，增长幅度为11.56%，2024年略有下降，为14.41万吨，2025年又小幅回升，为14.88万吨。由于小麦消费量主要依赖进口，因此预计小麦的进口量发展趋势与消费量相似，2023年也将达到最大值173.44万吨。小麦出口量未来将呈现不断上涨态势，预计2025年出口量将增加至14.01万吨，比2020年增加了4.07万吨，增长幅度为40.95%。

表3-2 2021—2025年小麦产业预测值（单位：千吨）

年 份	产量	进口量	出口量	总消费量
2021	1.68	1522.08	99.50	1402.51
2022	1.87	1643.15	116.37	1485.65
2023	2.18	1734.39	125.33	1526.16
2024	1.89	1574.13	118.87	1440.61
2025	2.36	1654.52	140.06	1487.92

资料来源：根据历年《台湾农业统计年报》数据计算所得

2.3 玉米产业预测

根据表3-3可知，玉米的收获面积预计未来总体上呈小幅下降趋势。到2025年，饲料玉米和食用玉米的收获面积分别将逐渐减少至1.12万公顷、1.37万公顷，比2020年分别减少0.5万公顷、0.21万公顷，减少幅度为30.86%、13.29%。但是，2023年饲料玉米和食用玉米的收获面积预计均将出现小幅回升。与收获面积相似，玉米产量预计未来也呈现波动下降趋势。预计到2025年，饲料玉米和食用玉米的产量分别为5.43万吨和10.20万吨，比2020年分别减产2.26万吨和2.76万吨，减少幅度分别为29.39%和21.30%。但饲料玉米和食用玉米的产量预计将分别在2023年和2022年出现小幅回升。

根据表3-4可知，玉米的产量、消费量和进出口量预计未来五年均呈现先增后减的趋势，且增减幅度较小。玉米的产量预计在2024年逐渐增加至最大值15.12万吨，比2020年增加0.95万吨，增长幅度为6.70%，2025年减产至13.32万吨。而玉米的消费量、进口量和出口量均在2023年达到最高点，分别为477.60万吨、492.96万吨、0.14万吨，比2020年分别增加了11.77万吨、0.03万吨、37.05万吨，增长幅度分别为2.53%、

27.27%、8.13%，此后逐年递减，到2025年预计将分别减少至470.34万吨、474.12万吨、0.12万吨。

表3-3 2021—2025年玉米生产的预测值

年 份	收获面积（公顷）		产 量（千吨）	
	饲料玉米	食用玉米	饲料玉米	食用玉米
2021	12954.27	14250.41	63.07	108.47
2022	12671.78	14245.03	62.39	111.75
2023	13063.21	15085.49	63.86	109.41
2024	11476.21	13745.98	55.92	103.26
2025	11163.10	13740.10	54.33	102.03

资料来源：根据历年《台湾农业统计年报》数据计算所得

表3-4 2021—2025年玉米产业预测值（单位：千吨）

年 份	产量	进口量	出口量	总消费量
2021	1.68	1522.08	99.50	1402.51
2022	1.87	1643.15	116.37	1485.65
2023	2.18	1734.39	125.33	1526.16
2024	1.89	1574.13	118.87	1440.61
2025	2.36	1654.52	140.06	1487.92

资料来源：根据历年《台湾农业统计年报》数据计算所得

3 成本收益分析

3.1 生产成本构成与收益比较

稻米的生产总成本明显高于饲料玉米，对于稻米，粳稻的生产总成本略高于籼稻。根据表3-5可知，2020年粳稻和籼稻的生产总成本分别为12.36万元/公顷和11.54万元/公顷，饲料玉米的生产总成本为8.20万元/公顷，远高于大陆的谷物生产总成本（稻米1.88万元/公顷，玉米1.62万元/公顷）[1]。具体而言，生产稻米所需的种苗费、肥料费、人工费、机械包工费、农药费、购水费、农用设施费和地租均高于饲料玉米，尤其是机械包工费，粳稻每公顷比饲料玉米多花费1.12万元。农药费和人工费的差距也较大，粳稻的农药费比饲料玉米多花费0.94元/公顷，籼稻的人工费比饲料玉米多花费0.63元/公顷。

从生产成本构成来看，生产稻谷和饲料玉米所需的机械包工费占总成本的比例最大，均超过40%，说明谷物生产的机械化程度较高。其次是地租，粳稻、籼稻和饲料玉米的地租分别为1.99万元/公顷、1.92万元/公顷和1.62万元/公顷，占总成本的比例分别为16.12%、16.67%和19.71%，远高于大陆生产谷物所需的地租（稻谷和玉米均为0.37万元/公顷）[2]。稻谷和饲料玉米的肥料费所占比例也相对较高，约为10.5%；籼稻的人工费用为1.33万元/公顷，占总成本的比例为11.5%。其余成本费用占比均低于10%，其中生产稻米需要使用购水费约为2000元/公顷，占总成本的比例约为1.8%，而饲料玉米的购水费仅需31元/公顷；生产稻米需

---

1 数据来源于《中国农村统计年鉴—2021》。
2 同上。

要使用一小部分材料费，但不需要能源费，而生产饲料玉米需要使用一部分能源费，但不需要材料费（见表3-5）。

稻米的总收益高于饲料玉米，但利润低于饲料玉米。根据表3-5可知，2020年粳稻和籼稻的总收益分别为14.53元/公顷和13.57元/公顷，比饲料玉米分别多出2.80元/公顷和1.84元/公顷。2020年饲料玉米的利润为3.54万元/公顷，比粳稻和籼稻分别多1.37万元/公顷和1.51万元/公顷，说明稻米利润较低的主要原因在于成本较高。

表3-5 2020年谷物生产成本与收益

类 别	粳稻 （元/公顷）		籼稻 （元/公顷）		饲料玉米 （元/公顷）	
生产总成本	123594	占比	115412	占比	81974	占比
种苗费	10791	8.73%	8313	7.20%	4807	5.86%
肥料费	12888	10.43%	12347	10.70%	8394	10.24%
人工费	12024	9.73%	13277	11.50%	6979	8.51%
机械包工费	51742	41.86%	48759	42.25%	40565	49.49%
农药费	11909	9.64%	9731	8.43%	2477	3.02%
能源费	0	0	0	0	608	0.74%
材料费	170	0.14%	84	0.07%	0	0
购水费	1993	1.61%	2324	2.01%	31	0.04%
农用设施费	1850	1.50%	1144	0.99%	737	0.90%
农机具费	198	0.16%	100	0.09%	1106	1.35%
地 租	19923	16.12%	19234	16.67%	16161	19.71%
资本利息	109	0.09%	105	0.09%	108	0.13%
总收益	145252		135736		117331	
利 润	21658		20324		35357	

资料来源：2020年《台湾农业统计年报》

3.2 成本收益变化趋势[1]

3.2.1 稻米

    总体而言，稻米的总收益波动较大。对于粳稻，根据图3-18可知，粳稻总收益从2011年的15.01万元/公顷下降至2013年的最低值13.50万元/公顷，2014年增加至15.48万元/公顷，随后两年又逐渐下降，2016—2018年为快速增长期，2018年粳稻总收益达到最大值17.64万元/公顷，比2016年增加了3.98万元/公顷，增长幅度为29.14%。然而，近两年收益大幅减少，到2020年减少至14.53万元/公顷；2011—2020年粳稻的生产总成本基本维持在12万元/公顷左右的平稳状态，因此粳稻利润的变化趋势与总收益一致，2016年粳稻利润为最低值1.41万元/公顷，2018年达到最大值5.26万元/公顷。

    对于籼稻，根据图3-20可知，2011—2016年籼稻总收益的变化趋势与粳稻相同，在12.36万元/公顷至13.94万元/公顷之间波动，2017年籼稻总收益达到2011—2020年间的最大值14.41万元/公顷，随后大幅下降，2019年下降至最低值10.48万元/公顷，2020年总收益快速增长，为13.57万元/公顷，比上一年增长了29.48%。对比而言，2011—2020年籼稻总收益比粳稻总收益平均少1.73万元/公顷，而籼稻生产成本基本与粳稻相似，因此籼稻利润总体比粳稻略低。值得注意的是，2013年和2016年，由于第二季度籼稻歉收，导致总收益处于低水平，利润接近零值；2019年由于籼稻全年歉收，总收益降到了最低值，导致农民亏本。

    从生产成本结构来看，根据图3-17和图3-19可知，2011—2020年稻

---

1   本部分图表中的机械设施费用包括机械包工费、农用设施费和农机具费。

米的生产成本结构基本稳定，除了粳稻的人工费减少较明显，其占总成本的比例从2011年的14.43%逐渐减少至2020年的9.73%。

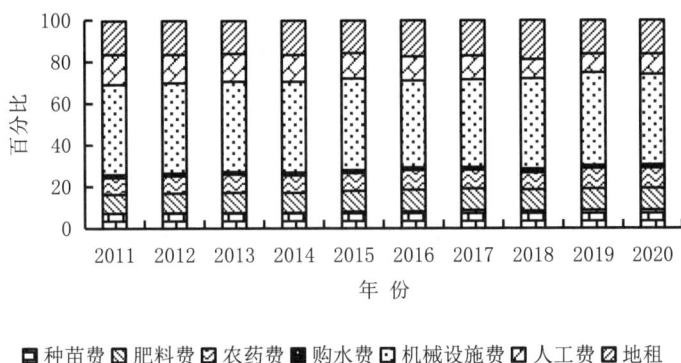

图3-17 2011—2020年粳稻生产成本结构

资料来源：历年《台湾农业统计年报》

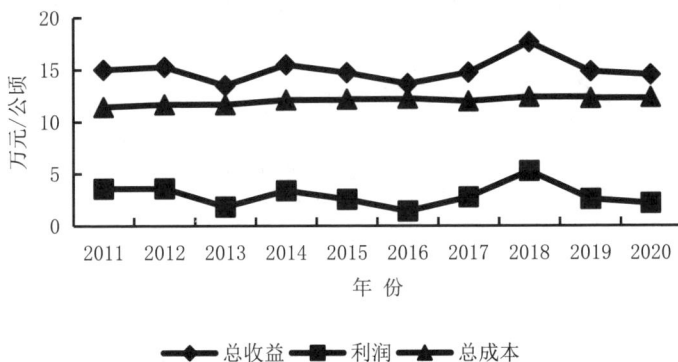

图3-18 2011—2020年粳稻生产成本与收益变化

资料来源：历年《台湾农业统计年报》

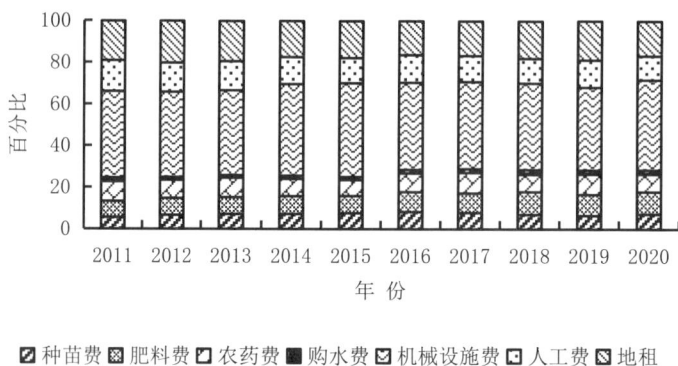

图3-19 2011—2020年籼稻生产成本结构

资料来源：历年《台湾农业统计年报》

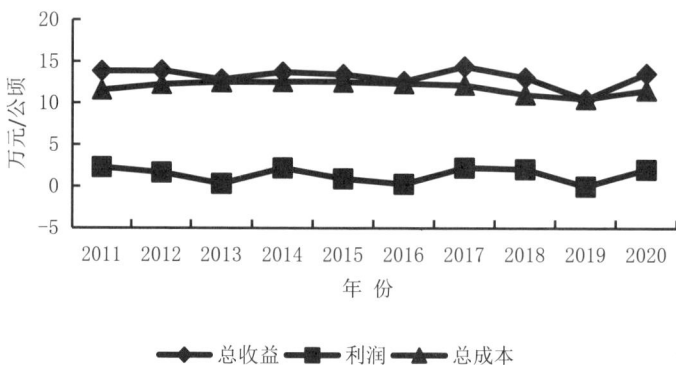

图3-20 2011—2020年籼稻生产成本与收益变化

资料来源：历年《台湾农业统计年报》

3.2.2 饲料玉米

饲料玉米的总收益波动较大。根据图3-21可知，2012年总收益处于最低值8.56万元/公顷，2013年总收益大幅增加至11.11万元/公顷，并在2013—2015年期间处于相对平稳的水平，2016年总收益明显下降，为9.96

万元/公顷，近两年又逐渐回升，2020年总收益达到11.73万元/公顷。饲料玉米的生产成本基本维持在7.5万元/公顷左右，因此饲料玉米的利润变化趋势基本与总收益相似，在1.55万元/公顷至4.23万元/公顷之间波动。

从生产成本结构来看，根据图3-22可知，饲料玉米的人工费和机械设施费变化较大，两者呈现此起彼伏的关系。2011—2013年饲料玉米的人工费用较高，占总成本的比例为20%左右，而机械设施费的占比为45%左右；2014年开始，随着机械化水平的提高，饲料玉米的人工费用明显减少，2014—2020年人工费占总成本的比例约为7.5%，相应地，机械设施费的比例增长至53%左右。饲料玉米的地租呈现"增—减—增"的变化趋势，2011—2014年地租从0.82万元/公顷增加至1.88万元/公顷，其占总成本的比例从11.04%增加至23.75%，之后开始减少，2016年地租比例为15.53%，近两年又有所增长，到2020年地租比例增加至19.71%。其余生产成本变化不大。

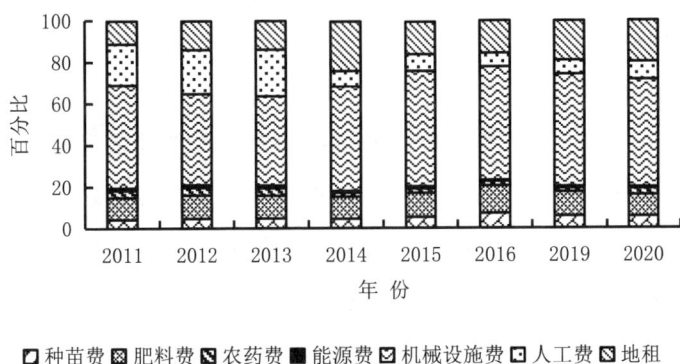

图3-21 2011—2020年饲料玉米生产成本结构

资料来源：历年《台湾农业统计年报》

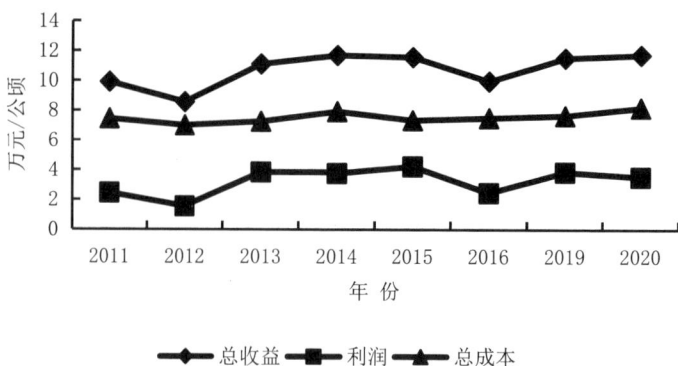

图3-22 2011—2020年饲料玉米生产成本与收益变化

资料来源：历年《台湾农业统计年报》

4 两岸国际竞争力对比

4.1 稻米产业

2000—2020年大陆稻米的国际市场占有率均高于台湾。根据图3-23可知，台湾稻米的国际市场占有率极低，各年均低于0.5%，而大陆稻米的国际市场占有率总体呈现先降后升的趋势，2000—2015年为下降阶段，国际市场占有率从2000年的8.63%下降至2015年的最低值1.15%，其中2000—2006年波动较大，2007—2015年变化较平缓。2016年开始，国际市场占有率逐年回升，到2019年上升至4.40%，2020年略降至3.57%。

从出口贡献率来看，根据图3-24可知，2004—2020年两岸稻米的出口贡献率均非常低，处于0.05%以下，但总体上大陆稻米的出口贡献率略高于台湾。

从贸易竞争力指数来看，根据图3-25可知，台湾稻米总体上处于出口竞争劣势地位。台湾稻米在2000年和2001年指数大于0.75,具有很强的出口优势。2002年开始转入出口竞争劣势位置并持续至2019年,其中2003—2014年指数接近于-1,竞争力处于非常不利的状态,2015—2019年竞争力有所好转,到2020年指数大于0,转入出口竞争优势位置。大陆稻米在2000—2011年间处于出口竞争优势地位,2000—2003年大陆稻米指数大于0.5,具有较强的出口竞争优势,2005—2011年指数小于0.5。2012—2020年转入出口竞争劣势地位,2015年开始指数逐渐回升,但仍然小于0。两岸稻米的贸易竞争力指数差异由大变小,2000—2001年台湾指数略高于大陆,2002—2011年大陆指数明显高于台湾,2012年开始差距拉小,除了2015年、2016年和2020年台湾指数略高于大陆,2012—2020年大陆指数总体上略高于台湾。

从显示性比较优势指数来看,根据图3-26可知,台湾稻米指数始终趋近于0,其国际竞争力处于很弱的位置,而大陆稻米在2000—2003年间具有较强的国际竞争力,此后国际竞争力转弱,仅略高于台湾。

从相对贸易优势指数来看,根据图3-27可知,台湾稻米竞争力总体上不具有比较优势,大陆稻米在2000—2003年间具有较强的比较优势,其指数明显高于台湾,2005—2011年大陆稻米具有一定的比较优势,其指数略高于台湾,但2012年开始,大陆稻米不具有比较优势,且2012—2020年指数均略低于台湾。

综上所述,考虑到两岸的人口与地域相差巨大,整体上大陆与台湾的稻米国际竞争力均处于较低水平,而台湾稻米国际竞争力略强于大陆。

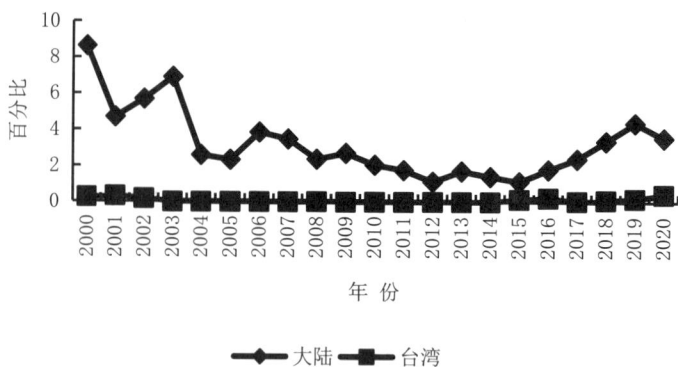

图3-23 2000—2020年大陆与台湾的稻米国际市场占有率（%）

资料来源：根据FAOSTAT数据计算所得

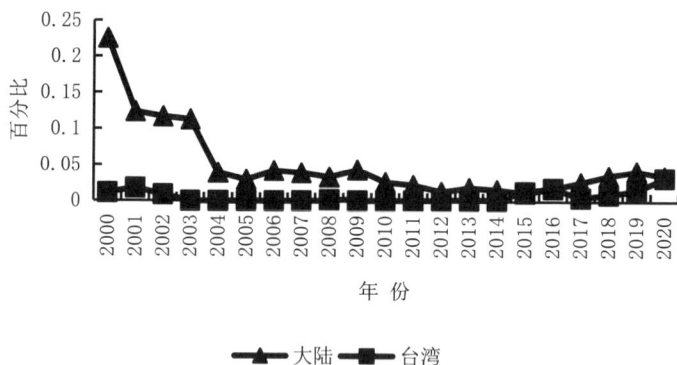

图3-24 2000—2020年大陆与台湾的稻米出口贡献率（%）

资料来源：根据FAOSTAT数据计算所得

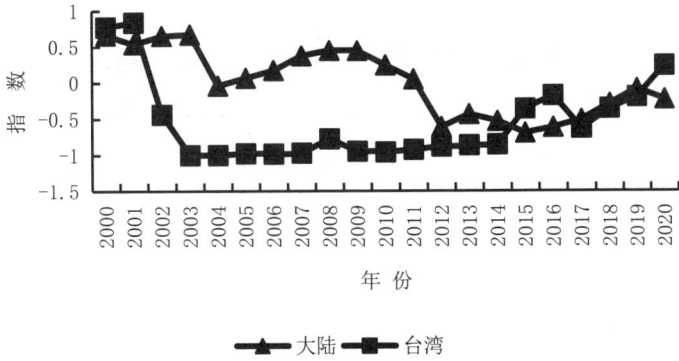

图3-25　2000—2020年大陆与台湾的稻米贸易竞争力指数

资料来源：根据FAOSTAT数据计算所得

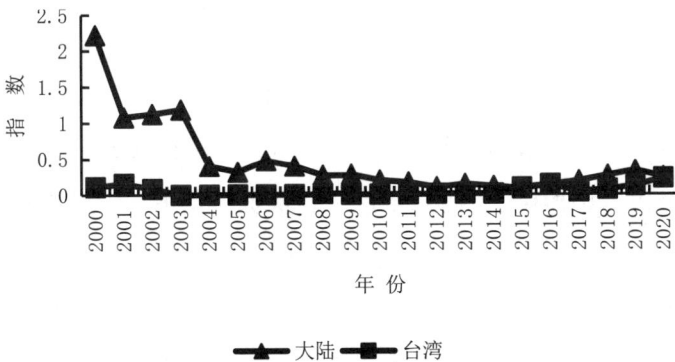

图3-26　2000—2020年大陆与台湾的稻米显示性比较优势指数

资料来源：根据FAOSTAT数据计算所得

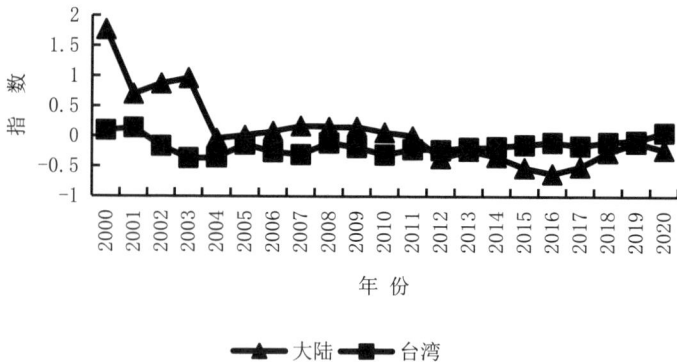

图3-27 2000—2020年大陆与台湾的稻米相对贸易优势指数

资料来源：根据FAOSTAT数据计算所得

4.2 小麦产业

整体而言，两岸小麦国际竞争力均很低。首先，根据图3-28和图3-29可知，台湾小麦的国际市场占有率和出口贡献率均维持在极低水平，而大陆小麦的国际市场占有率和出口贡献率在2001—2007年间高于台湾，2009—2019年与台湾基本持平。从贸易竞争力指数来看，根据图3-30可知，2000—2019年台湾小麦基本上只进口不出口，而大陆小麦除了2003年和2007年具有较强的出口优势外，总体上不具有出口比较优势，且2009—2019年基本上只进口不出口，与台湾情况一致。从显示性比较优势指数来看，根据图3-31可知，2000—2019年台湾小麦指数接近于0，说明国际竞争力很弱，而大陆小麦国际竞争力也较弱，其指数小于0.3，且2009年以后情况基本与台湾一致。从相对贸易优势指数来看，根据图3-32可知，2000—2019年台湾小麦指数均小于0，不具有出口比较优势，而大陆小麦除了2003年、2006年和2007年具有出口比较优势外，其余年份不具有比较优势，但总体上大陆小麦的国际竞争力略强于台湾。

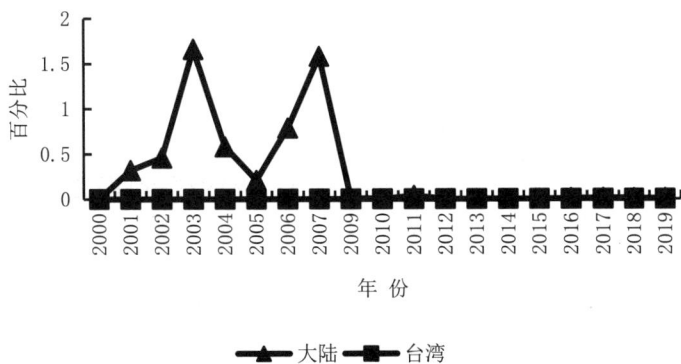

图3-28 2000—2019年大陆与台湾的小麦国际市场占有率（%）

资料来源：根据FAOSTAT数据计算所得

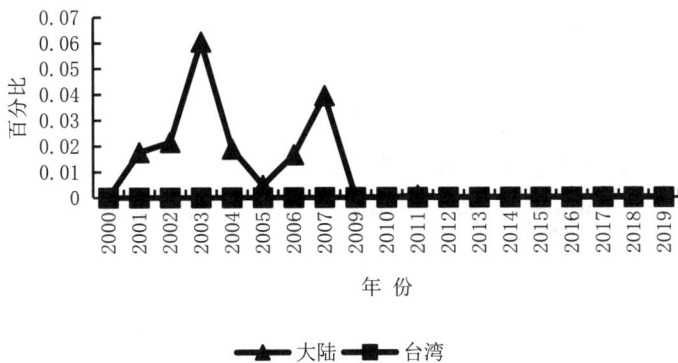

图3-29 2000—2019年大陆与台湾的小麦出口贡献率（%）

资料来源：根据FAOSTAT数据计算所得

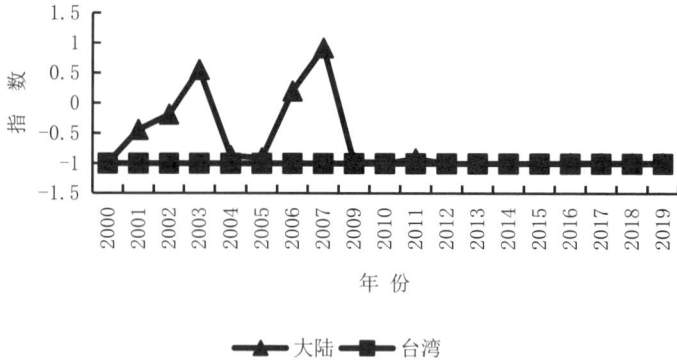

图3-30 2000—2019年大陆与台湾的小麦贸易竞争力指数

资料来源：根据FAOSTAT数据计算所得

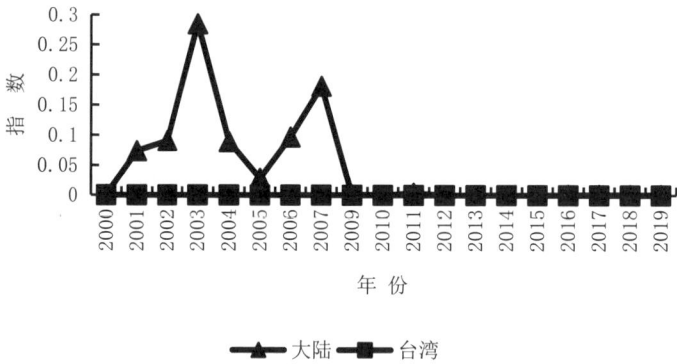

图3-31 2000—2019年大陆与台湾的小麦显示性比较优势指数

资料来源：根据FAOSTAT数据计算所得

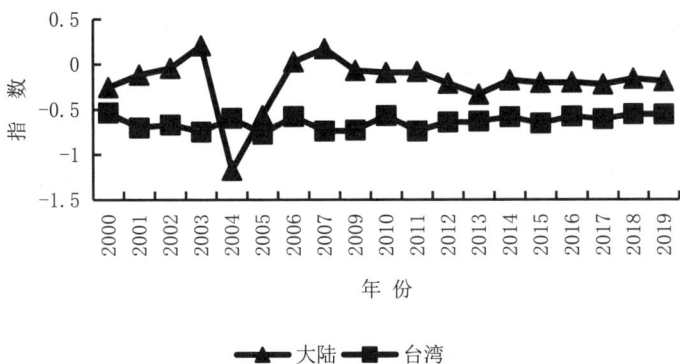

图3-32 2000—2019年大陆与台湾的小麦相对贸易优势指数

资料来源：根据FAOSTAT数据计算所得

4.3 玉米产业

从国际市场占有率和出口贡献率来看，根据图3-33和图3-34可知，2000—2020年台湾玉米比率各年均处于极低水平；大陆玉米的国际市场占有率和出口贡献率在2000—2007年间平均分别为8.32%、0.22%，但波动很大，且两者的变化趋势相似，2008年开始进入极低水平，与台湾玉米情况一致。从贸易竞争力指数来看，根据图3-35可知，2000—2020年台湾玉米国际竞争力非常弱，基本上只进口不出口，而大陆玉米在2000—2008年间具有很强的国际竞争力，但之后指数急转直下，2010年由出口优势转入出口劣势，2012—2020年也基本处于只进口不出口的状态。从显示性比较优势指数来看，根据图3-36可知，2000—2020年台湾玉米的国际竞争力非常弱，各年指数均趋近于0，而大陆玉米在2000—2005年间总体上具有较强的国际竞争力，但指数波动很大，其中2000年和2003年指数甚至超过2.5，表现出极强的国际竞争力，但2006年开始，国际竞争力由强转弱，2008年之后进入极低水平，与台湾情况一致。从相对贸易优势指数来看，根据图

3-37可知，2000—2020年台湾玉米指数均小于0，不具有贸易比较优势，而大陆玉米在2000—2009年间具有贸易比较优势，2010—2020年不具有比较优势，且大陆和台湾玉米的指数差距由大趋小。综上所述，整体上台湾玉米的国际竞争力非常弱，而大陆玉米前期具有较强的国际竞争力，明显高于台湾，但中后期国际竞争力与台湾玉米趋同，呈现出很弱的状态。

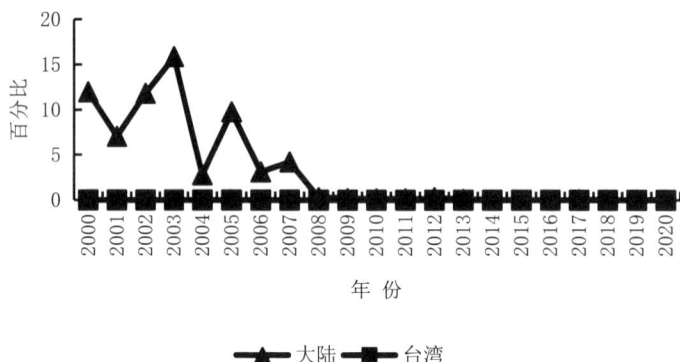

图3-33 2000—2020年大陆与台湾的玉米国际市场占有率（%）

资料来源：根据FAOSTAT数据计算所得

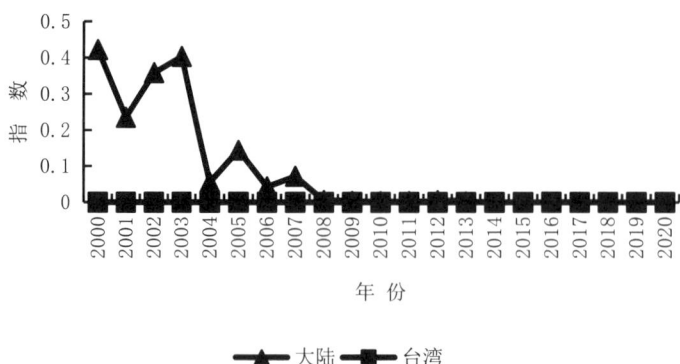

图3-34 2000—2020年大陆与台湾的玉米出口贡献率

资料来源：根据FAOSTAT数据计算所得

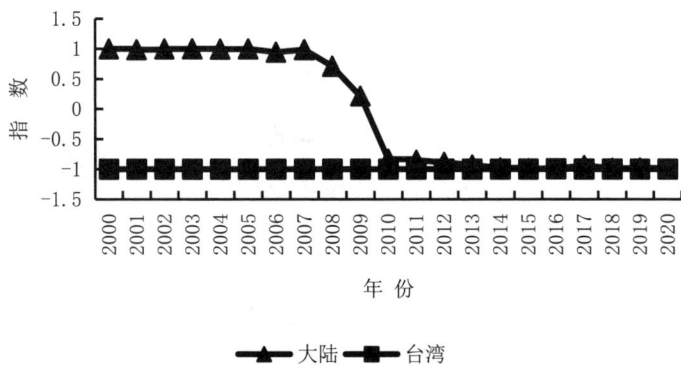

图3-35 2000—2020年大陆与台湾的玉米贸易竞争力指数

资料来源：根据FAOSTAT数据计算所得

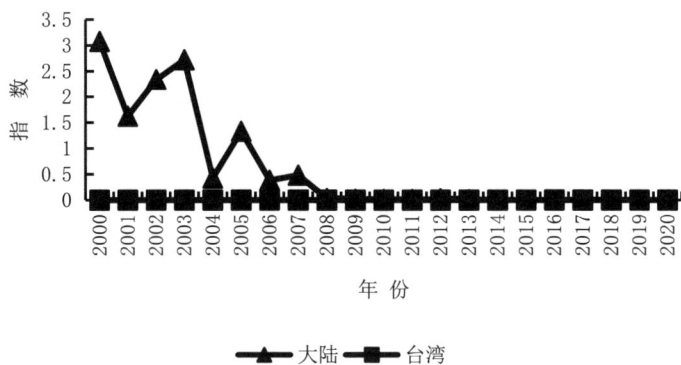

图3-36 2000—2020年大陆与台湾的玉米显示性比较优势指数

资料来源：根据FAOSTAT数据计算所得

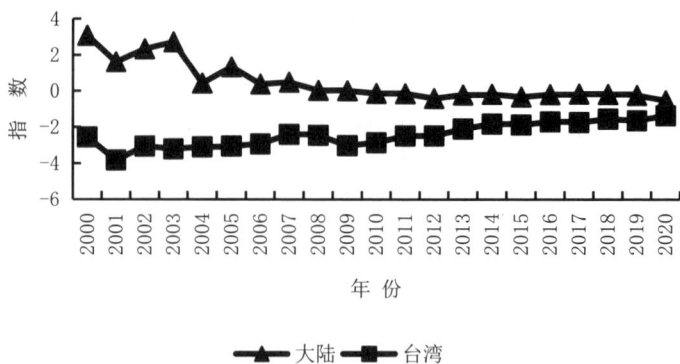

图3-37 2000—2020年大陆与台湾的玉米相对贸易优势指数

资料来源：根据FAOSTAT数据计算所得

第 4 章 ｜ 其他作物产业

1 供求变化分析

1.1 油料作物产业

1.1.1 大豆产业

1.1.1.1 收获面积、总产量波动明显，单产波动下降

2002—2020年，台湾大豆的收获面积发展趋势大体可以分为三个阶段：2002—2012年为缓慢下降阶段，2013—2017年为快速上升阶段，2018—2020年为稳中有升阶段。根据图4-1可知，2002—2012年大豆收获面积从155公顷缓慢下降至80公顷，下降幅度为48.39%；此后收获面积逐年快速增长，2017年增加至3182公顷，比2012年增长了近39倍；2018年大豆收获面积出现小幅下降，随后逐渐回升，2020年达到最大值3428公顷。

台湾大豆产量的变化趋势与收获面积基本一致。根据图4-2可知，2002—2012年台湾大豆产量从341吨缓慢减少至159吨，减少幅度为53.37%；2013—2017年大豆产量呈现飞速增长趋势，5年间增长了28倍；2018—2019年大豆产量呈现小幅波动趋势，在4400吨至4780吨之间上下波动。值得注意的是，2020年尽管大豆收获面积有所增加，但产量却出

现较为明显的下降，这可能是受到自然灾害的影响。

　　台湾大豆单产总体上呈现波动下降趋势，可见大豆的生产效率在逐渐下降。根据图4-3可知，2002—2007年大豆单产处于相对平稳状态，约为2160公斤/公顷；2008—2010年大豆单产呈现逐年下降趋势，从1906公斤/公顷减少至1766公斤/公顷，减少幅度为7.35%；2011—2012年大豆单产逐渐回升，但之后不断减少，从2012年的2001公斤/公顷减少至2020年的最低值1298公斤/公顷，减少幅度为35.13%。

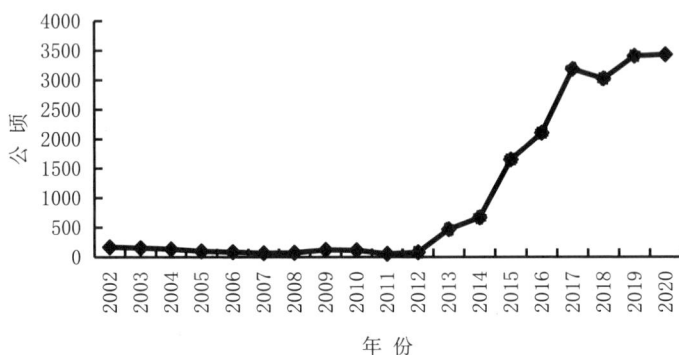

图4-1 2002—2020年台湾大豆收获面积

资料来源：历年《台湾农业统计年报》

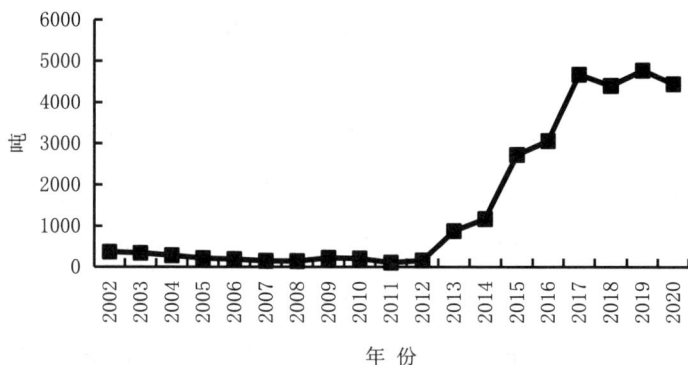

图4-2 2002—2020年台湾大豆产量

资料来源：历年《台湾农业统计年报》

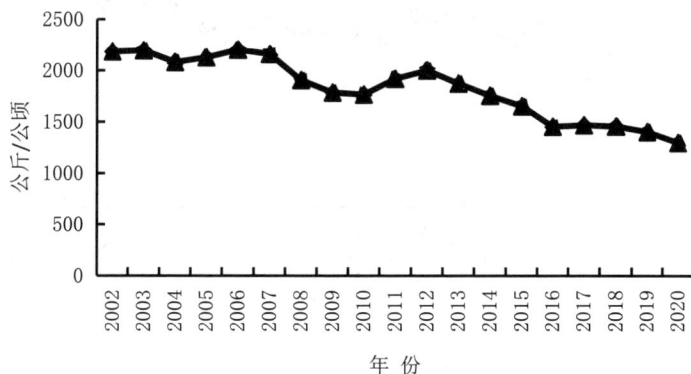

图4-3 2002—2020年台湾大豆单产

资料来源：历年《台湾农业统计年报》

1.1.1.2 消费由波动趋于平稳且略有增长

台湾大豆消费量总体上呈现缓慢上升趋势。根据图4-4可知，2002—2015年大豆消费量变化较大，由229.65万吨增加至258.22万吨，增长幅度为12.44%。2016—2020年大豆消费量呈现平稳增长态势，2020年大豆消费量为287.23万吨，较2015年增长了11.23%。

从消费结构来看，根据图4-5可知，台湾大豆消费以加工用消费为主，2002—2014年，大豆加工用消费量占总消费量的比例一直维持在80%以上；2015—2019年，大豆加工用消费量占消费总量的比重略有下降，但仍处于75%以上，2020年其占比进一步下降至68%。2002—2011年，食用消费是大豆消费的第二大来源，比重保持在19%左右；2012—2014年食用消费量降低至6%左右，2015—2020年又上升至11%左右。2011—2020年台湾部分大豆用于饲料消费，大豆饲料用消费量占消费总量的比重基本稳定在12%，略高于食用消费量的比重。种用消费量极少，其占消费总量的比重均低于1%。

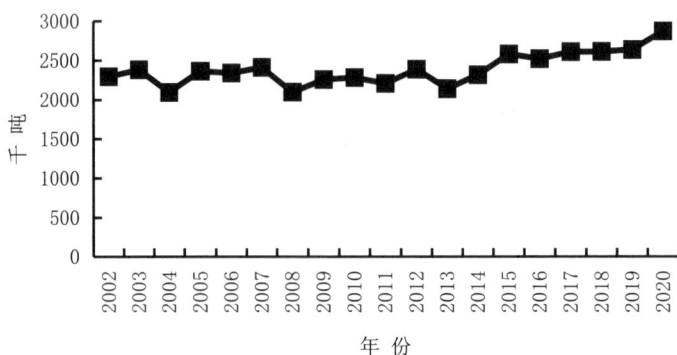

图4-4 2002—2020年台湾大豆消费量

资料来源：历年《台湾农业统计年报》

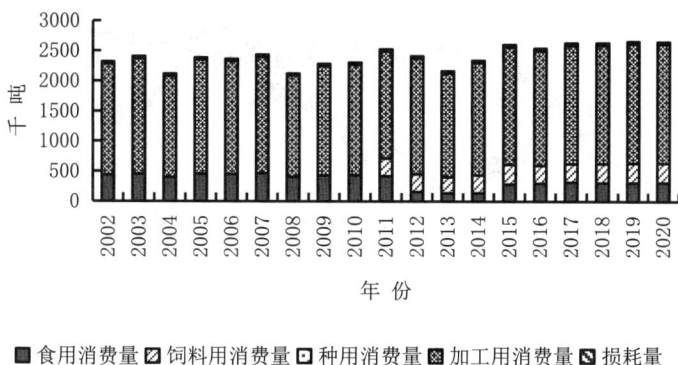

图4-5 2002—2020年台湾大豆消费结构

资料来源：历年《台湾农业统计年报》

1.1.1.3 进口量由小幅波动趋于平稳，出口量波动较大

台湾大豆进口量总体上变化不大，且前期呈现小幅波动趋势，后期在平稳中略有增长。根据图4-6可知，2002—2016年台湾大豆进口量呈现小幅波动趋势，2004年和2008年进口量为203.03万吨和269.63万吨，分别为2002—2020年间的最低和最高进口水平，两者相差66.6万吨。2016—2020年大豆进口量在平稳中略有增长，从244.64万吨增加至259.73万吨，增长幅度为6.17%。

台湾大豆出口量少，且波动明显。根据图4-6可知，2002—2020年台湾大豆出口量总体上呈现"减—增—减"的趋势。2003—2007年出口量从1.25万吨逐渐下降至最低值0.17万吨，下降幅度高达86.4%，其中2004年出口量出现大幅度下跌，较上一年下降了52.8%；2008—2016年，大豆出口量除2010年出现明显下降外，总体上呈现快速增长态势，2016年增加至最大值2.36万吨，是2007年的13.88倍。2017年大豆出口量再次出现大幅下跌，较上一年下降了37.71%，随后逐年小幅下降，从2017年的1.47万吨减少至2020年的0.9万吨，减少幅度为38.78%。

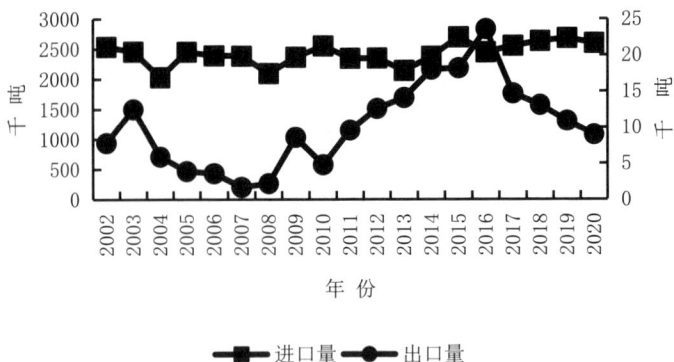

图4-6 2002—2020年台湾大豆进出口量

资料来源：历年《台湾农业统计年报》

1.1.2 落花生产业

1.1.2.1 收获面积小幅波动下降，单产、产量由波动趋于平缓

台湾落花生收获面积总体上呈现波动中缓慢下降的趋势。根据图4-7可知，2002年台湾落花生收获面积为2.54万公顷，是2002—2020年间的最高水平；2013年落花生收获面积为1.86万公顷，是2002—2020年间的最低水平；2020年落花生收获面积为1.97万公顷，较2002年减少了22.44%。

2002—2020年台湾落花生单产可以分为两个阶段。根据图4-8可知，2002—2014年为明显波动阶段，其中2007年单产为2239公斤/公顷，与上一年相比，跌幅达23.27%，是2002—2020年间的最低单产与最大年跌幅；2014年单产为3165公斤/公顷，与上一年相比，涨幅达25.84%，是2002—2020年间的最高单产与最大年涨幅。2015—2020年为平稳下降阶段，从2993公斤/公顷下降至2736公斤/公顷，下降幅度为8.59%。

台湾落花生产量与单产走势大体相似，亦可分为两个阶段。根据图4-9可知，2002—2014年为产量波动明显阶段，其中2002年落花生产量为7.75万吨，是2002—2020年间的最高水平；2007年落花生产量降至5.19万吨，与上一年相比，跌幅达27.5%，是2002—2020年间的最大年跌幅；2013年落花生产量降至4.68万吨，是2002—2020年间的最低水平。2015—2020年为产量逐渐下降阶段，从6.21万吨减少至5.38万吨，减少幅度为13.37%。

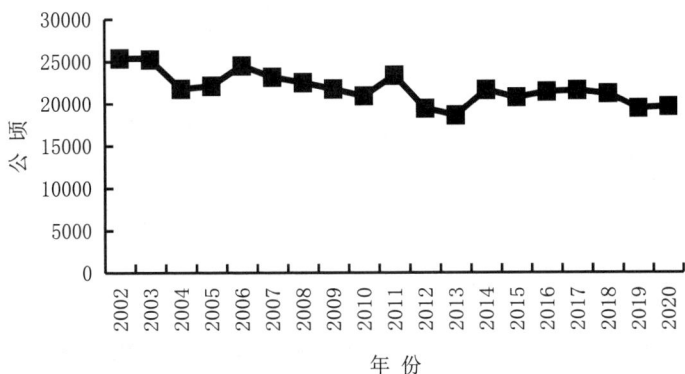

图4-7 2002—2020年台湾落花生收获面积

资料来源：历年《台湾农业统计年报》

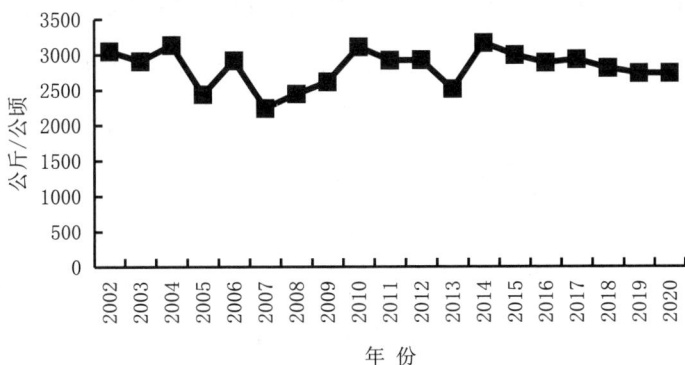

图4-8 2002—2020年台湾落花生单产

资料来源：历年《台湾农业统计年报》

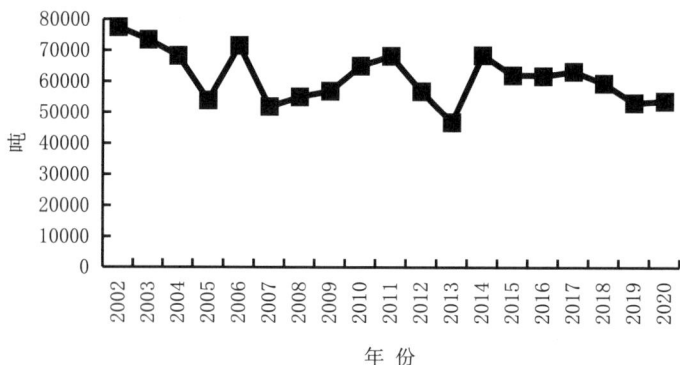

图4-9 2002—2020年台湾落花生产量

资料来源：历年《台湾农业统计年报》

1.1.2.2 消费前期波动明显，后期小幅波动下降

台湾落花生消费量变化趋势与产量基本一致。根据图4-10可知，2002—2020年，台湾落花生消费量在2002年达到最高值8.52万吨，之后几年连续下降，2005年降至第一个低点6.22万吨；2007年消费量出现第二个低点5.87万吨，与2006年相比，下跌幅度达26.81%，是2002—2020年间的最大年跌幅；2013年消费量降至最低值5.58万吨，次年增至7.77万吨，与上一年相比，涨幅达39.25%，是2002—2020年间的最大年涨幅。2014年以后消费量波动较小，总体呈现小幅下降趋势，到2020年消费量为6.46万吨，较2014年下降了16.86%。

从消费结构来看，根据图4-11可知，2002—2020年，台湾落花生消费主要以食用消费和加工消费为主，且二者占总消费量的比例基本相当，均稳定在38%左右；种用消费量变化不大，占消费总量的比重约为4.75%；损耗量基本稳定在0.12万吨，占消费总量的比重最小，仅为1.7%左右。

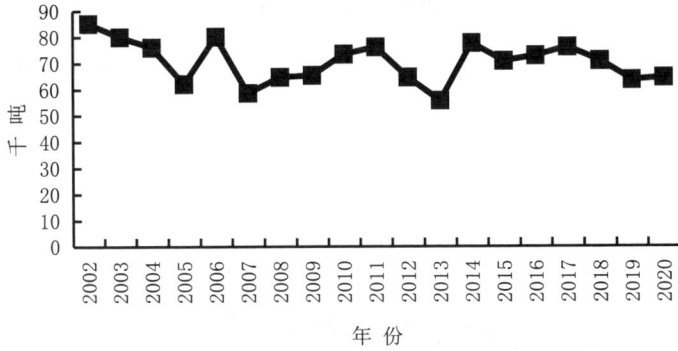

图4-10 2002—2020年台湾落花生消费量

资料来源：历年《台湾农业统计年报》

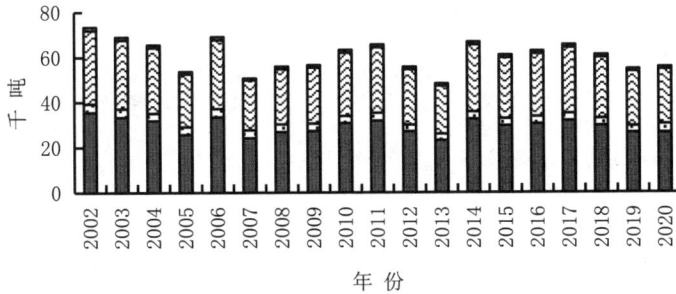

■食用消费量 □种用消费量 ▨加工用消费量 ▧损耗量

图4-11 2002—2020年台湾落花生消费结构

资料来源：历年《台湾农业统计年报》

1.1.2.3 进口量小幅波动增长，出口量稳中有升

台湾落花生进口量总体上呈波动增长态势，根据图4-12可知，2002—2020年进口量从0.81万吨增长至1.17万吨，增长幅度为44.44%，其中2003—2008年、2016—2020年进口量波动较明显，呈"增—减—

增"趋势，2009—2015年进口量相对平稳。台湾落花生出口量保持极低水平，但仍略有增长，根据图4-12可知，2002—2010年进口量稳定在300吨左右，2011年增长至800吨，较上一年增长了1倍，此后基本保持在700吨左右。

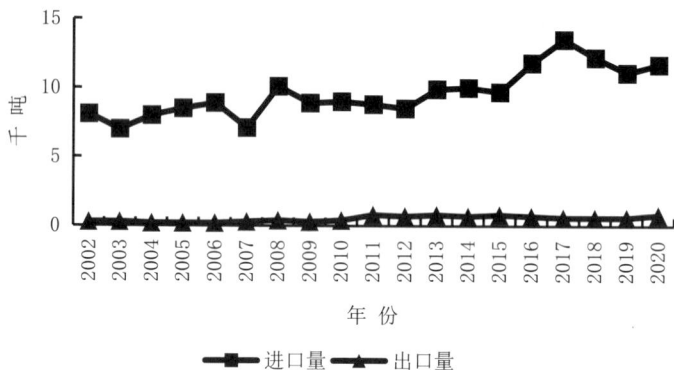

图4-12 2002—2020年台湾落花生进出口量

资料来源：历年《台湾农业统计年报》

1.1.3 芝麻产业

1.1.3.1 收获面积、产量由小幅波动趋向明显波动，单产在波动中有所增长

台湾芝麻收获面积前期波动较小，后期出现明显波动，总体上呈现波动上升的趋势。根据图4-13可知，2002—2009年芝麻收获面积虽有波动，但总体呈现相对平稳态势，在均值944公顷上下波动；2010—2020年芝麻收获面积出现较大波动，2010—2012年收获面积明显下降，从1331公顷减少至最小值831公顷，减少幅度为37.57%；此后收获面积快速增长，2017年达到最大值3491公顷，较2012年增长了3.2倍，但2018年收获

面积急速下跌至2081公顷，较上一年下降了40.39%，是2002—2020年间的最大年跌幅；2018—2020年收获面积进入缓慢增长趋势。

　　台湾芝麻单产总体上呈上升趋势，但波动较大。根据图4-14可知，芝麻单产在2002—2004年与2018—2020年这两个时间段呈现平稳上升趋势；2004—2018年单产波动明显，先从2004年的581公斤/公顷小幅波动减少至2008年的403公斤/公顷，2009年单产陡增至982公斤/公顷，较上一年上涨了143.67%，是2002—2020年间的最大年涨幅，随后单产快速下降至2011年的628公斤/公顷，2011—2014年单产逐年快速增长至最大值1039公斤/公顷，随后单产又迅速下跌至2016年的701公斤/公顷，2017年单产又速增至978公斤/公顷，较上一年上涨了39.51%，是2002—2020年间的第二大年涨幅。

　　台湾芝麻产量走势与收获面积相似，前期稳中有降，后期波动明显。根据图4-15可知，2002—2008年芝麻产量整体呈现平稳中略有下降的趋势，其中2007年产量为313吨，是2002—2020年间的最低水平；2009—2020年芝麻产量出现明显波动，尤其是2012—2018年，产量剧烈变动，先从2012年的620吨快速增长至2014年的2208吨，增长幅度高达256.13%，随后产量明显下滑，2016年降至1470吨，较2014年下降了33.42%，2017年产量陡增至3415吨，与上一年相比，涨幅达132.31%，是2002—2020年间的最高产量和最大年涨幅，2018年产量回落至1886吨，较上一年下跌了44.77%，是2002—2020年间的最大年跌幅。

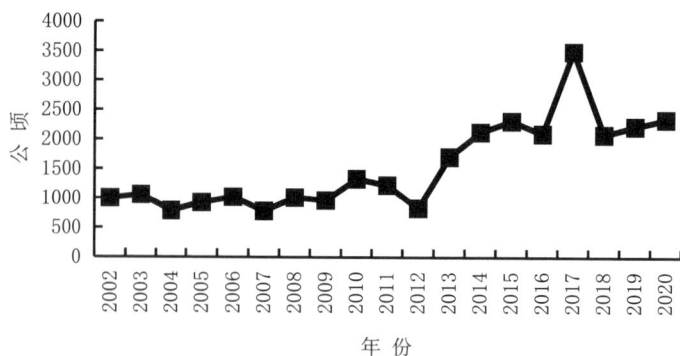

图4-13 2002—2020年台湾芝麻收获面积

资料来源：历年《台湾农业统计年报》

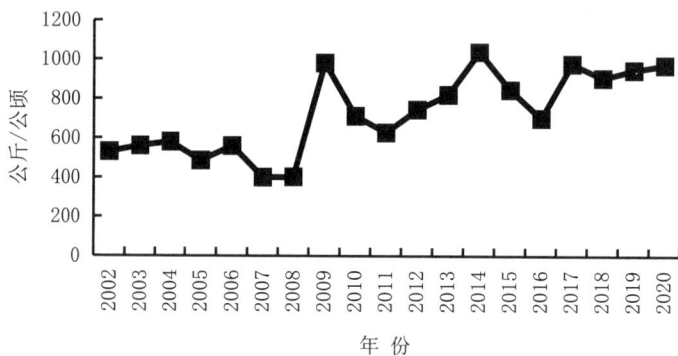

图4-14 2002—2020年台湾芝麻单产

资料来源：历年《台湾农业统计年报》

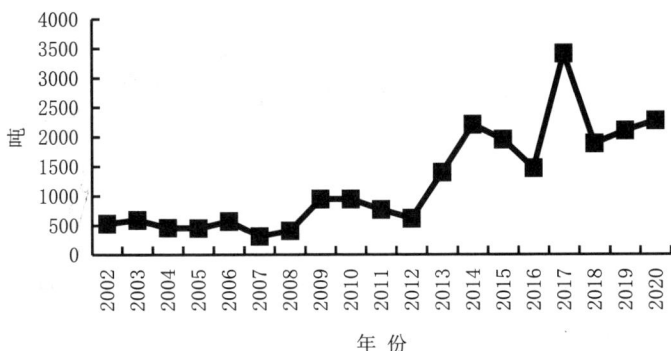

图4-15 2002—2020年台湾芝麻产量

资料来源：历年《台湾农业统计年报》

1.1.3.2 消费量波动明显

台湾芝麻消费量波动较大。根据图4-16可知，2002—2020年消费量大体呈现上下波动的趋势，其中2008年为最小值2.85万吨，2014年为最大值4.84万吨，二者相差1.99万吨，且2008年出现最大年跌幅，为27.84%，2009年出现最大年涨幅，为52.28%。

从消费结构来看，台湾芝麻消费主要包括加工用消费和食用消费。根据图4-17可知，2002—2020年加工用消费量是芝麻消费量的最大来源，其占总消费量的比例平均高达79.98%；食用消费量是芝麻消费量的第二大来源，其占总消费量的比例平均为19.40%。

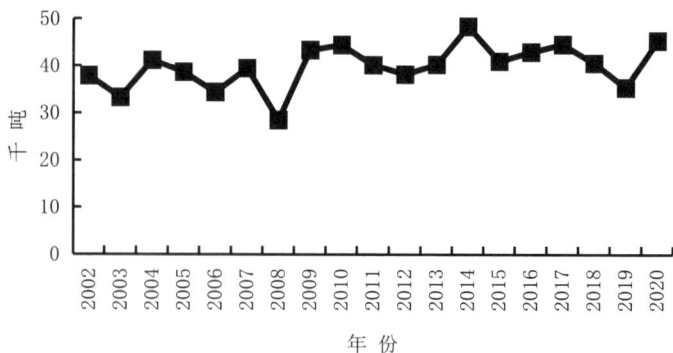

图4-16 2002—2020年芝麻消费量

资料来源：历年《台湾农业统计年报》

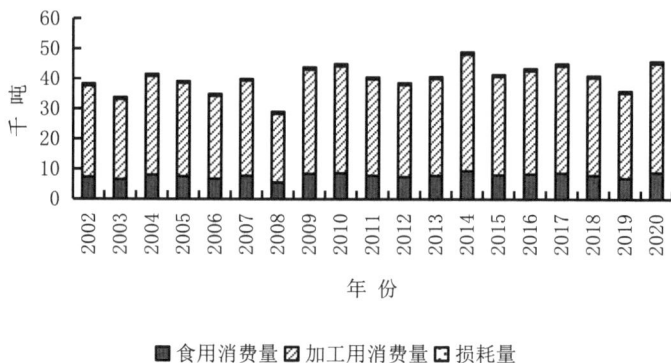

■食用消费量 ⧄加工用消费量 ⊡损耗量

图4-17 2002—2020年台湾芝麻消费结构

资料来源：历年《台湾农业统计年报》

1.1.3.3 芝麻需求对外依存度高

由于产量很低，台湾芝麻出口量极少，消费基本依赖进口。根据图4-18可知，2002—2020年，台湾芝麻进口量占消费总量的比例平均高达97.17%，因此芝麻进口量变化趋势与消费量基本一致，其中2008年进口量为最小值2.82万吨，2014年进口量为最大值4.63万吨，二者相差1.81万吨。对于出口量，2002—2011年台湾芝麻出口量为零，处于只进口不出口的状态，2012—2020年芝麻出口量略有增长，但始终保持在0.01万吨左右的极低水平。

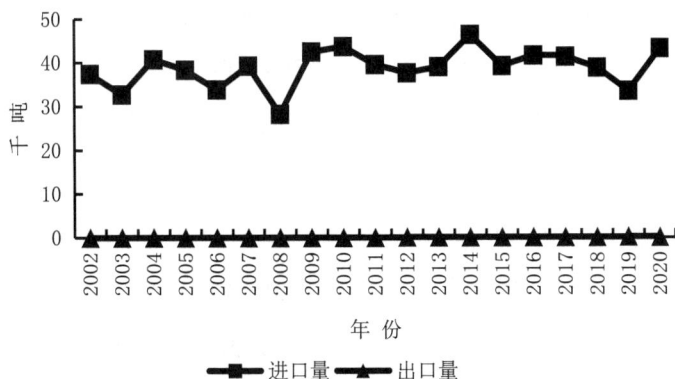

图4-18　2002—2020年台湾芝麻进出口量

资料来源：历年《台湾农业统计年报》

1.2　特用作物产业

1.2.1　甘蔗产业

1.2.1.1　制糖甘蔗收获面积由快速下降趋于平稳，生食甘蔗收获面积极少

台湾甘蔗种植主要包括制糖甘蔗和生食甘蔗两种。根据图4-19可知，2002—2020年，台湾制糖甘蔗的收获面积可以分成三个阶段：2002—2005年为快速下降阶段，收获面积从最大值2.73万公顷连续减少至1.06万公顷，减少幅度为61.22%；2006—2014年为缓慢减少阶段，收

获面积年均降幅为3.31%，2014年收获面积降至0.74万公顷；2015—2020年为相对平稳阶段，收获面积在0.82万公顷左右小幅波动。台湾生食甘蔗收获面积很少，呈现"减—增—减"的变化趋势，与制糖甘蔗收获面积差距较大。2002—2012年生食甘蔗收获面积呈现逐渐下降趋势，从0.13万公顷减少至最小值0.04公顷，减少幅度为71.46%；2013—2015年收获面积呈现逐年上升趋势，2015年增长至0.07公顷，较2012年增长了94.46%；2016—2020年收获面积呈现缓慢下降趋势，2020年下降至0.05公顷，较2015年下降了28.63%。

1.2.1.2 单产波动明显

台湾甘蔗单产波动较大，根据图4-20可知，对于生食甘蔗，2002—2015年单产总体上呈波动下降趋势，从最大值9.70万公斤/公顷下降至最小值6.65万公斤/公顷，降幅为31.44%，之后单产逐渐回升，到2020年增长至7.59万公斤/公顷，较2015年增长了14.14%。对于制糖甘蔗，2002—2020年，制糖甘蔗单产的波动幅度大于生食甘蔗，且前期波动较大，后期相对平缓，但生食甘蔗单产略高于制糖甘蔗，其中制糖甘蔗在2005年达到最大值8.26万公斤/公顷，在2016年处于最小值5.89万公斤/公顷。

1.2.1.3 产量变化趋势与收获面积相似

与收获面积相似，台湾制糖甘蔗产量也呈现先快速下降后相对平稳的趋势。根据图4-21可知，2002—2006年制糖甘蔗产量从最大值197.31万吨迅速减少至65.10万吨，减少幅度为67.01%；2007—2020年产量总体上呈现在相对平稳中趋于减少的趋势，其中2017年为最小值45.51万吨。台湾生食甘蔗产量始终处于低水平，且呈现"减—增—减"的变化趋势。根据图4-21可知，2002—2020年，生食甘蔗产量先从2002年的12.27万吨逐渐减少至2013年的最小值2.81万吨，减少幅度为77.10%，随后两年产量小幅回升至2015年的4.67万吨，2015—2020年产量呈现缓慢下降趋势，2020年减少至3.80万吨，较2015年减少了18.63%。

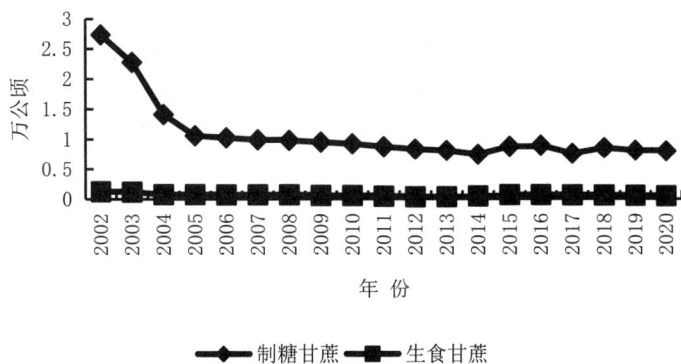

图4-19 2002—2020年台湾甘蔗收获面积

资料来源：历年《台湾农业统计年报》

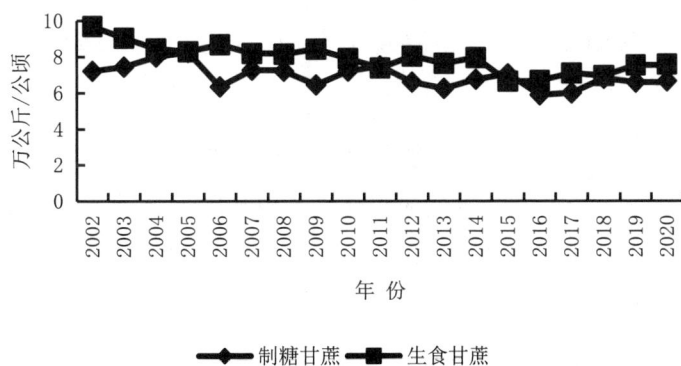

图4-20 2002—2020年台湾甘蔗单产

资料来源：历年《台湾农业统计年报》

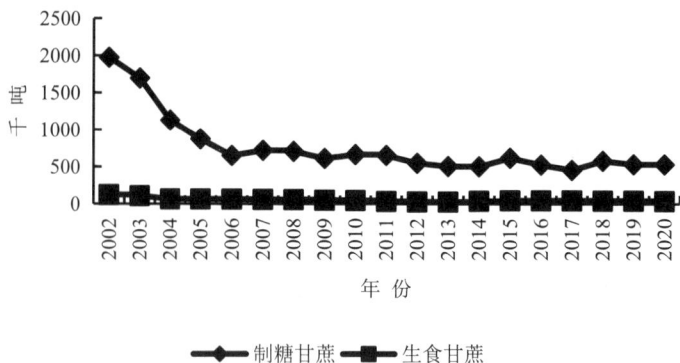

图4-21 2002—2020年台湾甘蔗产量

资料来源：历年《台湾农业统计年报》

1.2.2 茶叶产业

1.2.2.1 收获面积由缓慢下降趋于平稳，产量小幅波动下降，单产波动明显

台湾茶叶的收获面积可以分为两个阶段。根据图4-22可知，2002—2013年为缓慢下降阶段，收获面积从最大值1.83万公顷逐年减少至1.18万公顷，减少幅度为35.52%。2014—2020年为相对平稳阶段，收获面积在1.14万公顷到1.18万公顷之间小幅波动。

台湾茶叶的单产变化总体呈现明显波动趋势，且波动程度由小变大。根据图4-23可知，2002—2008年茶叶单产在1102公斤/公顷到1156公斤/公顷之间小幅波动。2009—2020年单产波动幅度加大，2009—2011年单产从1128公斤/公顷快速上升至1228公斤/公顷，2012年单产陡降至最小值1120公斤/公顷，随后又迅速增长，2014年增长至最大值1290公斤/公顷。2014—2016年单产大幅下降至1122公斤/公顷，后又快速回升至2018年的1264公斤/公顷，2018—2020年单产连续小幅下降至1210公斤/公顷。

台湾茶叶产量总体上呈现小幅波动下降趋势。根据图4-24可知，2002—2020年茶叶产量从20.35千吨缓慢减少至14.34千吨，减少幅度为29.53%。值得注意的是，2016年产量为最小值13.02千吨，结合单产和收获面积可知，产量减少主要是由于单产减少导致的。

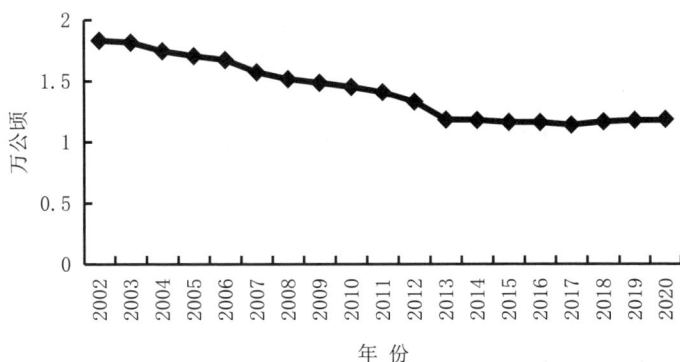

图4-22 2002—2020年台湾茶叶收获面积

资料来源：历年《台湾农业统计年报》

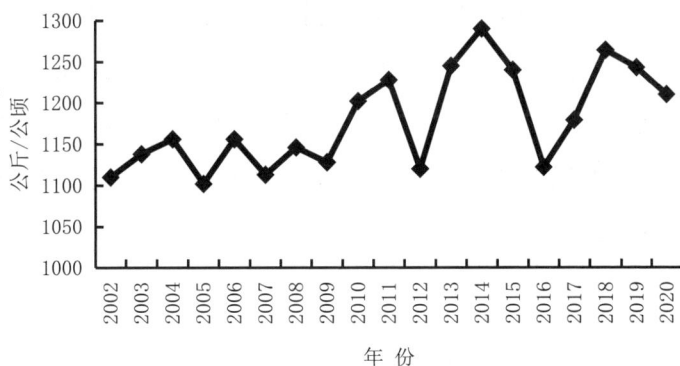

图4-23 2002—2020年台湾茶叶单产

资料来源：历年《台湾农业统计年报》

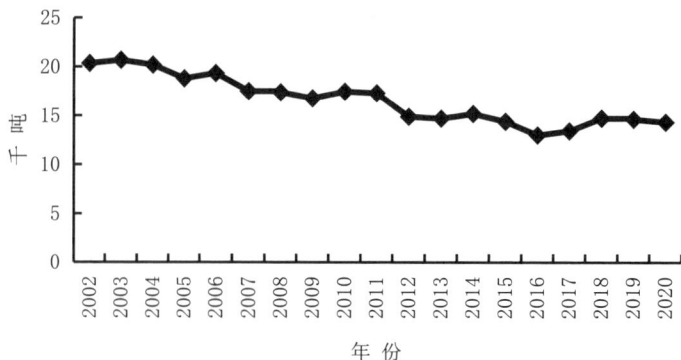

图4-24 2002—2020年台湾茶叶产量

资料来源：历年《台湾农业统计年报》

1.2.2.2 需求以进口为主

由于产量水平低，台湾茶叶出口量也始终维持在低水平，需求基本依赖进口。根据图4-25可知，对于茶叶进口量，2002—2019年总体呈现波动上升趋势，从17.28千吨增长至最大值33.23千吨。值得注意的是，2008年进口量出现大幅度下降，仅进口4.08千吨，较平常年份减少了20千吨左右；2014—2016年进口量也出现较明显减少，从32.38千吨减少至26.35千吨，减少幅度为18.62%。对于茶叶出口量，2002—2014年基本稳定在3千吨左右，之后出口量不断增长，到2019年增长至最大值10.30千吨，较2014年增长了1.75倍，但仍处于低水平。2020年出口量出现明显减少，较2019年减少了22.14%。

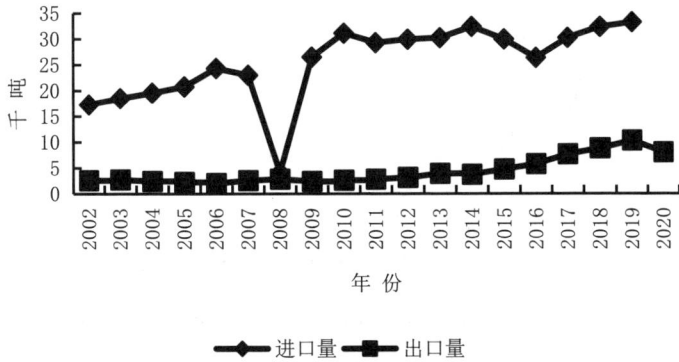

图4-25 2002—2020年台湾茶叶进出口量

资料来源：FAOSTAT数据

1.2.3 烟草产业

1.2.3.1 收获面积、产量由下降趋于平稳，单产小幅波动

台湾烟草收获面积前期呈快速下降趋势，后期保持平稳。根据图4-26可知，2002—2007年烟草收获面积从最大值2862公顷下降至703公顷，下降幅度高达75.45%。2008—2017年收获面积在平稳中缓慢减少，2017年收获面积为624公顷，较2007年减少了11.24%。台湾烟草单产总体呈现小幅波动中略有下降的趋势。根据图4-27可知，2002—2017年烟草单产从2648公斤/公顷减少至最小值2137公斤/公顷。

由于单产变化不大，台湾烟草产量变化趋势与收获面积相似。根据图4-28可知，2002—2007年台湾烟草产量从最大值7578吨快速减少至1672吨，减少幅度高达77.94%。2008—2017年烟草产量在相对平稳中逐渐减少，2017年产量降至最小值1335吨，较2007年减少了20.16%。

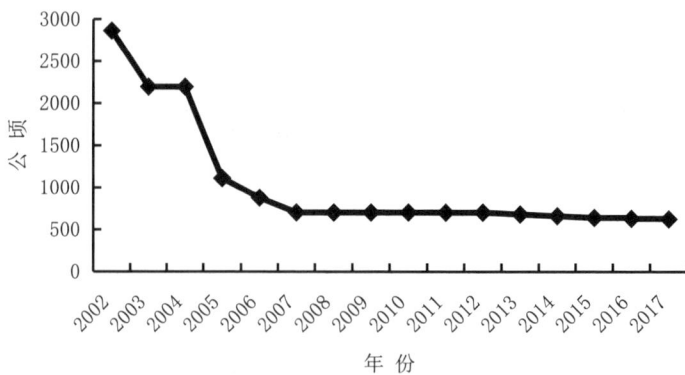

图4-26 2002—2017年台湾烟草收获面积

资料来源：历年《台湾农业统计年报》

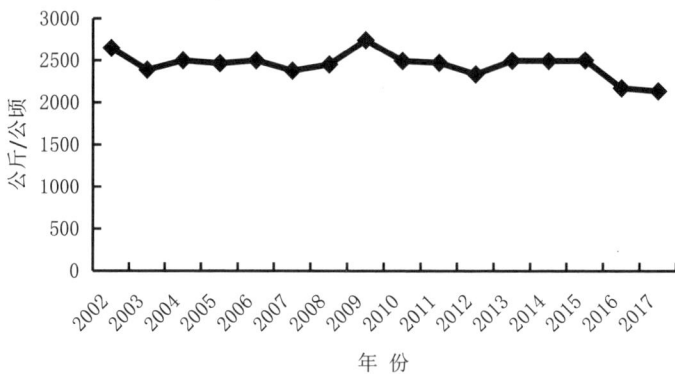

图4-27 2002—2017年台湾烟草单产

资料来源：历年《台湾农业统计年报》

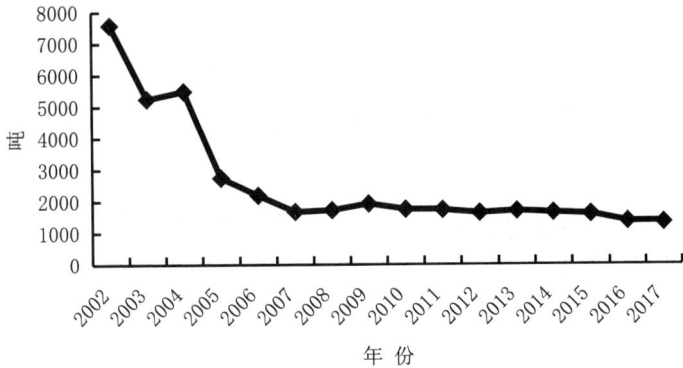

图4-28 2002—2017年台湾烟草产量

资料来源：历年《台湾农业统计年报》

1.2.3.2 进口量波动减少，出口量波动增长

台湾烟草贸易对外依存度较高，但进出口量差距逐渐缩小。根据图4-29可知，对于进口量，2002—2006年从27.94千吨波动增长至最大值34.29千吨，增长幅度为22.73%。之后烟草进口量呈现小幅波动下降的趋势，到2015年减少至最小值28.24千吨，较2006年减少了17.64%。2016年进口量有所回升，但之后又逐渐下降，到2020年进口量减少至26.95千吨，较2016年减少了22.29%。

对于出口量，2002—2007年呈现先增后减的趋势，先从2002年的0.57千吨不断上升至2005年的6.85千吨，后不断下降至2007年的1.13千吨。2008—2020年烟叶出口量总体呈现波动增长的趋势，到2020年出口量为9.19千吨，增长幅度高达14倍。从进出口差距来看，2006年差距为34.85千吨，到2020年差距逐渐减少至17.76千吨。

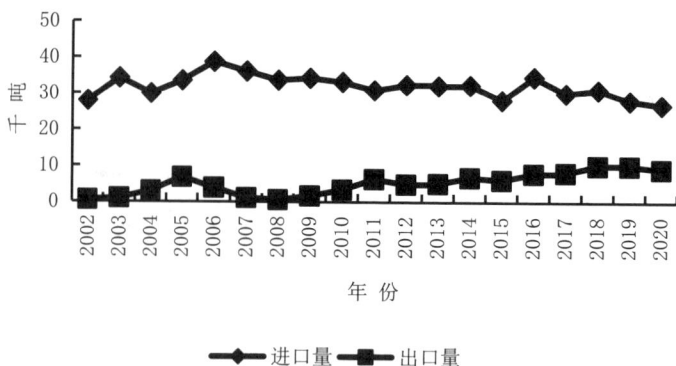

图4-29 2002—2017年台湾烟草进出口量

资料来源：FAOSTAT数据

2 未来市场发展走势判断

2.1 油料作物产业

2.1.1 大豆产业预测

根据表4-1可知，台湾大豆的收获面积预计未来五年出现先减后增的趋势，2022年将减少至最小值2971公顷，较2020年减少457公顷，随后逐渐增长，2025年预计增长至3529公顷。大豆产量预计未来五年呈现小幅上下波动的趋势，2025年产量预计为4549.14吨，较2020年增长2.3%。大豆进口量预计出现小幅波动下降，2025年将下降至2249.55吨。大豆出口量未来将呈现"增—减—增"趋势，先增长至2022年的1579.02吨，后逐渐减少至2024年的1163.22万吨，2025年出口量又增长至1879.97吨。大豆消费量预计未来五年呈现逐渐下降趋势，2025年预计下降至2087.02吨。

表4-1 2021—2025年大豆产业预测值

年 份	收获面积 （公顷）	产 量 （吨）	进口量 （吨）	出口量 （吨）	总消费量 （吨）
2021	3180	4171.16	2506.00	1243.12	2419.35
2022	2971	4423.24	2442.62	1579.02	2247.78
2023	3376	4678.60	2542.90	1197.46	2258.98
2024	3465	4454.96	2398.18	1163.22	2174.52
2025	3529	4549.14	2249.55	1879.97	2087.02

资料来源：根据历年《台湾农业统计年报》数据计算所得

2.1.2 落花生产业预测

根据表4-2可知，台湾落花生产业未来整体处于相对稳定的状态。未来五年落花生收获面积预计呈现先升后降最后趋于平稳的趋势。2021年落花生收获面积预计增长至21247公顷，2022年下降至19546公顷，2023—2025年将稳定在2万公顷左右。落花生产量未来五年预计由小幅波动趋于平稳，2021年产量预计增长至6.23万吨，2022年将下降至5.64万吨，2023年又增加至5.83万吨，2024—2025年将稳定在5.9万吨。落花生消费量未来五年预计呈现小幅上下波动趋势，2021年消费量将增加至7.22万吨，2022年降至6.70万吨，随后两年又增长至7.05万吨，2025年又略降至6.98万吨。落花生进出口量未来五年预计呈现相对稳定趋势，进口量在1.1万吨至1.2万吨之间小幅波动，出口量稳定在0.08万吨左右。

表4-2 2021—2025年落花生产业预测值

年份	收获面积 （公顷）	产量 （千吨）	进口量 （千吨）	出口量 （千吨）	总消费量 （千吨）
2021	21247	62.32	10.63	0.72	72.18
2022	19546	56.44	11.52	0.87	67.08
2023	20246	58.25	11.28	0.71	68.78
2024	19868	59.38	12.05	0.86	70.52
2025	20365	59.32	11.29	0.76	69.81

资料来源：根据历年《台湾农业统计年报》数据计算所得

2.1.3 芝麻产业预测

根据表4-3可知，台湾芝麻的收获面积未来五年预计呈现"增—减—增"的趋势，收获面积预计先从2020年的2339公顷显著增长至2022年的3300公顷，增长幅度为41.09%，随后两年收获面积将逐年减少至2354公顷，较2022年减少了28.67%，2025年将回升至2685公顷。芝麻产量未来五年预计仍处于较低水平，且随收获面积变化而变化。由于芝麻产量很少，消费量主要依赖于进口，预计未来五年消费量和进口量呈现相对稳定的趋势，消费量预计在4.20万吨至4.30万吨之间小幅波动，而进口量预计稳定在4万吨左右，较2020年有所下降。芝麻出口量未来五年仍将保持极低水平，基本稳定在100吨左右。

表4-3 2021—2025年芝麻产业预测值

年 份	收获面积 （公顷）	产 量 （千吨）	进口量 （千吨）	出口量 （千吨）	总消费量 （千吨）
2021	2365	2.14	40.20	0.09	42.22
2022	3300	2.97	39.87	0.11	42.64
2023	2618	2.46	41.03	0.11	43.39
2024	2354	2.18	40.21	0.11	42.28
2025	2685	2.62	40.47	0.13	42.94

资料来源：根据历年《台湾农业统计年报》数据计算所得

2.2 特用作物产业

2.2.1 生食甘蔗产业预测

根据表4-4可知，台湾生食甘蔗未来五年的收获面积和产量将有所增长，且呈现小幅上下波动的趋势。收获面积预计在551公顷至569公顷之间小幅波动，较2020年增长63公顷左右。生食甘蔗的产量预计将依收获面积变化而变化，在41千吨至42.7千吨之间小幅波动，较2020年增长4.2千吨左右。

表4-4 2021—2025年生食甘蔗产业预测值

年 份	收获面积 （公顷）	产 量 （千吨）
2021	568.75	42.65
2022	551.99	41.05
2023	568.62	42.59
2024	563.54	42.04
2025	568.48	42.57

资料来源：根据历年《台湾农业统计年报》数据计算所得

2.2.2 茶产业预测

根据表4-5可知，茶产业收获面积未来五年预计呈现波动上升的趋势。到2025年，茶产业的收获面积将逐渐增长至2.04万公顷，比2020年增加0.85万公顷，增长幅度为41.67%。与收获面积相似，茶产业未来五年的产量和出口量预计也将呈现波动上升的趋势。到2025年，产量和出口量将分别增长至23千吨和16千吨，比2020年分别增加9千吨和8千吨。未来五年茶产业的进口量预计呈波动下降趋势，到2025年，进口量将波动下降至15千吨，比2019年减少18千吨，减少幅度为54.54%。

表4-5 2021—2025年茶产业预测值

年 份	收获面积 （公顷）	产量 （千吨）	进口量 （千吨）	出口量 （千吨）
2021	13855	16	24	12
2022	15304	18	19	14
2023	16733	20	14	16
2024	14701	17	21	13
2025	20400	23	15	16

资料来源：根据历年《台湾农业统计年报》数据计算所得

3 成本收益分析

3.1 油料作物产业：落花生

3.1.1 生产成本构成与收益比较

根据表4-6可知，2020年落花生的生产总成本为15.17万元/公顷。从生产成本构成来看，生产落花生所需的人工费占总成本的比例最大，为29.75%；其次是机械包工费，占比为23.34%，说明落花生生产的机械化程度仍然偏低；种苗费、农药费和地租所占的比例也相对较高，所需费用分别为2.39万元/公顷、1.71万元/公顷和1.60万元/公顷，占比分别为15.78%、11.33%和10.53%；生产落花生的肥料费为0.99万元/公顷，占比为6.5%；其余成本费用所占比例均低于1%。2020年落花生的总收益为20.25万元/公顷，由于成本较高，落花生利润较低，为5.08万元/公顷。

表4-6 2020年油料作物生产成本与收益

	落花生 （元/公顷）	
生产总成本	151672	占比
种苗费	23936	15.78%
肥料费	9861	6.50%
人工费	45117	29.75%
机械包工费	35397	23.34%
农药费	17190	11.33%
能源费	2280	1.50%
农用设施费	797	0.53%
农机具费	931	0.62%
地 租	15965	10.53%
资本利息	200	0.13%
总收益	202460	
利 润	50788	

资料来源：2020年《台湾农业统计年报》

3.1.2 成本收益变化趋势[1]

2011—2020年，根据图4-30可知，落花生的总成本逐年小幅增长，从12.23万元/公顷增加至15.17万元/公顷，增长幅度为24.04%。落花生的总收益波动较大，2011—2014年总收益由15.93万元/公顷增加至23.65万元/公顷，2015—2016年小幅下降至21.21万元/公顷，2017年总收益出现明显增长（25.04万元/公顷），但2018年快速下降至16.63万元/公顷，之后略有回升，2020年增长至20.25万元/公顷。由于成本变化较小，落花生的利润主要依总收益的变化而变化，其中2017年达到最大值10.74万元/公顷，2018年利润最低，仅为2.51万元／公顷。

从生产成本结构来看，落花生各部分成本占总成本的比例变化不大。根据图4-31可知，2011—2020年落花生的人工费用所占比例最高，为29%左右；机械设施费所占比例略有下降，2011年占比为28.03%，2020年占比减少至24.48%；种苗费所占比例总体呈先增后减的趋势，2011—2017年占比从15.72%逐渐增加至19.18%，之后其占比逐渐下降至2020年的15.78%；农药费所占比例略有增长，从2011年的9.93%增加至2020年的11.33%；肥料费所占比例略有下降，从2011年的7.06%降至2020年的6.5%；地租所占比例有所增长，从2011年的8.02%增长至2020年的10.53%；购水费所占比例最小，保持在1.4%左右。

1　本部分图表中的机械设施费用包括机械包工费、农用设施费和农机具费。

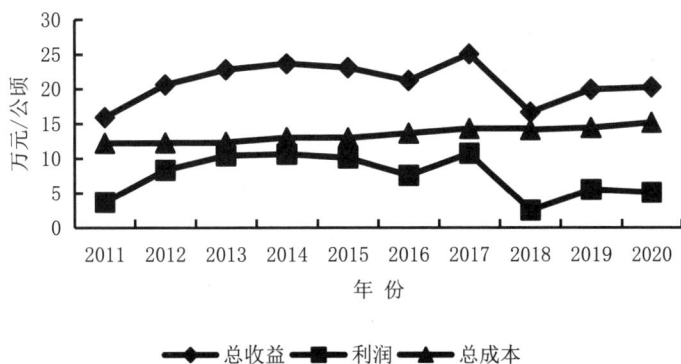

图4-30 2011—2020年落花生生产成本与收益变化

资料来源：历年《台湾农业统计年报》

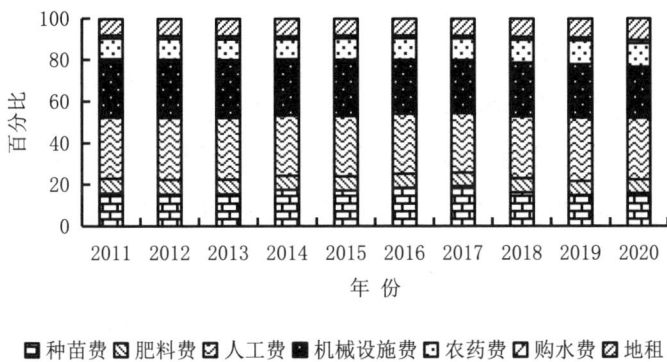

图4-31 2011—2020年落花生生产成本结构

资料来源：历年《台湾农业统计年报》

3.2 特用作物产业：茶叶

3.2.1 生产成本构成与收益比较

手揉茶青的生产总成本比机揉茶青的生产总成本高。根据表4-7可知，2020年手揉茶青和机揉茶青的生产总成本分别为51.73万元/公顷和31.08万元/公顷，两者相差20.65万元/公顷。具体而言，生产机揉茶青需要机械包工费6.81万元/公顷、购水费3.16万元/公顷，而手揉茶青生产无需机械包工费和购水费，且生产机揉茶青所需的农用设施费高于手揉茶青。但是，生产手揉茶青所需的种苗费、肥料费、人工费、农药费、能源费、农机具费、地租和资本利息均高于机揉茶青，尤其是人工费，手揉茶青每公顷比机揉茶青多花费25.94万元；种苗费、肥料费和地租费差距也较大，手揉茶青的种苗费、肥料费比机揉茶青分别多花费1.05万元/公顷、1.79万元/公顷；手揉茶青的地租费比机揉茶青多花费0.41万元/公顷。

从生产成本构成来看，生产手揉茶青所需的人工费占总成本的比例最大，超过60%，说明手揉茶青所需的人工费用很高；其次是肥料费，占总成本的比例为13.45%，其余成本费用均低于10%。而生产机揉茶青的机械包工费占总成本的比例最大，为21.92%，略高于人工费所占比例（21.09%）；肥料费和购水费所占比例分别为16.67%和10.20%；其余成本费用占比均低于10%。

手揉茶青的总收益远高于机揉茶青。根据表4-7可知，2020年手揉茶青的总收益是机揉茶青的两倍多，因此，虽然手揉茶青的生产总成本高于机揉茶青，但手揉茶青的利润明显高于机揉茶青。手揉茶青和机揉茶青的利润分别为53.98万元/公顷和18.85万元/公顷，二者相差35.13万元/公顷。

表4-7 2020年茶叶生产成本与收益（单位：元/公顷）

	手揉茶青		机揉茶青	
生产总成本	517275	占比	310813	占比
种苗费	39055	7.55%	28546	9.21%
肥料费	69583	13.45%	51661	16.67%
人工费	324733	62.78%	65355	21.09%
机械包工费	0	0.00%	68134	21.92%
农药费	33608	6.50%	19872	6.41%
能源费	3690	0.71%	2554	0.82%
购水费	0	0.00%	31600	10.20%
农用设施费	4559	0.88%	9242	2.97%
农机具费	7080	1.37%	3804	1.22%
地 租	33064	6.39%	28937	9.34%
资本利息	1905	0.37%	1109	0.36%
总收益	1057121		499287	
利 润	539846		188474	

资料来源：2020年《台湾农业统计年报》

3.2.2 成本收益变化趋势[1]

对于手揉茶青，根据图4-32可知，2011—2017年手揉茶青总收益相对稳定，基本保持在77万元/公顷左右，之后手揉茶青总收益明显上升，2020年达到最大值105.71万元/公顷。2011—2020年手揉茶青总成本总体呈相对平稳态势，在50万元/公顷左右小幅波动。由于总成本变化不大，手揉茶青利润的变化趋势与总收益基本一致，2011—2017年利润保持在27万元/公顷左右，2018—2020年利润增长至50万元/公顷以上，其中2020年达到最大值53.98万元/公顷。

1　本部分图表中的机械设施费用包括机械包工费、农用设施费和农机具费。

对于机揉茶青，根据图4-33可知，2011—2020年，机揉茶青的总收益总体呈波动增长趋势，2011—2015年总收益逐年增长，从26.9万元/公顷增长至41.08万元/公顷，增长幅度为52.71%；2016年总收益（34.28万元/公顷）出现明显下降，之后又快速增长，到2019年总收益达到最大值52.41万元/公顷，2020年略降至49.93万元/公顷。机揉茶青的总成本变化不大，基本保持在30万元/公顷左右。由于总成本保持平稳，机揉茶青利润与总收益的变化趋势基本一致，但因成本较高，导致利润水平较低，2011—2017年利润基本低于10万元/公顷，2018—2020年利润有所提升，达到20万元/公顷左右。

从生产成本结构来看，根据图4-34和图4-35可知，2011—2020年手揉茶青的生产成本结构基本保持稳定。而机揉茶青的生产成本结构中，购水费变化波动较明显，人工费有所减少，2011—2013年人工费用较高，占总成本的比例为30%左右，之后随着机械化水平的提高，人工费用明显减少，2014—2020年人工费所占比例降至20%左右；其余生产成本变化不大。

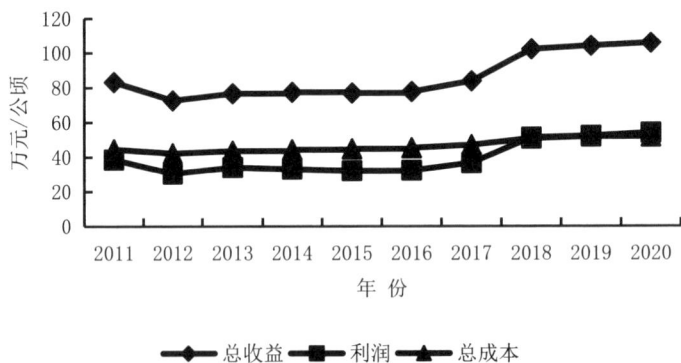

图4-32 2011—2020年手揉茶青生产成本与收益变化

资料来源：历年《台湾农业统计年报》

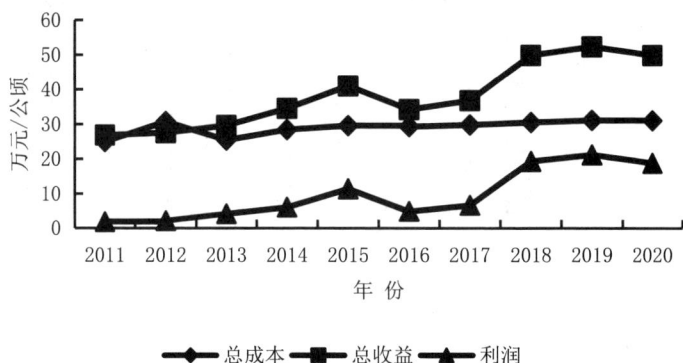

图4-33 2011—2020年机揉茶青生产成本与收益变化

资料来源：历年《台湾农业统计年报》

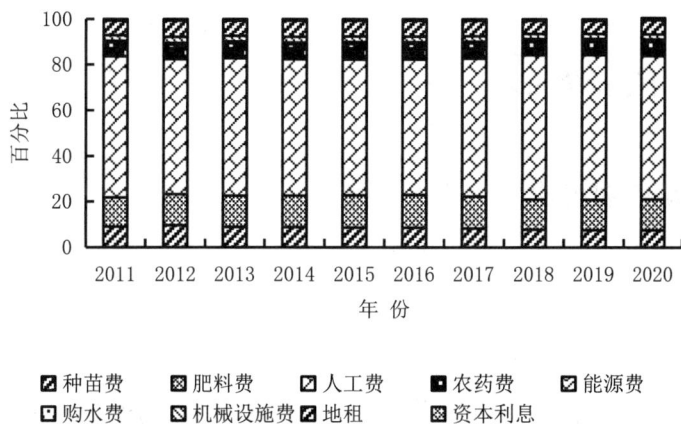

图4-34 2011—2020年手揉茶青生产成本结构

资料来源：历年《台湾农业统计年报》

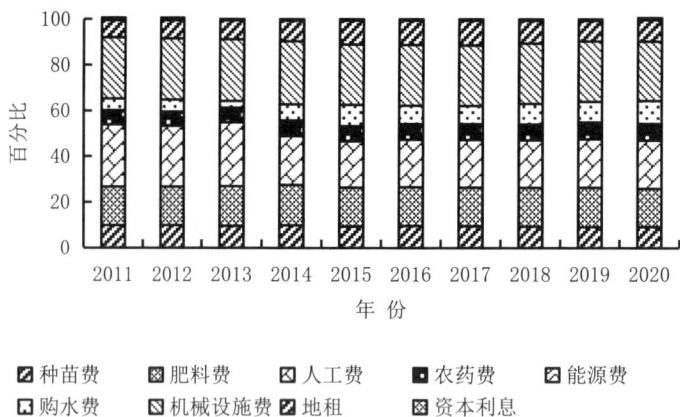

图4-35 2011—2020年机揉茶青生产成本结构

资料来源：历年《台湾农业统计年报》

4 两岸国际竞争力对比

4.1 油料作物产业

4.1.1 大豆产业

2000—2020年大陆大豆的国际市场占有率均高于台湾。根据图4-36可知，台湾大豆的国际市场占有率极低，各年均低于0.3%，而大陆大豆的国际市场占有率较低且波动较大，2001年相较于2000年有所上升，之后两年出现连续下降，2003年降至最小值0.11%，之后三年连续上升至1.22%，2007年又下降至0.65%，2008年出现明显增长，增至1.51%，2008—2011年国际市场份额持续走低，2011年下降至0.59%，2012—2014年反弹至1.44%，2015—2016年又连续降至0.96%，之后出现快速增长，

2018年达到最大值2.47%，随后又大幅下跌，2020年跌至1.03%。

从出口贡献率来看，根据图4-37可知，2000—2020年两岸大豆的出口贡献率均非常低，台湾地区不高于0.6‰，大陆地区不高于1.3‰。

从贸易竞争力指数来看，根据图4-38可知，大陆大豆长期处于出口竞争劣势地位，而台湾大豆前期处于出口竞争劣势地位，后期转入出口竞争优势地位。2000—2017年大陆大豆贸易竞争力指数均小于-0.5，2018年明显好转，指数上升至-0.35，但之后两年连续下降，2020年指数降至-0.75。台湾大豆在2000—2009年间基本处于出口竞争优势地位，除了2001年、2006年和2009年指数达到0左右，其余年份指数均小于-0.5。2010—2020年台湾大豆处于出口竞争优势地位，且多数年份指数接近于1，具有极强的出口竞争优势。

从显示性比较优势指数来看，根据图4-39可知，2000—2020年两岸大豆的出口竞争力很弱，指数始终小于0.2，但总体而言，大陆大豆的出口竞争力略强于台湾。

从相对贸易优势指数来看，根据图4-40可知，2000—2020年大陆大豆国际竞争力总体上具有比较优势，其中2001年指数达到1，竞争力较强，2018年指数为0.46，2017年和2019年指数略大于0.2，其余年份指数仅略大于0，比较优势不明显。台湾大豆竞争力前期不具有比较优势，后期具有比较优势。2000—2008年台湾大豆指数小于0，不具有比较优势，2009—2020年指数略大于0，虽具有比较优势，但不明显。对比而言，两岸大豆国际竞争力比较优势均不明显，但大陆大豆的国际竞争力略强于台湾。

综上所述，大陆与台湾的大豆国际竞争力均处于较低水平，由于台湾大豆贸易竞争力指数明显大于大陆，总体上台湾大豆的国际竞争力略强于大陆。

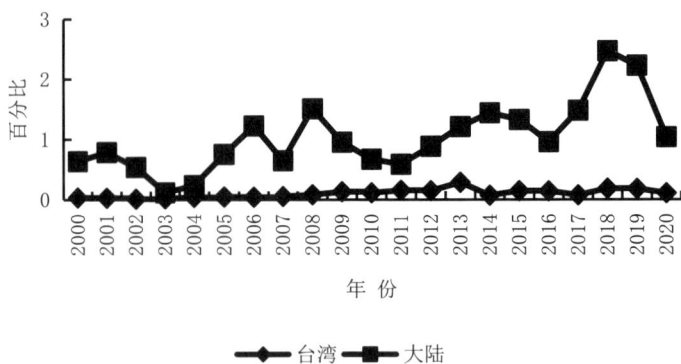

图4-36 2000—2020年大陆与台湾的大豆国际市场占有率（%）

资料来源：根据FAOSTAT数据计算所得

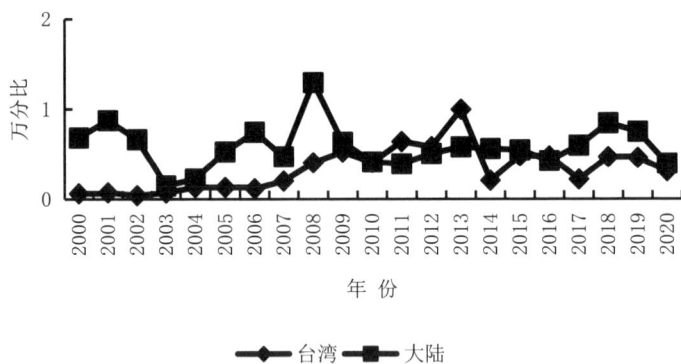

图4-37 2000—2020年大陆与台湾的大豆出口贡献率（‰）

资料来源：根据FAOSTAT数据计算所得

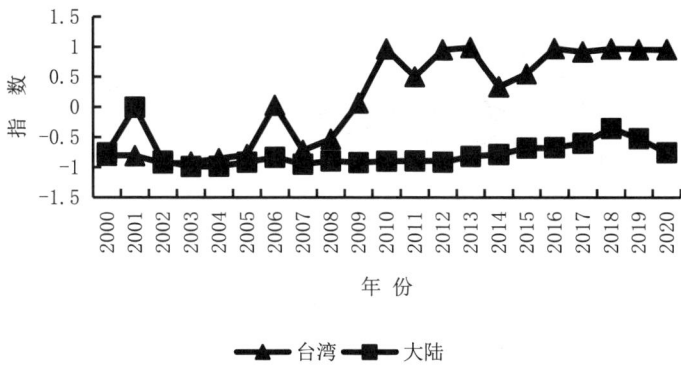

图4-38 2000—2020年大陆与台湾的大豆贸易竞争力指数

资料来源：根据FAOSTAT数据计算所得

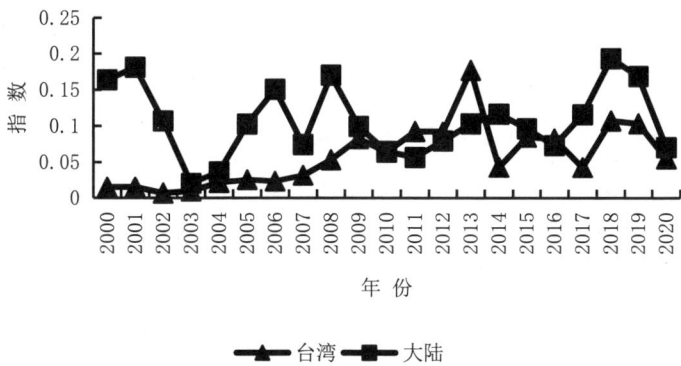

图4-39 2000—2020年大陆与台湾的大豆显示性比较优势指数

资料来源：根据FAOSTAT数据计算所得

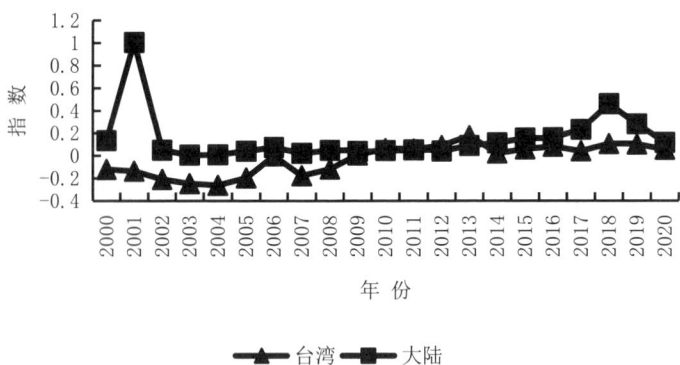

图4-40 2000—2020年大陆与台湾的大豆相对贸易优势指数

资料来源：根据FAOSTAT数据计算所得

4.1.2 落花生产业

台湾落花生的国际市场占有率和出口贡献率均保持在极低水平，大陆落花生的国际市场占有率和出口贡献率均明显高于台湾。根据图4-41可知，大陆落花生国际市场占有率在2000—2010年出现较大波动，在5.35%～10.80%之间上下波动；2011—2016年国际市场份额处于平稳状态，基本保持在7%左右；2017—2020年占有率呈波动下降趋势，从5.37%下降至3.91%。根据图4-42可知，大陆花生出口贡献率整体处于下降趋势，2000—2003年出口贡献率先降后升，2000年为0.65%，2002年下降至0.32%，2003年上升至0.66%；2004—2010年出口贡献率呈波动下降趋势，2010年降至0.11%；2011—2020年出口贡献率保持平稳，基本稳定在0.10%左右。

从贸易竞争力指数来看，根据图4-43可知，台湾落花生在2000—2002年间不具有出口比较优势，2003—2020年具有出口比较优势，且多数年份指数接近或等于1，呈现出很强的贸易竞争力。而大陆落花生在

2000—2008年间具有出口比较优势，且2000—2006年贸易竞争力不断增强，其中2004—2006年指数接近于1，呈现出很强的国际竞争力，但之后竞争力迅速下降，2009年大陆落花生开始转变为出口比较劣势，且指数不断下降，2010—2020年指数保持在-0.5以下，贸易竞争力很弱。对比而言，2000—2008年两岸落花生的贸易竞争力差距很小，2009—2020年差距不断拉大。

从显示性比较优势指数来看，根据图4-44可知，2000—2020年台湾落花生指数接近于0，说明国际竞争力很弱，而大陆落花生的国际竞争力由强变弱，2000—2010年总体呈下降趋势，指数由2.11下降至0.60。2011—2020年指数呈缓慢下降趋势，从0.68逐渐下降至0.27，贸易竞争力越来越弱。对比而言，两岸落花生的国际竞争力差距越来越小。

从相对贸易优势指数来看，根据图4-45可知，2000—2020年台湾落花生指数均接近于0，不具有贸易比较优势。而大陆落花生前期具有贸易比较优势，后期不具有贸易比较优势，除了2007年外，2000—2008年指数均略大于0，呈现出一定的国际竞争力，之后大陆落花生转入贸易比较劣势地位，2009—2020年指数呈现波动下降趋势，从-0.47下降至-5.51，国际竞争力越来越弱。

综上所述，由于后期台湾落花生的贸易竞争力指数和相对贸易优势指数明显大于大陆，总体上台湾落花生的国际竞争力略高于大陆。

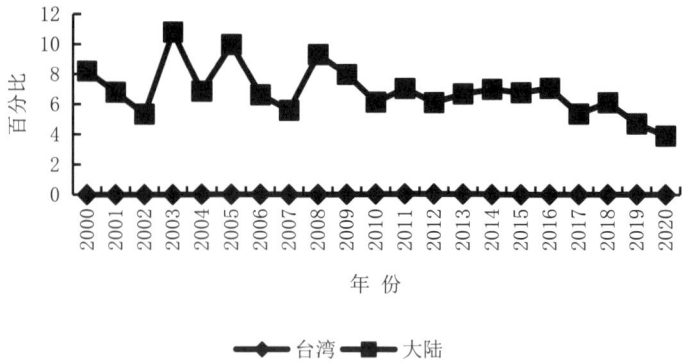

图4-41 2000—2020年大陆与台湾的落花生国际市场占有率（%）

资料来源：根据FAOSTAT数据计算所得

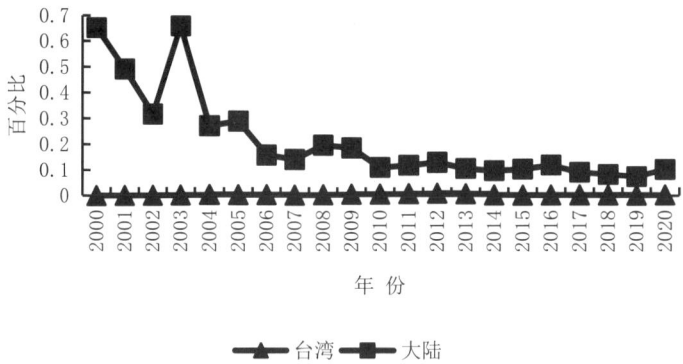

图4-42 2000—2020年大陆与台湾的落花生出口贡献率（%）

资料来源：根据FAOSTAT数据计算所得

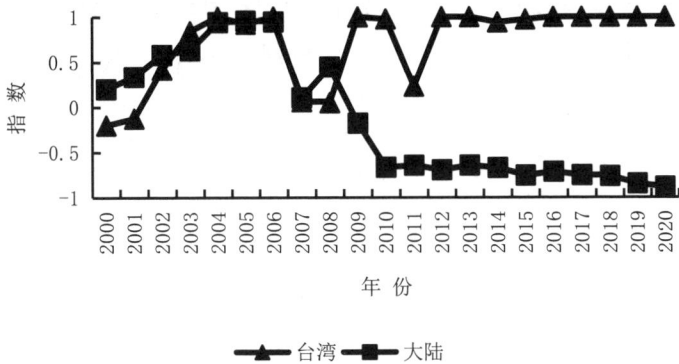

图4-43 2000—2019年大陆与台湾的落花生贸易竞争力指数

资料来源：根据FAOSTAT数据计算所得

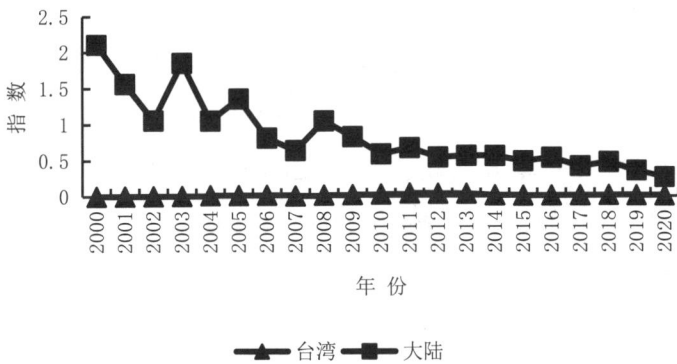

图4-44 2000—2019年大陆与台湾的落花生显示性比较优势指数

资料来源：根据FAOSTAT数据计算所得

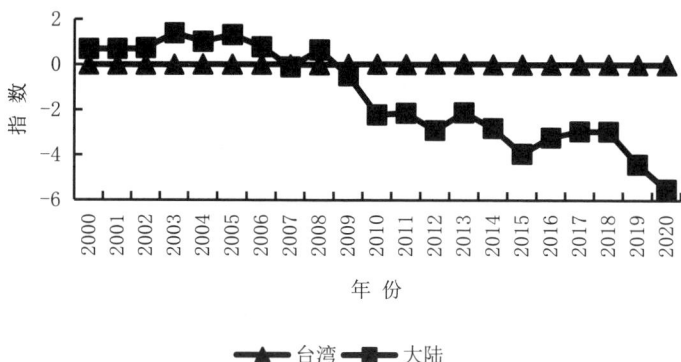

图4-45 2000—2019年大陆与台湾的落花生相对贸易优势指数

资料来源：根据FAOSTAT数据计算所得

4.1.3 芝麻产业

从国际市场占有率来看，根据图4-46可知，2000—2020年两岸芝麻国际市场占有率都处于较高水平，且前期波动较大，后期相对平稳。大陆芝麻国际市场占有率在2000—2005年整体呈波动上升趋势，从10.77%上升至最大值13.62%，随后快速下降至2009年的7.30%，2009—2015年占有率小幅波动下降至6.00%，2016—2020年缓慢增长至8.76%。台湾芝麻国际市场占有率在2000—2007年间出现较大幅度波动，2008—2012年占有率从8.68%波动增加至14.64%，2013—2016年快速下降至8.36%，2017—2019年占有率基本稳定在8.4%左右，2020年略降至6.85%。对比而言，2000—2004年大陆芝麻的国际市场占有率仅略大于台湾，2005—2008年差距先扩大后缩小，2009—2019年台湾芝麻的国际市场占有率大于大陆，且差距先扩大后缩小，2020年大陆芝麻的国际市场份额又略大于台湾。

从出口贡献率来看，根据图4-47可以看出，台湾芝麻出口贡献率始终高于大陆。2000—2007年台湾出口贡献率在0.40%～0.65%之间不断波动，2008—2013年贡献率总体呈波动增长趋势，从0.49%增长至1.01%，

2014—2020年贡献率逐渐下降至0.61%。2000—2020年大陆芝麻出口贡献率极低，始终低于0.4%，2000—2015年贡献率从0.32%缓慢下降至0.06%，2016—2020年又缓慢回升至0.10%。由此可知，两岸芝麻的出口贡献率差距先不断拉大，后逐渐缩小。

从贸易竞争力指数来看，根据图4-48可知，2000—2020年两岸芝麻的国际竞争力都处于较强水平，总体上台湾芝麻的国际竞争力略高于大陆。大陆和台湾的芝麻贸易竞争力指数分别大于0.44和0.50。大陆芝麻指数在2000—2013年间呈现波动下降趋势，其中2001年指数达到最大值0.95，2004年指数降至最小值0.44，2014—2020年指数逐渐回升至0.80，呈现出很强的出口比较优势。台湾芝麻贸易竞争力指数在2000—2014年间保持在0.75以上，具有很强的出口比较优势，2015—2017年指数逐年下降至0.51，之后两年回升至0.70左右，2020年又降至0.50。

从显示性比较优势指数来看，根据图4-49可知，台湾芝麻的国际竞争力很强，指数总体呈现先上升后下降的趋势，2000—2012年指数从3.95波动增长至8.95，出口比较优势不断加强，2013—2020年指数先快速下降至2015年的5.20，后缓慢降至2020年的3.48，出口比较优势不断下降，但国际竞争力仍然很强。大陆芝麻前期处于出口比较优势地位，后期转入出口比较劣势地位，2000—2008年指数大于1，国际竞争力较强，2009—2020年指数在0.44-0.76之间小幅波动，国际竞争力较弱。对比而言，台湾芝麻的出口比较优势明显高于大陆，两者差距先不断扩大后逐渐缩小。

从相对贸易优势指数上看，根据图4-50可知，2000—2020年两岸芝麻的国际贸易具有比较优势，指数均大于0，但台湾芝麻的国际竞争力明显高于大陆。从变化趋势来看，两岸芝麻的相对贸易优势指数与显示性比较优势指数的变化趋势相似。2000—2012年台湾芝麻指数逐渐增大，具有非常强的贸易比较优势，2013—2020年指数虽然出现较大回落，2020年降至最小值2.20，但仍具有很强的贸易比较优势。2000—2007年大陆芝麻的国际竞争力呈波动下降趋势，但指数均大于1，2008—2020年指数降至0.6以下且保持相对平稳，其中2015年降至最小值0.29。总而言之，台湾芝麻的贸易竞争力明显高于大陆。

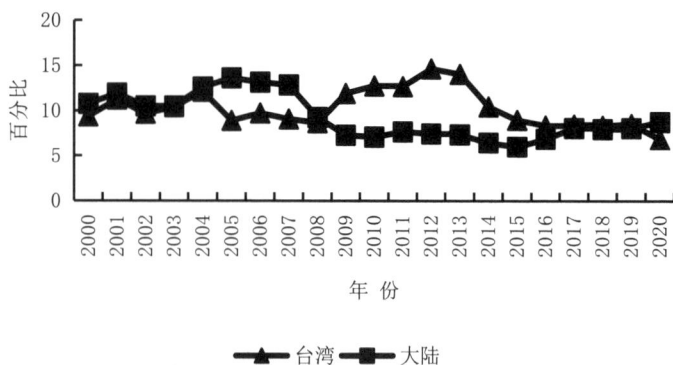

图4-46 2000—2020年大陆与台湾的芝麻国际市场占有率（%）
资料来源：根据FAOSTAT数据计算所得

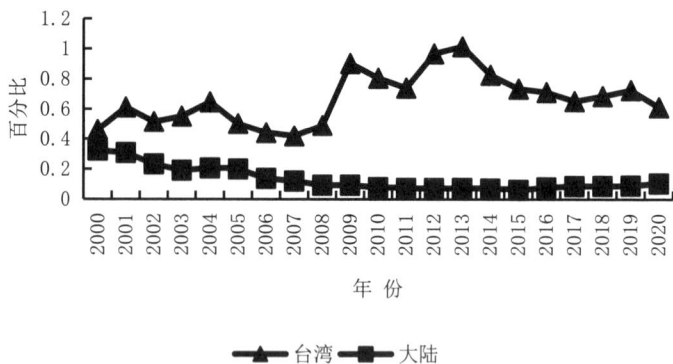

图4-47 2000—2020年大陆与台湾的芝麻出口贡献率（%）
资料来源：根据FAOSTAT数据计算所得

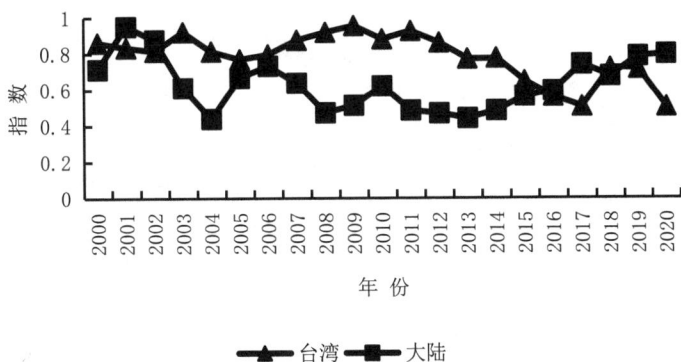

图4-48 2000—2020年大陆与台湾的芝麻贸易竞争力指数

资料来源：根据FAOSTAT数据计算所得

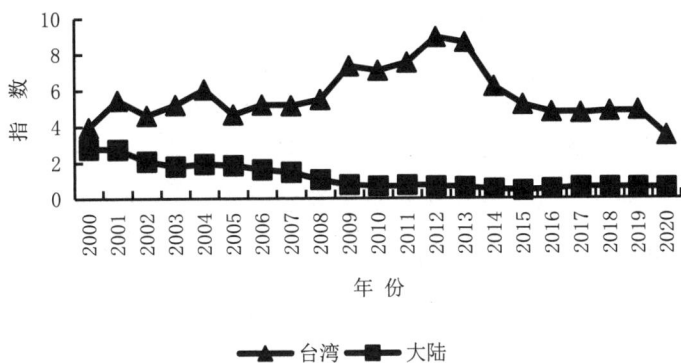

图4-49 2000—2020年大陆与台湾的芝麻显示性比较优势指数

资料来源：根据FAOSTAT数据计算所得

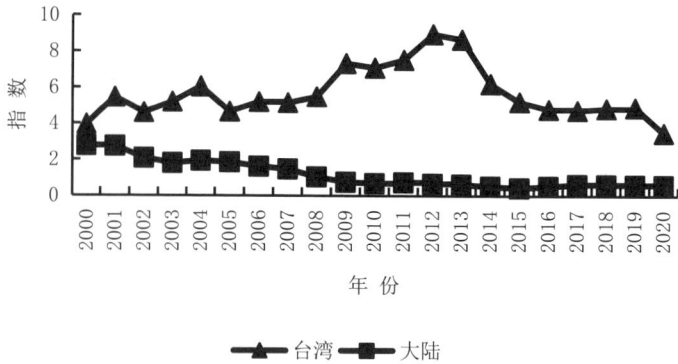

图4-50 2000—2020年大陆与台湾的芝麻相对贸易优势指数

资料来源：根据FAOSTAT数据计算所得

4.2 特用作物产业

4.2.1 茶产业

大陆茶叶的国际市场占有率较大，且呈不断上升趋势，而台湾茶叶的市场份额则保持很低水平。根据图4-51可知，2000—2020年，大陆茶叶的国际市场占有率从11.87%增长至25.21%，在国际市场中占据相当重要的位置。台湾茶叶的国际市场占有率始终小于2%，2000—2016年占有率不足1%，之后市场份额略有增长，2017—2020年超过1%。对比而言，大陆茶叶国际市场占有率远高于台湾，且二者差距不断扩大。

从出口贡献率来看，根据图4-52可知，大陆茶叶的出口贡献率较低，总体呈现先减后增的趋势。2000—2008年出口贡献率从最大值0.14%逐年下降至最小值0.05%，2009—2020年出口贡献率逐渐回升至0.08%。而台湾茶叶的出口贡献率处于极低水平，总体呈先稳后升的趋势。2000—2014年台湾茶叶的出口贡献率基本稳定在0.01%，2015—2019年出口贡献率逐渐增长至最大值0.04%，2020年贡献率略降至0.03%。对比而言，大陆茶叶出口贡献率明显高于台湾，且二者差距逐渐缩小。

从贸易竞争力指数来看，根据图4-53可知，2000—2020年大陆茶叶的国际竞争力非常强，尽管指数略有下降，但总体仍保持在0.8以上。而台湾茶叶的国际竞争力较弱，指数整体呈现先降后升的趋势。2000—2010年指数从0.13下降至-0.35，除了2000年和2008年指数略大于0，具有出口比较优势外，其余年份指数均小于0；2011—2020年指数逐渐增长至0.13，且从2016年开始，台湾茶叶从出口比较劣势转为出口比较优势。对比而言，大陆茶叶贸易竞争力远高于台湾，且二者差距总体上先逐渐扩大后不断缩小。

从显示性比较优势指数来看，大陆茶叶具有较强的出口比较优势，而台湾茶叶不具有出口比较优势。根据图4-54可知，2000—2020年大陆茶叶指数总体呈现先降后升的趋势，2000—2010年指数从最大值3.05逐渐降至最小值1.19，2011—2020年指数波动回升至1.72。而台湾茶叶指数始终小于1，且整体呈现先保持平稳后缓慢增长的趋势。2000—2009年指数基本稳定在0.25左右，2010—2019年指数从0.2逐渐上升至最大值0.93，2020年回落至0.63。对比而言，大陆茶叶国际竞争力明显高于台湾，且二者差距逐渐缩小。两岸茶叶的相对贸易优势指数与显示性比较优势指数的变化情况基本相似（见图4-55）。

结合以上分析，大陆茶叶国际竞争力很强，虽然前期出口比较优势不断下降，但后期逐渐回暖，在国际市场中始终占据重要地位。而台湾茶叶总体不具有出口比较优势，但国际竞争力正在逐渐增强。

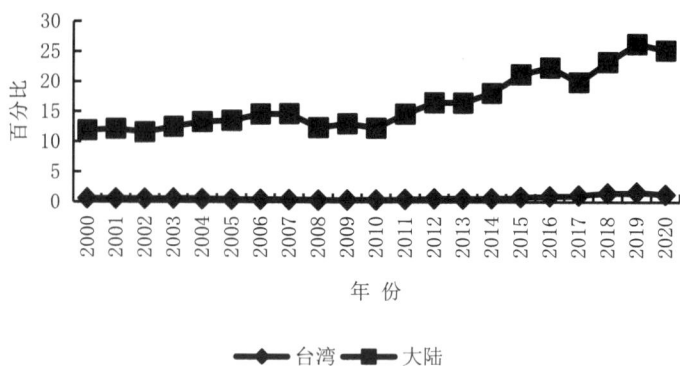

图4-51 2000—2020年大陆与台湾的茶叶国际市场占有率（％）

资料来源：根据FAOSTAT数据计算所得

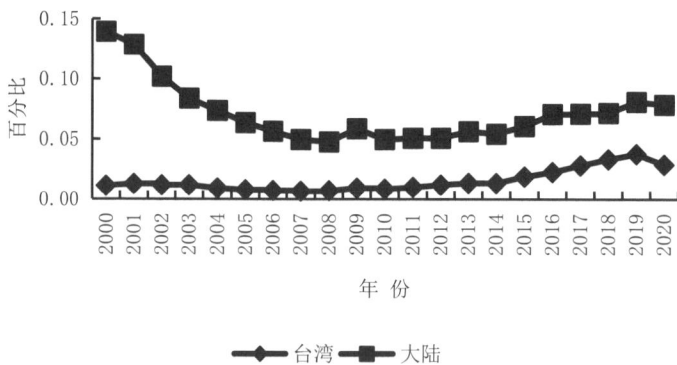

图4-52 2000—2020年大陆与台湾的茶叶出口贡献率（％）

资料来源：根据FAOSTAT数据计算所得

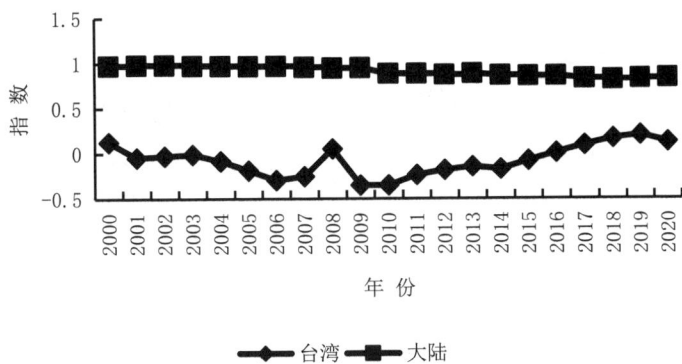

图4-53 2000—2020年大陆与台湾的茶叶贸易竞争力指数

资料来源：根据FAOSTAT数据计算所得

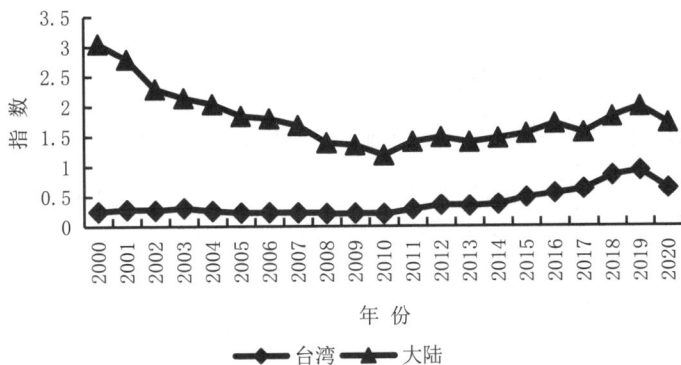

图4-54 2000—2020年大陆与台湾的茶叶显示性比较优势指数

资料来源：根据FAOSTAT数据计算所得

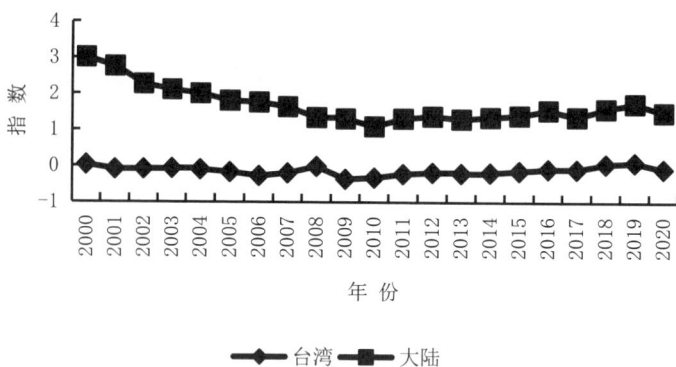

图4-55 2000—2020年大陆与台湾的茶叶相对贸易优势指数

资料来源：根据FAOSTAT数据计算所得

4.2.2 烟草产业

从国际市场占有率来看，根据图4-56可知，2000—2020年大陆烟草的国际市场占有率较低，且整体呈现先升后降的趋势。2000—2015年占有率从最小值1.35%波动增长至最大值3.46%，2016—2020年逐渐下降至1.83%，其中2020年市场份额降幅较大，较上一年下降了1.26个百分点。而台湾烟草的国际市场占有率处于极低水平，整体呈缓慢增长趋势，从2000年的0.01%增长至2020年的0.30%。对比而言，大陆烟草的国际市场份额明显大于台湾，且整体上二者差距逐渐拉大。

从出口贡献率来看，两岸烟草的出口贡献率均处于低水平，但二者的变化趋势相反，大陆烟草的出口贡献率前期快速下降，后期在相对平稳中略有下降，而台湾烟草的出口贡献率整体逐渐增长。根据图4-57可知，2001—2008年大陆烟草的出口贡献率从最大值0.15%逐年下降至0.05%，2009—2019年贡献率基本保持在0.06%左右，2020年贡献率略降至0.03%。2000—2020年台湾烟草的出口贡献率从0逐渐增长至0.04%。对比而言，整体上大陆烟草的出口贡献率明显大于台湾，但二者差距不断缩小，到2020年，台湾烟草出口贡献率首次超过大陆，相差0.01个百分点。

从贸易竞争力指数来看，根据图4-58可知，大陆烟草贸易前期具有出口比较优势，后期不具有出口比较劣势，2000—2020年指数总体呈现波动下降趋势。2000—2007年指数略大于0，具有出口比较优势，之后指数小于0，到2020年指数降至-0.2。而台湾烟草始终不具有出口比较优势，但贸易竞争力不断增强，2000—2020年指数从-1增长至-0.35。对比而言，大陆烟草的贸易竞争力明显高于台湾，但二者差距不断缩小。

从显示性比较优势指数来看，根据图4-59可知，两岸烟草的指数均小于0.8，国际竞争力较弱，但大陆烟草的国际竞争力不断减弱，指数从2001年的最大值0.43下降至2020年的最小值0.12。而台湾烟草的贸易竞争力逐渐增强，指数从2000年的零值增长至2020年的0.15。对比而言，整体上大陆烟草的出口比较优势明显大于台湾，但二者差距不断缩小，值得注意的是，2020年台湾烟草的国际竞争力首次超过大陆，指数相差0.03。

从相对贸易优势指数来看，台湾烟草贸易不具有比较优势，而大陆烟草贸易前期具有比较优势，后期不具有比较优势。根据图4-60可知，2000—2020年台湾烟草国际竞争力不断增强，但指数始终小于0，不具有出口比较优势。大陆烟草贸易在2000—2007年具有比较优势，指数略大于0，之后两年指数小于0，2010—2012年指数又略大于0，但2013—2020年指数均小于0，贸易转入比较劣势地位。对比而言，整体上大陆烟草国际竞争力明显高于台湾，但二者差距不断缩小。

综上所述，大陆烟草在国际市场上具有一定的竞争优势，而台湾烟草国际竞争力较弱，但二者差距在逐渐缩小。

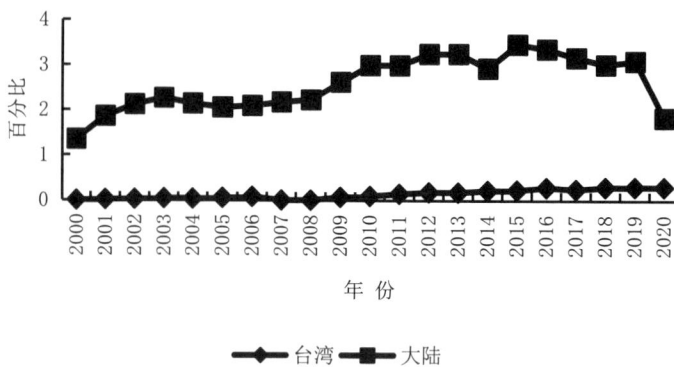

图4-56 2000—2020年大陆与台湾的烟草国际市场占有率（%）

资料来源：根据FAOSTAT数据计算所得

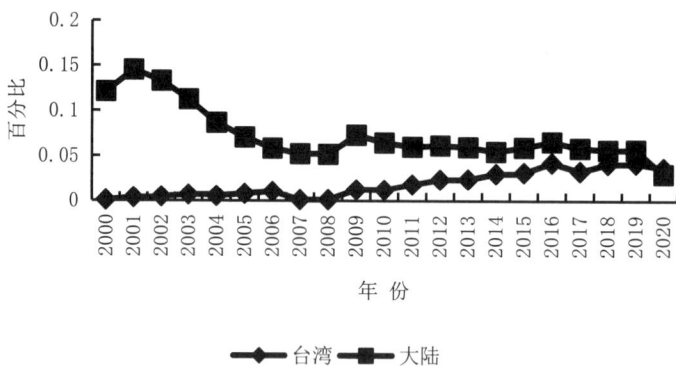

图4-57 2000—2020年大陆与台湾的烟草出口贡献率（%）

资料来源：根据FAOSTAT数据计算所得

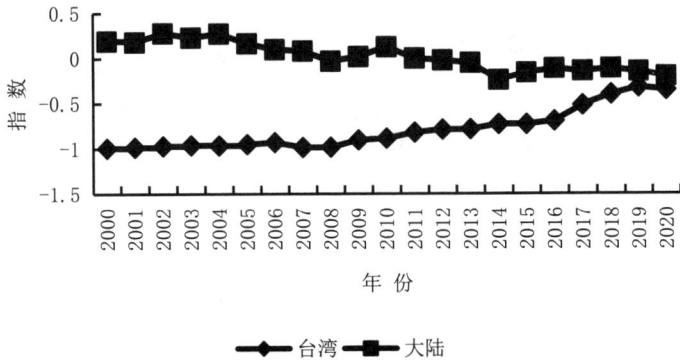

图4-58 2000—2020年大陆与台湾的烟草贸易竞争力指数

资料来源：根据FAOSTAT数据计算所得

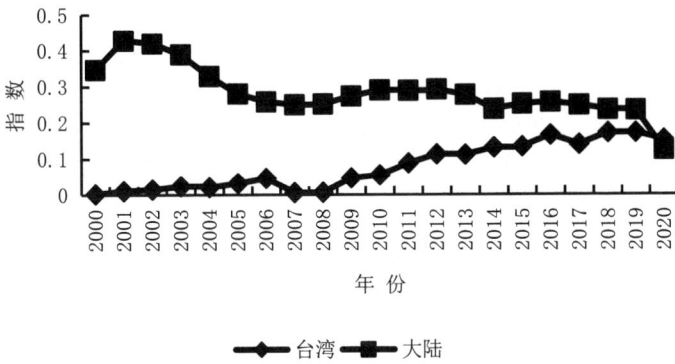

图4-59 2000—2020年大陆与台湾的烟草显示性比较优势指数

资料来源：根据FAOSTAT数据计算所得

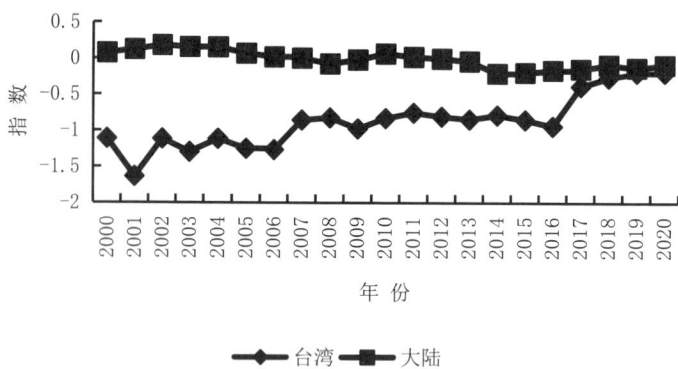

图4-60 2000—2020年大陆与台湾的烟草相对贸易优势指数

资料来源：根据FAOSTAT数据计算所得

第 5 章 ｜ 蔬菜产业

1 供求变化分析

1.1 根菜类蔬菜产业

1.1.1 收获面积逐渐下降，产量波动明显，单产稳中有升

台湾根菜类蔬菜的收获面积总体呈下降趋势。根据图5-1可知，
2002—2007年收获面积从8457公顷降至5946公顷，下降幅度为29.69%；
2008—2014年收获面积呈现相对平稳趋势，基本保持在6000公顷左右；
2015—2020年收获面积缓慢下降至最小值4548公顷，较2002年减少了
3909公顷，减少幅度为46.22%。

台湾根菜类蔬菜以萝卜和胡萝卜为主。萝卜和胡萝卜产量均有明显
波动，其他根菜类产量呈相对平稳趋势。根据图5-2可知，2002—2020年
萝卜产量总体呈现波动下降的趋势，从最大值14.13万吨逐渐下降至最小
值7.91万吨。胡萝卜产量总体呈"减—增—减"的趋势，2000—2007年
产量从12.35万吨波动减少至8.58万吨；2008—2014年产量波动增长至
最大值13.06万吨，增长幅度为41.50%；之后产量变动增大，到2020年降
至最小值7.79万吨。其他根菜类蔬菜产量变化相对平稳，先从2002年的
2.48万吨缓慢降至2009年的最小值0.64万吨，随后逐步回升至2014年的

1.98万吨，2015—2020年小幅下降至0.82万吨。

萝卜和胡萝卜的单产前期相对平稳，后期在波动中略有增长，且萝卜单产略大于胡萝卜。根据图5-3可知，2002—2009年胡萝卜单产基本保持在39000公斤/公顷左右，2010—2011年连续增长至49535公斤/公顷，2012—2020年单产出现较大波动，其中2019年达到最大值50344公斤/公顷。萝卜单产在2002—2011年间保持相对平稳状态，2012—2020年在小幅波动中略有增长。结合产量变化可知，萝卜和胡萝卜的生产效率有所提高。其他根菜类蔬菜单产变化不大，基本稳定在22000公斤/公顷左右。

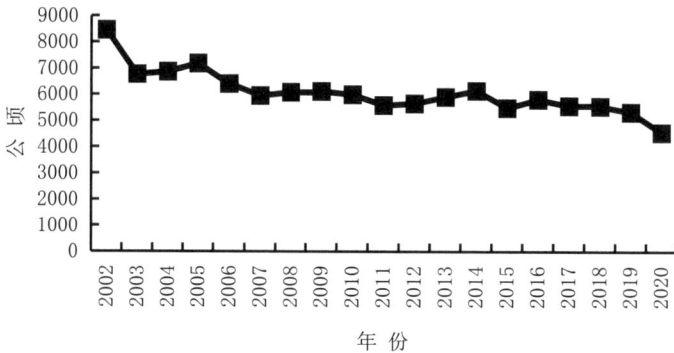

图5-1　2002—2020年台湾根菜类蔬菜收获面积

资料来源：历年《台湾农业统计年报》

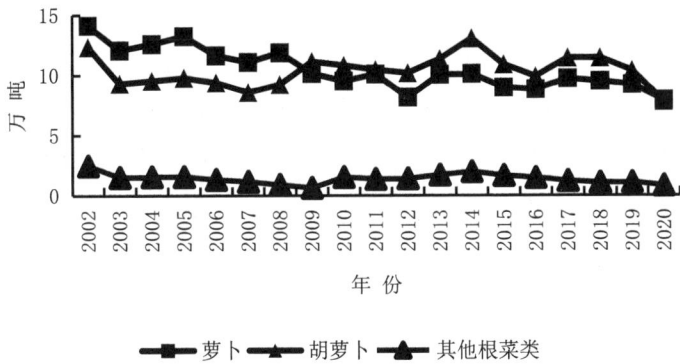

图5-2 2002—2020年台湾根菜类蔬菜产量

资料来源：历年《台湾农业统计年报》

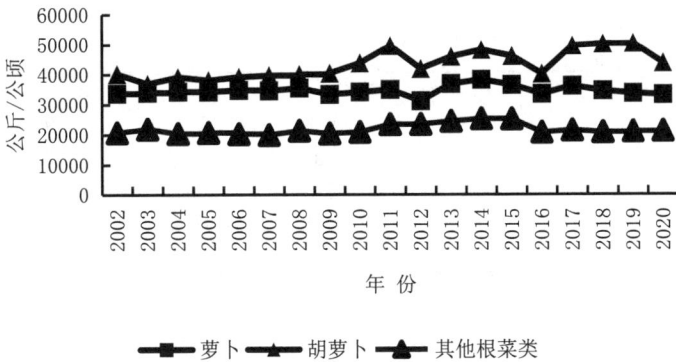

图5-3 2002—2020年台湾根菜类蔬菜单产

资料来源：历年《台湾农业统计年报》

1.1.2 消费波动明显

台湾根菜类蔬菜的消费量波动较明显。根据图5-4可知，2002—2005年，消费量先减少至2003年的23.88万吨，后连续增长至2005年的26.78

万吨。2006—2011年消费量逐年缓慢减少至22.93万吨，2012—2014年又快速增加至27.26万吨，增长幅度为23.57%。2015—2020年消费量波动减少至19.92万吨，减少幅度为20.45%。

从消费结构来看，台湾根菜类蔬菜消费以食用消费为主。根据图5-5可知，2002—2020年食用消费量占总消费量的比例保持在90%左右；损耗量所占比例为10%左右。由于根菜类蔬菜的食用消费量所占比例高，其变化趋势与总消费量基本一致。

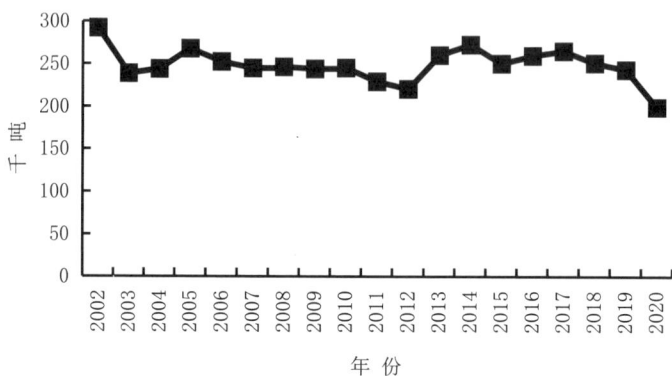

图5-4 2002—2020年台湾根菜类蔬菜消费量

资料来源：历年《台湾农业统计年报》

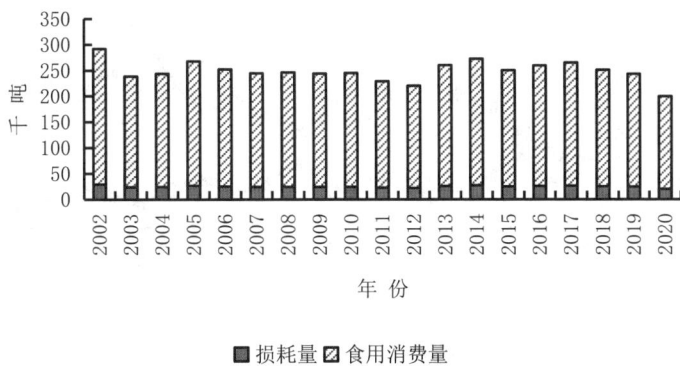

图5-5 2002—2020年台湾根菜类蔬菜消费结构

资料来源：历年《台湾农业统计年报》

1.1.3 进口量先增后降，出口量波动减少

台湾根菜类蔬菜进出口量波动明显。根据图5-6可知，对于进口量，2002—2007年从1.88万吨逐渐增加至4.75万吨，2008—2016年进口量先小幅波动减少，后快速波动增长至最大值6.51万吨，比2002年增长了2.46倍。2017—2020年进口量波动减少至4.25万吨，减少幅度为18.43%。对于出口量，2002—2020年从1.88万吨波动减少至0.86万吨，减少幅度为54.26%。

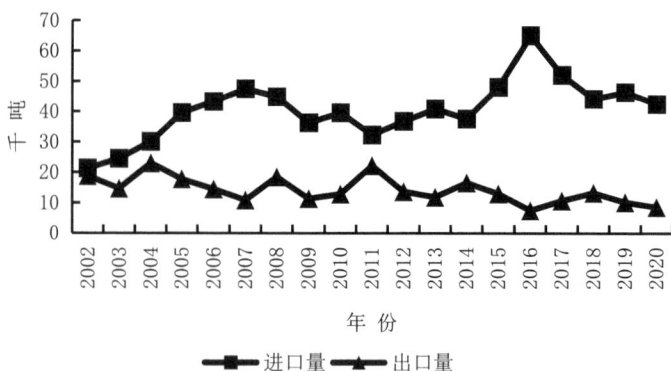

图5-6 2002—2020年台湾根菜类蔬菜进出口量

资料来源：历年《台湾农业统计年报》

1.2 茎菜类蔬菜产业

1.2.1 收获面积稳中有降，单产、产量小幅波动下降

　　台湾茎菜类蔬菜的收获面积总体上呈平稳下降趋势。根据图5-7可知，2002—2020年收获面积从55.06万公顷缓慢下降至47.10万公顷，下降幅度为14.46%。台湾茎菜类蔬菜单产总体呈小幅波动下降趋势。根据图5-8可知，2000—2020年单产从1.51万吨/公顷减少至1.31万吨/公顷，减少幅度为13.25%。值得注意的是，2005年单产为最小值1.26万吨/公顷，较上一年减少了17.11%，出现较明显下降。台湾茎菜类蔬菜产量与单产的变化趋势基本一致，说明茎菜类蔬菜生产效率变化不大。根据图5-9可知，2002—2020年产量从82.94万吨小幅波动减少至61.77万吨，减少幅度为25.52%。

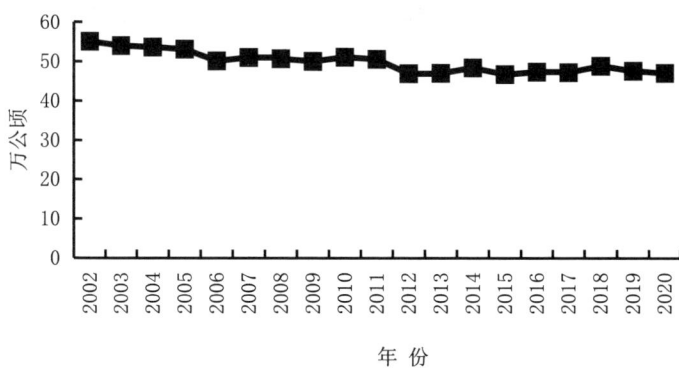

图5-7 2002—2020年台湾茎菜类蔬菜收获面积

资料来源：历年《台湾农业统计年报》

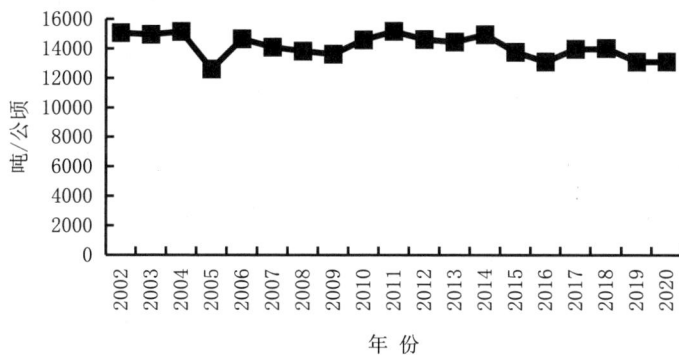

图5-8 2002—2020年台湾茎菜类蔬菜单产

资料来源：历年《台湾农业统计年报》

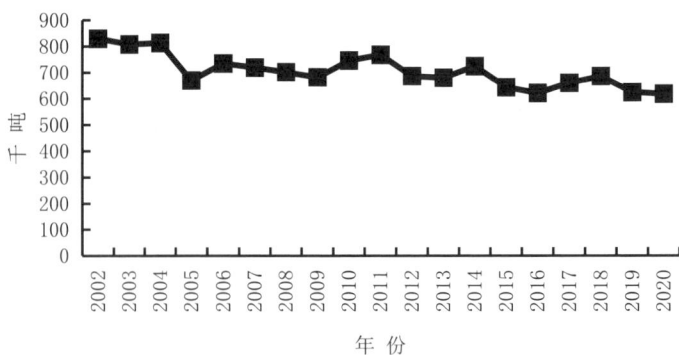

图5-9　2002—2020年台湾茎菜类蔬菜产量

资料来源：历年《台湾农业统计年报》

1.2.2　消费略有减少

台湾茎菜类蔬菜的消费量总体呈小幅波动下降趋势。根据图5-10可知，2002—2020年消费量从91.81万吨减少至73.55万吨，减少幅度为19.89%。从消费结构来看，台湾茎菜类蔬菜消费以食用消费为主。根据图5-11可知，2002—2020年食用率始终保持在89%左右，食用消费量变化趋势与总消费量基本一致；损耗量占总消费量的比例稳定在10%左右；种用消费量所占比例仅为1%左右。

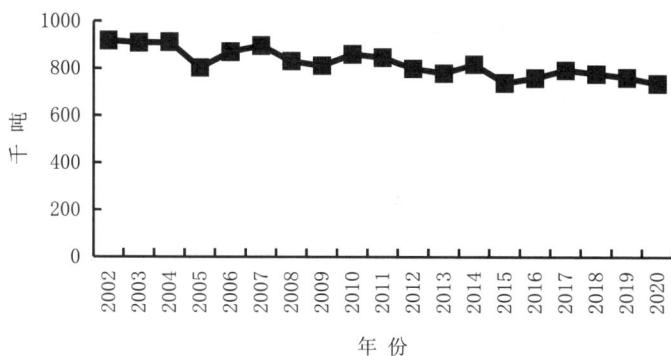

图5-10 2002—2020年台湾茎菜类蔬菜消费量

资料来源：历年《台湾农业统计年报》

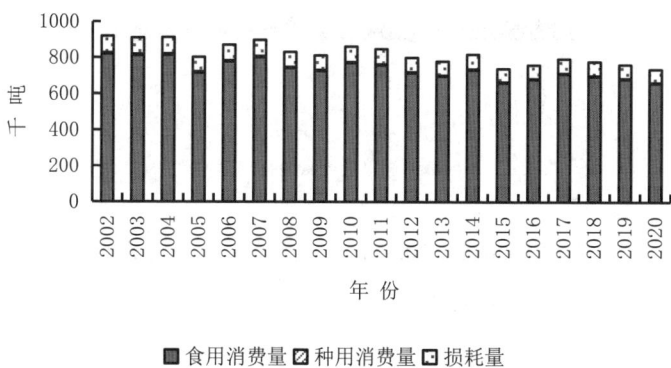

■食用消费量 ▨种用消费量 ▢损耗量

图5-11 2002—2020年台湾茎菜类蔬菜消费结构

资料来源：历年《台湾农业统计年报》

1.2.3 出口量相对平稳，进口量波动明显

台湾茎菜类蔬菜消费基本依赖进口，且进口量波动较大。根据图5-12可知，对于进口量，2002—2007年从10.25万吨快速波动增加至最大值18.23万吨，增长幅度为77.85%；2008—2015年进口量逐渐减少至9.94万吨，减少幅度为26.64%；2016—2020年消费量在9.89万吨至14.23万吨之间上下波动，波动幅度加大。对于出口量，2002—2020年始终保持在2万吨以下的极低水平。

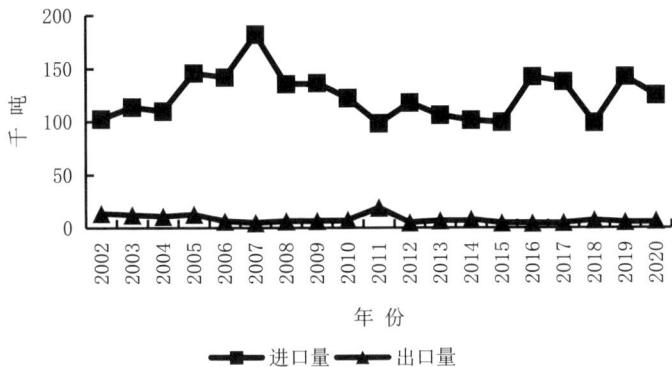

图5-12 2002—2020年台湾茎菜类蔬菜进出口量

资料来源：历年《台湾农业统计年报》

1.3 叶菜类蔬菜产业

1.3.1 收获面积小幅波动，单产、产量先降后升

台湾叶菜类蔬菜的收获面积总体呈现小幅波动趋势。根据图5-13可知，2002—2007年收获面积相对稳定，基本稳定在39000公顷左右。2008—2014年收获面积连续缓慢下降，从40212公顷降至35831公顷，下

降幅度为10.89%。2015—2018年收获面积逐渐增长至最大值40625公顷，增长幅度为12.70%，之后收获面积又略降至2020年的38912公顷。

台湾叶菜类蔬菜单产前期小幅下降，后期小幅波动上升后趋于平稳。根据图5-14可知，2002—2005年单产从24.50吨/公顷下降至21.26吨/公顷，2006年略有回升后2007年又下降至21.03吨/公顷，2008—2011年单产逐渐上升至25.83吨/公顷，2012—2020年单产保持相对稳定，在25吨/公顷至26吨/公顷之间小幅波动。

台湾叶菜类蔬菜产量前期小幅波动下降，后期小幅波动上升。根据图5-15可知，2002—2007年产量从986.8千吨波动下降至2007年的最小值804.4千吨，下降幅度为18.48%。2008—2020年产量波动上升至1005.2千吨，增长幅度为17.01%。结合单产变化情况可知，台湾叶菜类蔬菜生产效率变化不大。

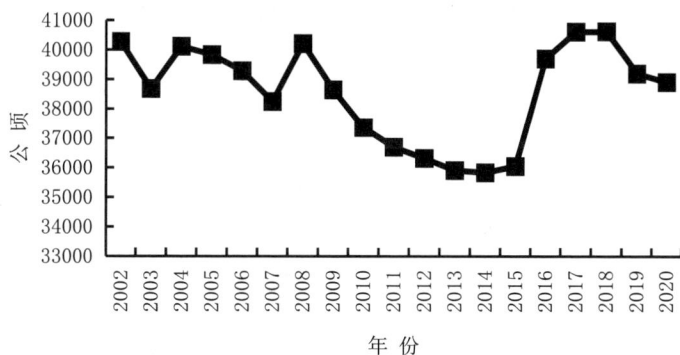

图5-13 2002—2020年台湾叶菜类蔬菜收获面积

资料来源：历年《台湾农业统计年报》

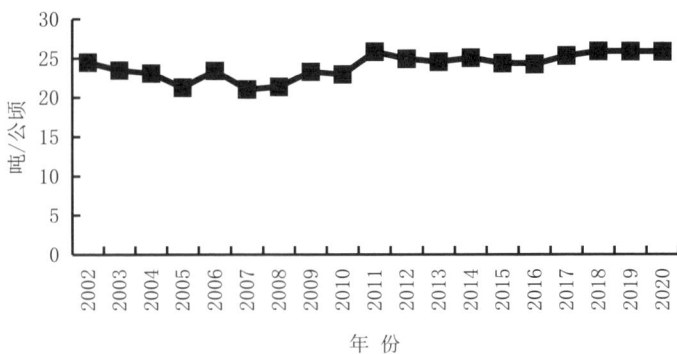

图5-14 2002—2020年台湾叶菜类蔬菜单产

资料来源：历年《台湾农业统计年报》

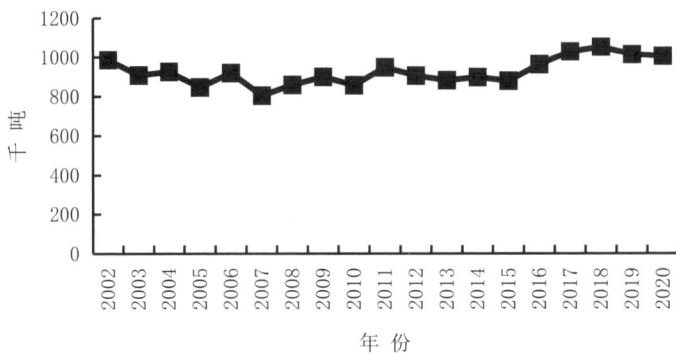

图5-15 2002—2020年台湾叶菜类蔬菜产量

资料来源：历年《台湾农业统计年报》

1.3.2 消费先减后增

台湾叶菜类蔬菜消费量总体呈现先小幅波动减少后波动增长的趋势。根据图5-16可知，2002—2007年消费量从1004.8千吨减少至最小值

836.7千吨，减少幅度为16.73%。2008—2020年消费量波动增长至1101.8千吨，增长幅度为23.29%。

从消费结构来看，根据图5-17可知，台湾叶菜类蔬菜消费以食用消费为主，其占总消费量的比例基本稳定在90%左右，其余部分为损耗量，所占比例为10%左右。食用消费量与损耗量的变化趋势与总消费量基本一致，其中，食用消费量和损耗量在2007年为最小值，分别为753.0千吨和83.7千吨，在2019年达到最大值，分别为1022.2千吨和113.6千吨。

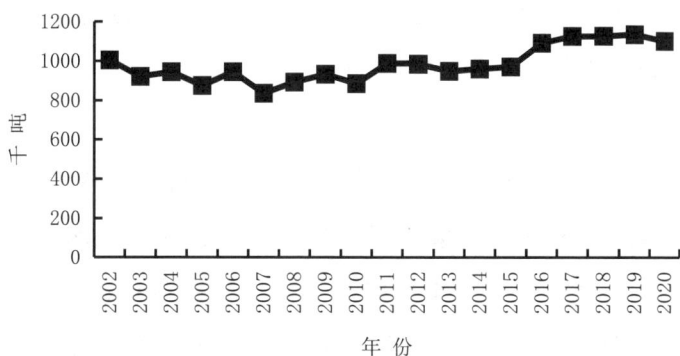

图5-16 2002—2020年台湾叶菜类蔬菜消费量

资料来源：历年《台湾农业统计年报》

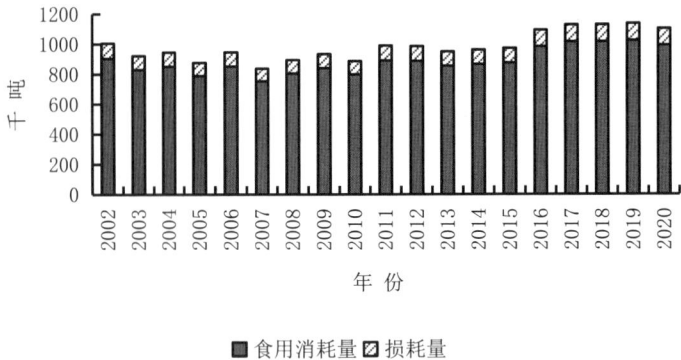

图5-17 2002—2020年台湾叶菜类蔬菜消费结构

资料来源：历年《台湾农业统计年报》

1.3.3 进口量先逐渐增长后明显波动，出口量相对平稳

台湾叶菜类蔬菜出口量极少，总体呈现先增后减的趋势，而进口量前期稳中有升，后期总体增长且波动明显。根据图5-18可知，对于进口量，2002—2009年从19.1千吨逐渐增加至38.6千吨，增长了1.02倍；2010—2016年进口量快速波动增长至最大值142.9千吨，增长了近3倍；随后略有减少，到2020年进口量波动减少至106.5千吨。对于出口量，2002—2009年稳定在5千吨以下的极低水平；2010—2018年出口量略有增长，从6.6千吨缓慢增加至最大值22.4千吨，随后逐步降至2020年的9.9千吨。

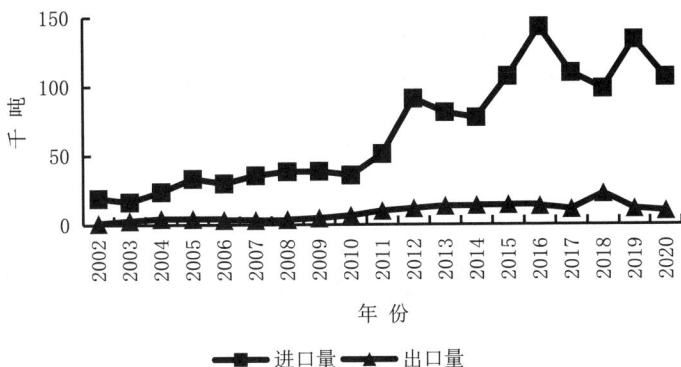

图5-18 2002—2020年台湾叶菜类蔬菜进出口量

资料来源：历年《台湾农业统计年报》

1.4 花果菜类蔬菜产业

1.4.1 收获面积略有波动，单产、产量先降后升

台湾花果菜类蔬菜的收获面积总体呈现小幅波动态势。根据图5-19可知，2002—2007年收获面积出现连续下降，从43639公顷下降至34633公顷，下降幅度为20.64%。2008—2011年收获面积保持相对平稳状态，2012—2016年收获面积呈现小幅波动增长趋势，从34747公顷增加至40077公顷，增长幅度为15.34%，之后收获面积缓慢降至2020年的36554公顷。

台湾花果菜类蔬菜单产前期波动下降，后期波动上升。根据图5-20可知，2002—2005年单产从16.70吨/公顷波动下降至最小值14.31吨/公顷，下降幅度为14.31%。2006年单产有所回升，2007年又小幅下降，之后单产总体呈现小幅波动上升的趋势，从2007年的14.64吨/公顷增加至2020年的16.45吨/公顷，增长幅度为12.36%。

台湾花果菜类蔬菜产量前期波动下降，后期小幅波动上升后趋于平稳。根据图5-21可知，2002—2007年产量从728.8千吨波动下降至最小值506.9千吨，下降幅度为30.45%。2008—2013年产量小幅波动增长至608.5千吨，增长幅度为17.36%。2014—2020年产量基本稳定在610千吨左右。结合单产变化趋势可知，台湾花果菜类蔬菜的生产效率略有提高。

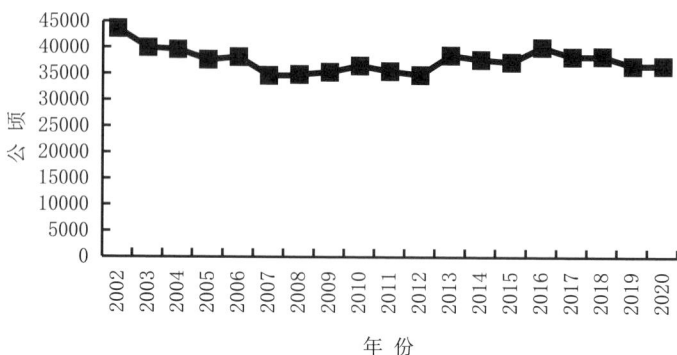

图5-19 2002—2020年台湾花果菜类蔬菜收获面积

资料来源：历年《台湾农业统计年报》

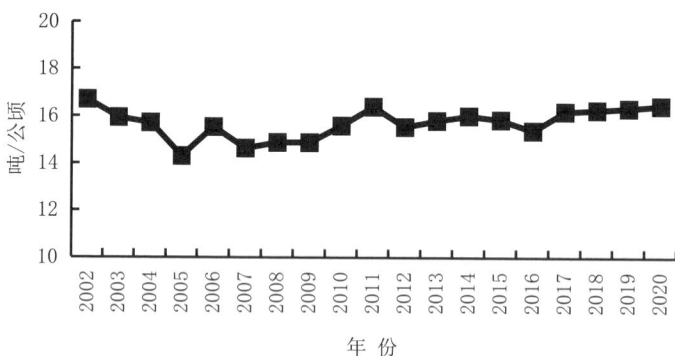

图5-20 2002—2020年台湾花果菜类蔬菜单产

资料来源：历年《台湾农业统计年报》

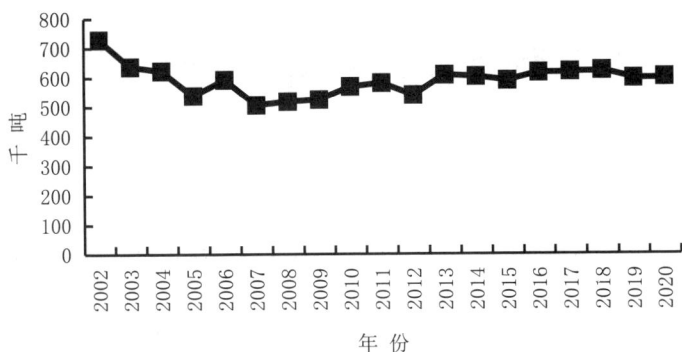

图5-21 2002—2020年台湾花果菜类蔬菜产量

资料来源：历年《台湾农业统计年报》

1.4.2 消费先减后增

台湾花果菜类蔬菜消费量总体呈现先小幅减少后小幅增长的趋势。根据图5-22可知，2002—2012年消费量从最大值810.4千吨小幅波动减少至最小值608.7千吨，减少幅度为24.89%。2013—2020年消费量小幅波动回升至721.5千吨，增长幅度为9.48%。

从消费结构来看，台湾花果菜类蔬菜消费以食用消费为主。根据图5-23可知，花果菜类食用消费量占消费总量的比例基本保持在90%左右；其余部分为损耗量，所占比例为10%左右。食用消费量与总消费量的变化趋势基本一致。

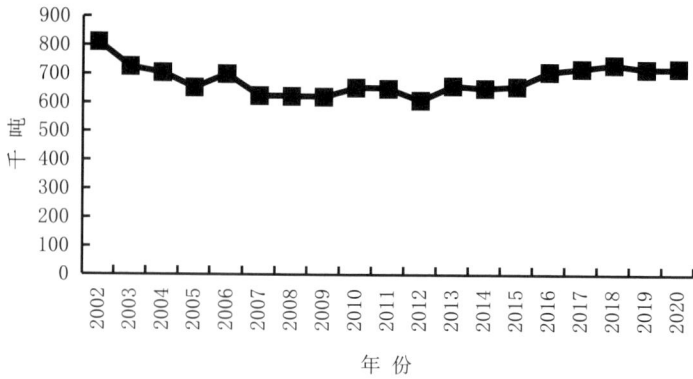

图5-22 2002—2020年台湾花果菜类蔬菜消费量

资料来源：历年《台湾农业统计年报》

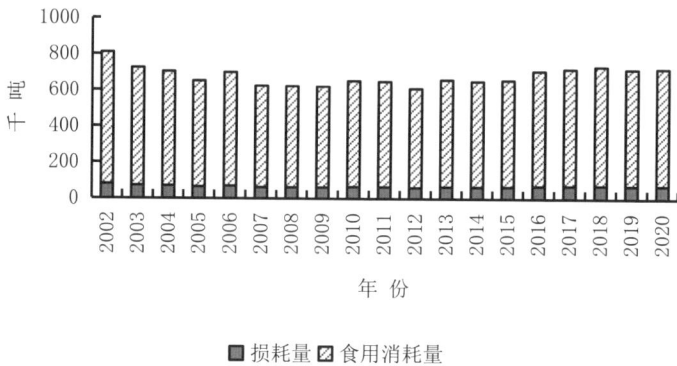

■损耗量　▨食用消耗量

图5-23 2002—2020年台湾花果菜类蔬菜消费结构

资料来源：历年《台湾农业统计年报》

1.4.3 进口量小幅波动增长，出口量先增后减

台湾花果菜类蔬菜进口量整体呈现小幅波动增长的趋势，而出口量很少，前期稳中有升，后期明显减少后趋于平稳。根据图5-24可知，对于进口量，2002—2005年从最小值120.8千吨波动增长至151.4千吨，增

长幅度为25.33%；2006—2013年进口量变化不大且呈现小幅波动趋势；2014—2020年进口量从135.6千吨波动增长至170.2千吨，增长幅度为25.52%。对于出口量，2002—2008年基本保持在40千吨左右；2009—2014年出口量从46.6千吨逐年增长至最大值88千吨，2015—2017年出口量逐渐减少至51.7千吨，其中2017年出现明显下降，较上一年下降了39.74%；之后基本稳定在51千吨左右。

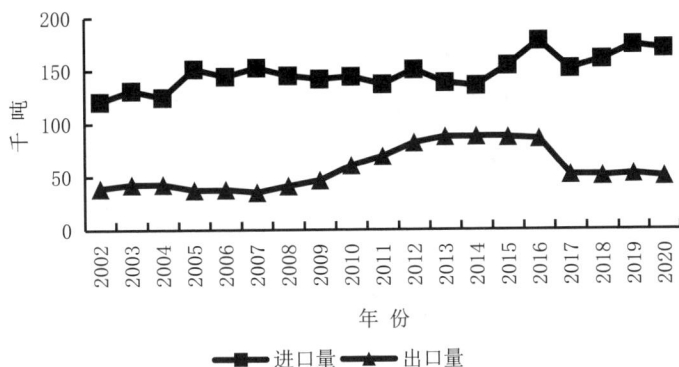

图5-24 2002—2020年台湾花果菜类蔬菜进出口量

资料来源：历年《台湾农业统计年报》

1.5 菇类蔬菜产业

1.5.1 产量由上升趋于平稳

台湾菇类蔬菜产量前期不断增长，后期相对平稳。根据图5-25可知，2002—2013年产量从最小值17.8千吨逐渐增长至42.5千吨，增长了1.4倍，其中2003年产量（27千吨）出现明显增长，较上一年增长了51.7%。2014—2020年产量保持相对稳定，在40.4千吨至43.5千吨之间小幅波动。

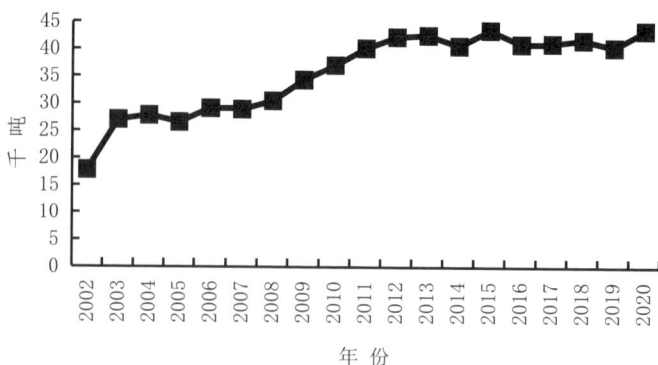

图5-25 2002—2020年台湾菇类蔬菜产量

资料来源：历年《台湾农业统计年报》

1.5.2 消费先增长后平稳

台湾菇类消费量变化趋势与产量基本一致，前期不断增长，后期保持平稳。根据图5-26可知，2002—2013年消费量从最小值13.7千吨逐年增长至58.8千吨，增长了3.3倍；2014年消费量略降至56.2千吨，2015年又继续小幅增长，2015—2020年消费量基本稳定在62千吨左右。

从消费结构来看，台湾菇类消费以食用消费为主。根据图5-27可知，食用消费量占消费总量的比例基本保持在90%左右，剩余部分为损耗量，所占比例为10%左右。从变化趋势来看，各部分消费量与总消费量基本相同。

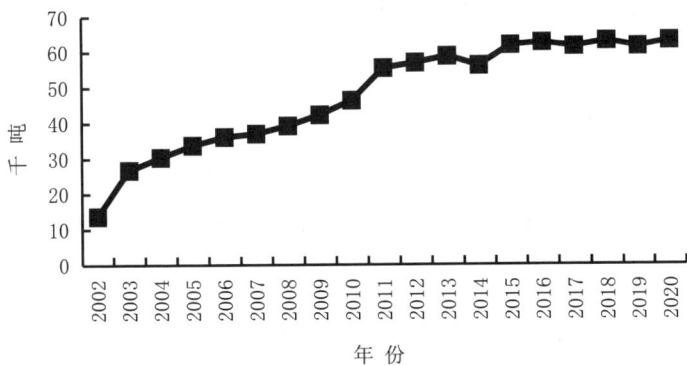

图5-26 2002—2020年台湾菇类蔬菜消费量

资料来源：历年《台湾农业统计年报》

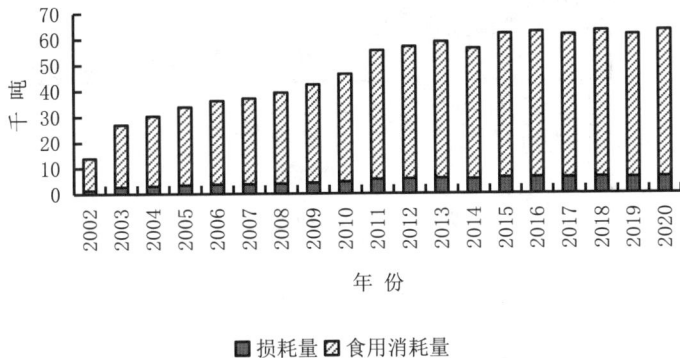

■损耗量 ▨食用消耗量

图5-27 2002—2020年台湾花菇类蔬菜消费结构

资料来源：历年《台湾农业统计年报》

1.5.3 进口量波动上升，出口量总体下降

台湾菇类蔬菜进口量总体呈现波动上升的趋势，而出口量前期先降后升，后期不断下降。根据图5-28可知，对于进口量，2002—2020年从最小值8千吨波动增长至21.3千吨，增长了1.7倍。对于出口量，2002—2008年先从12千吨下降至2006年的6.1千吨，后逐年上升至10.1千吨；2009—2020年出口量逐渐下降至最小值1.7千吨，下降幅度为75.36%。对比而言，2002年出口量略大于进口量，2003年进出口量基本持平，之后进口量开始大于出口量，且二者差距不断扩大。

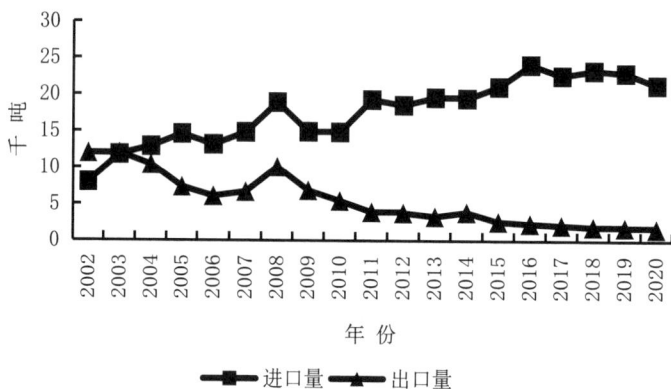

图5-28 2002—2020年台湾菇类蔬菜进出口量

资料来源：历年《台湾农业统计年报》

2 未来市场发展走势判断

2.1 根菜类蔬菜产业预测

根据表5-1可知，台湾根菜类蔬菜的收获面积预计未来五年总体呈现小幅波动的趋势，先连续增长至2022年的5678公顷，之后在5500公顷至5700公顷之间上下波动。根菜类蔬菜产量预计先增后减最后趋于平稳，先逐年增长至2022年的225.71千吨，2023年产量略降至212.17千吨，之后基本保持不变。根菜类蔬菜进口量预计未来五年先明显下降后回升至稳定状态，而出口量预计与进口量的变化趋势相反。进口量先从2021年的44.17千吨减少至2022年的33.28千吨，2023年又回升至44.23千吨，之后稳定在45千吨左右。出口量预计先增长至2022年的17千吨，2023年降至12.25千吨，之后稳定在12千吨左右。根菜类蔬菜总消费量预计未来五年呈现先增后减的趋势，2021—2024年消费量从238.76千吨缓慢增长至247.55千吨，2025年略降至243.55千吨。

表5-1 2021—2025年根菜类蔬菜预测值

年 份	收获面积 （公顷）	产量 （千吨）	进口量 （千吨）	出口量 （千吨）	总消费量 （千吨）
2021	5382	207.42	44.17	12.85	238.76
2022	5678	225.71	33.28	17.00	242.03
2023	5508	212.17	44.23	12.25	244.17
2024	5672	213.11	46.36	11.96	247.55
2025	5509	211.43	44.54	12.44	243.55

资料来源：根据历年《台湾农业统计年报》数据计算所得

2.2 茎菜类蔬菜产业预测

根据表5-2可知，台湾茎菜类蔬菜的收获面积、产量及总消费量预计未来五年总体呈现小幅上下波动的趋势。2021—2025年收获面积将在47665公顷至48366公顷之间小幅波动，产量将在657.28千吨至672.97千吨之间小幅波动，总消费量将在778.79千吨至791.16千吨之间小幅波动。台湾茎菜类蔬菜预计未来五年进口量先逐渐下降后保持平稳，出口量先减后增。进口量将先从2021年的130.42千吨逐年减少至2024年的121.48千吨，之后保持不变；出口量将先从2021年的7.17千吨连续减少至2024年的6.45千吨，2025年略增至6.78千吨。

表5-2 2021—2025年茎菜类蔬菜预测值

年 份	收获面积 （公顷）	产量 （千吨）	进口量 （千吨）	出口量 （千吨）	总消费量 （千吨）
2021	48366	667.92	130.42	7.17	791.16
2022	47675	657.28	128.40	6.87	778.79
2023	48198	672.97	124.02	6.82	790.16
2024	47665	663.78	121.48	6.45	778.79
2025	48048	670.64	121.87	6.78	785.72

资料来源：根据历年《台湾农业统计年报》数据计算所得

2.3 叶菜类蔬菜产业预测

根据表5-3可知，台湾叶菜类蔬菜的收获面积和总消费量预计未来五年呈现先增后减的趋势。收获面积将先从2021年的40409公顷增长至2022

年的46394公顷，之后逐年降至2025年的38336公顷。总消费量将先从2021年的1038.30千吨略增至2023年的1096.28千吨，之后缓慢减少至1003.03千吨。叶菜类蔬菜的进出口量预计未来五年波动较明显。2022年进口量将下降至78.04千吨，比2020年下降26.72%，2023年进口量（116.29千吨）预计出现明显增长，较上一年增长49.01%，之后逐年下降至2025年的76.41千吨。2021—2025年出口量将在5.64千吨至14.18千吨之间上下波动，其中2022年出口量（14.18千吨）出现明显增长，较上一年增长了1.13倍。

表5-3 2021—2025年叶菜类蔬菜预测值

年 份	收获面积（公顷）	进口量（千吨）	出口量（千吨）	总消费量（千吨）
2021	40409	86.99	6.65	1038.30
2022	46394	78.04	14.18	1066.75
2023	39070	116.29	7.71	1096.28
2024	38893	102.13	7.88	1051.28
2025	38336	76.41	5.64	1003.03

资料来源：根据历年《台湾农业统计年报》数据计算所得

2.4 花果菜类蔬菜产业预测

根据表5-4可知，台湾花果菜类蔬菜的收获面积预计未来五年变化不大。2021—2025年收获面积将在35685公顷至36128公顷之间小幅波动。花果菜类蔬菜产量和总消费量预计未来五年略有增加，产量将从2021年的600.81千吨增加至621.51千吨，消费量前四年将稳定在725千吨左右，2025年略增至736.67千吨。花果菜类进口量预计未来五年稳定在170千吨左右，出口量预计有所增长，从2021年的47.41千吨逐年增长至2025年的57.82千吨。

表5-4 2021—2025年花果菜类蔬菜预测值

年 份	收获面积 （公顷）	产量 （千吨）	进口量 （千吨）	出口量 （千吨）	总消费量 （千吨）
2021	35685	600.81	171.81	47.41	725.28
2022	35761	600.94	170.45	48.01	723.44
2023	35730	610.00	170.38	53.29	727.13
2024	35799	609.32	169.80	53.73	725.43
2025	36128	621.51	172.93	57.82	736.67

资料来源：根据历年《台湾农业统计年报》数据计算所得

2.5 菇类蔬菜产业预测

根据表5-5可知，2021—2025年菇类蔬菜产量和总消费量预计变化不大，产量将在41.39千吨至44.13千吨之间小幅波动，消费量将在60.90千吨至65.41千吨之间小幅波动。菇类蔬菜进出口量预计未来五年呈现上下波动趋势，进口量将在22.01千吨至22.88千吨之间小幅波动；出口量仍保持极低水平，预计在1.55千吨至2.56千吨之间小幅波动，其中2024年出口量（1.55千吨）出现明显下降，较上一年下降32.90%。

表5-5 2021—2025年菇类蔬菜预测值

年 份	收获面积 （公顷）	进口量 （千吨）	出口量 （千吨）	总消费量 （千吨）
2021	41.39	22.07	2.56	60.90
2022	43.63	22.88	2.09	64.41
2023	42.34	22.01	2.31	62.04
2024	44.13	22.82	1.55	65.41
2025	42.97	22.33	2.10	63.19

资料来源：根据历年《台湾农业统计年报》数据计算所得

3 成本收益分析

3.1 生产成本构成与收益比较

主要蔬菜生产总成本按类别从高到低依次是茎菜类、花果菜类、叶菜类、根菜类。根据表5-6和表5-7可知，2020年，茎菜类蔬菜中日葱的生产总成本最高，为938706元/公顷，青葱和蒜球的生产总成本分别为659025元/公顷和415885元/公顷；花果类蔬菜中花胡瓜和花椰菜的生产总成本分别为495458元/公顷和240090元/公顷；叶菜类蔬菜中甘蓝和结球白菜的生产总成本分别为252654元/公顷和230215元/公顷；根菜类蔬菜中萝卜的生产总成本最低，为134798元/公顷。具体而言，茎菜类蔬菜高昂的种苗费用是导致其成本高的重要原因，其中日葱的种苗费最高，为558079元/公顷，青葱和蒜球的种苗费分别为244610元/公顷和121047元/公顷；而其他种类蔬菜的种苗费均低于30000元/公顷，其中萝卜的种苗费最低，为13655元/公顷。花胡瓜的人工费用最高，为318035元/公顷，明显高于其他蔬菜，这也是导致其成本较高的主要原因。茎菜类蔬菜的农药费也较高，其中日葱的农药费最高，为70312元/公顷，而其他蔬菜的农药费均低于50000元/公顷，其中萝卜的农药费最低，为18473元/公顷。蒜球的能源费最高，为20768元/公顷，而其他蔬菜的能源费均不足5000元/公顷。蒜球、日葱、花椰菜和花胡瓜需要一小部分材料费用，而其他蔬菜不需要材料费。

从生产成本构成来看，根据表5-6和表5-7可知，2020年，总体上主要蔬菜的人工费最高，各类蔬菜人工费占总成本的比例均高于20%，其中花胡瓜的人工费占其总成本的比例最高，为64.19%。其次是花椰菜、青葱、萝卜和甘蓝，其人工费所占比例均高于40%，而日葱的人工费所占比例最低，为21.44%。由于蔬菜的人工费用较高，其机械包工费相对较低，除了萝卜的机械包工费所占比例略高于10%外，其他蔬菜所占比例均低于10%。茎菜类蔬菜种苗费占其总成本的比例明显高于其他种类蔬菜，其中日葱所占比例最高，为59.45%，其次是青葱和蒜球，其所占比例分别为37.12%和29.11%，而其他蔬菜种苗费所占比例均低于12%。叶菜类蔬菜农药费占其总成本的比例较高，其中甘蓝农药费所占比例最高，为23.23%，结球白菜农药费所占比例略低于甘蓝，为22.40%，而茎菜类蔬菜的农药费虽然较高，但占其总成本的比例较低，均不超过12%，且茎菜类蔬菜中蒜球的农药费、肥料费、能源费和地租占其总成本的比例明显高于日葱和青葱。蔬菜的农用设施费、农机具费及资本利息均很低，占其总成本的比例均不超过1%。

从收益和利润来看，根据表5-6和表5-7可知，2020年多数蔬菜的总成本与总收益、利润成正比，意味着成本越高，总收益和利润也越高，例如日葱的生产总成本最高，则其总收益和利润也最高，分别高达1725153元/公顷和786448元/公顷。但青葱和甘蓝除外，尤其是青葱，其总收益和总成本很高，但利润相对较低，而甘蓝的总成本虽然偏高，但总收益和利润较低。

表5-6 2020年茎菜类和根菜类蔬菜的生产成本与收益

	茎菜类（元／公顷）						根菜类（元／公顷）	
	蒜球		日葱		青葱		萝卜	
生产总成本	415885	占比	938706	占比	659025	占比	134798	占比
种苗费	121047	29.11%	558079	59.45%	244610	37.12%	13655	10.13%
肥料费	52051	12.52%	25866	2.76%	35574	5.40%	15057	11.17%
人工费	128471	30.89%	201296	21.44%	283864	43.07%	57538	42.68%
机械包工费	20736	4.99%	22970	2.45%	23637	3.59%	18331	13.60%
农药费	49330	11.86%	70312	7.49%	53764	8.16%	18473	13.70%
能源费	20768	4.99%	4690	0.50%	4286	0.65%	2199	1.63%
材料费	591	0.14%	32923	3.51%	—	—	—	—
农用设施费	2200	0.53%	4479	0.48%	719	0.11%	599	0.44%
农机具费	3173	0.76%	1004	0.11%	978	0.15%	807	0.60%
地　租	16731	4.02%	15873	1.69%	10742	1.63%	8014	5.95%

| | 茎菜类
（元／公顷） | | | | | 根菜类
（元／公顷） | |
	蒜球		日葱		青葱		萝卜	
资本利息	787	0.19%	1213	0.13%	852	0.13%	125	0.09%
总收益	825242		1725153		954574		335807	
利 润	409357		786448		295549		201009	

资料来源：2020年《台湾农业统计年报》

表5-7 2020年叶菜类和花果菜类蔬菜的生产成本与收益

| | 叶菜类
（元／公顷） | | | | 花果菜类
（元／公顷） | | | |
	甘蓝		结球白菜		花椰菜		花胡瓜	
生产总成本	252654	占比	230215	占比	240090	占比	495458	占比
种苗费	25446	10.07%	26033	11.31%	23887	9.95%	28912	5.84%
肥料费	31608	12.51%	26141	11.36%	24418	10.17%	36804	7.43%
人工费	104302	41.28%	91381	39.69%	108112	45.03%	318035	64.19%
机械包工费	16846	6.67%	16302	7.08%	13903	5.79%	14250	2.88%
农药费	58690	23.23%	51562	22.40%	39930	16.63%	44674	9.02%
能源费	3286	1.30%	2740	1.19%	2526	1.05%	4058	0.82%
材料费	—	—	—	—	15833	6.59%	31006	6.26%
农用设施费	1318	0.52%	1306	0.57%	891	0.37%	1562	0.32%
农机具费	979	0.39%	851	0.37%	629	0.26%	660	0.13%
地 租	9940	3.93%	13685	5.94%	9734	4.05%	14866	3.00%
资本利息	239	0.09%	214	0.09%	227	0.09%	632	0.13%
总收益	468034		552314		622544		976800	
利 润	215380		322099		382453		481341	

资料来源：2020年《台湾农业统计年报》

3.2 成本收益变化趋势[1]

3.2.1根菜类蔬菜

根据图5-29可知，2017—2020年，萝卜的总收益波动较大，先从35.38万元/公顷略增至2018年的37.90万元/公顷，2019年总收益大幅度降至25.86万元/公顷，较上一年减少了31.77%，2020年回升至33.58万元/公顷。萝卜生产总成本逐年略有增长，从2017年的11.65万元/公顷小幅度增至2020年的13.48万元/公顷。由于成本变化不大，利润变化趋势与总收益基本一致，其中2018年利润达到最大值25.94万元/公顷，2019年降至最小值12.96万元/公顷。

从生产成本结构上看，根据图5-30可知，2017—2020年萝卜种苗费逐年增加，其占总成本的比例从6.63%逐渐增加至10.13%。农药费所占比例有所增加，从2017年的11.66%增加至2020年的13.70%。人工费、肥料费、机械设施费和地租所占比例有所下降，2017年人工费、肥料费、机械设施费和地租占比分别为45.02%、12.17%、15.90%和6.76%，到2020年分别下降至42.68%、11.17%、14.64%和5.95%。能源费基本稳定在1.70%左右。

---

1 本部分图表中的机械设施费用包括机械包工费、农用设施费和农机具费。

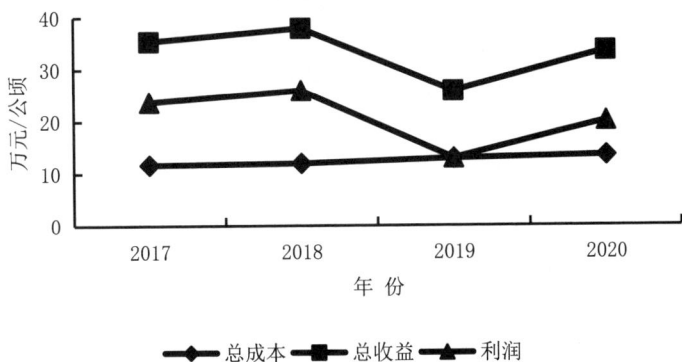

图5-29 2017—2020年萝卜生产成本与收益变化

资料来源：历年《台湾农业统计年报》

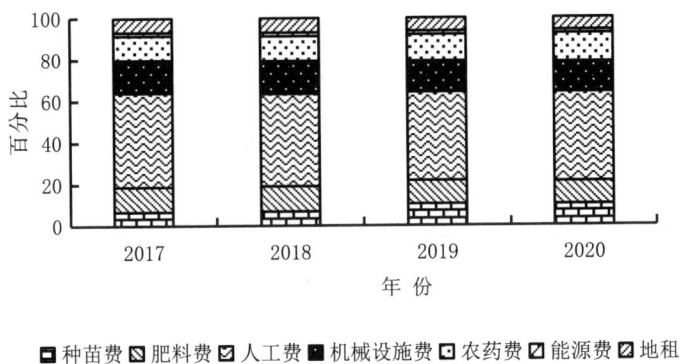

图5-30 2017—2020年萝卜生产成本结构

资料来源：历年《台湾农业统计年报》

3.2.2 茎菜类蔬菜

总体而言，茎菜类蔬菜的总收益波动较大。对于蒜球，根据图5-31可知，蒜球总收益先从2011年的38.98万元/公顷增加至2013年的58.97万元/公顷，2014年下降至最小值37.05万元/公顷，2015—2017年为快速增长期，总收益逐年快速增加至最大值100.02万元/公顷，比2014年增加了62.97万元/公顷，增长幅度高达169.96%。2018年收益大幅减少至56.67万元/公顷，下降幅度为43.34%。2019—2020年收益逐渐回升至82.52万元/公顷。2011—2020年蒜球的生产总成本呈现相对平稳趋势，在28.17万元/公顷至45.56万元/公顷之间小幅波动。由于总成本变化不大，蒜球利润的变化趋势与总收益相似，其中2014年利润为最小值1.32万元/公顷，2017年达到最大值54.45万元/公顷。

对于日葱，根据图5-32可知，2011—2015年日葱总收益波动不大，先从2011年的79.54万元/公顷缓慢增加至2014年的113.67万元/公顷，2015年略降至92.85万元/公顷，2016年总收益突增至最大值195.26万元/公顷，增长幅度高达110.30%。2017—2019年总收益逐渐回落至116.36万元/公顷，2020年又明显增长至172.52万元/公顷。日葱生产总成本在2011—2015年基本稳定在56万元/公顷左右，2016年小幅度增加至76.81万元/公顷，较2015年增长了32.57%，2016—2019年总成本缓慢下降至51.80万元/公顷，2020年总成本出现大幅度增长，较2019年增加了42.07万元/公顷，增长幅度为81.22%。总体上日葱的生产成本变化不大，因此利润变化趋势与总收益相似。但值得注意的是，2020年总收益虽然出现大幅度增加，但总成本同样增加明显，所以利润增长幅度较小。

对于青葱，根据图5-34可知，青葱总收益在2016—2017年出现较大波动，其他年份相对平稳。2011—2015年总收益从76.31万元/公顷缓慢增加至97.43万元/公顷，2016年总收益大幅度增加至188.57万元/公顷，与上一年相比,增长幅度高达93.54%,2017年又陡降至66.65万元/公顷,较上一年减少了64.66%。2018—2020年总收益逐年小幅增加至95.46万元/公顷。青葱总成本的变化趋势相对平稳,2011—2016年总成本从38.15万元/公顷缓慢增加至51.65万元/公顷,2017—2019年逐年小幅下降至46.75万元/公顷,2020年总成本出现明显增长,较上一年增长了40.96%。青葱利润变化趋势与总收益相似,其中2016年利润达到最大值132.35万元/公顷,2017年利润降至最小值16.63万元/公顷。但值得注意的是,2020年总成本的增长幅度略大于总收益,因此利润出现小幅减少。

从生产成本结构来看,茎菜类种苗费与人工费的变化趋势相反。根据图5-36、图5-33和图5-35可知,第一,2011—2020年蒜球的各部分生产成本占总成本的比例均出现变化,其中种苗费所占比例变化最为明显,在15.22%至38.22%之间波动;人工费同样出现较大变化,在27.18%至36.78%之间波动,且与种苗费呈相反方向变化;机械设施费与人工费的变化趋势一致,肥料费与种苗费的变化趋势一致,其余部分所占比例较小。第二,日葱生产成本结构在2011—2015年基本保持稳定,2016年种苗费所占比例明显增长,较上一年增长了15.73个百分点,而2016年人工费所占比例较上一年减少了9.05个百分点;2017—2018年种苗费所占比例略有下降,而人工费所占比例略有提升;2019—2020年种苗费所占比例先明显减少至26.97%,后大幅度增加至59.45%,而人工费所占比例则先明显增加至39.57%,后大幅减少至21.44%;农药费所占比例在2011—2015年相对稳定,在10.75%至11.00%之间小幅波动,之后农药费所占比例先增后减,先从2016年的8.41%逐年增加至2019年的13.26%,2020年减少至7.49%;其余部分变化不大。第三,2011—2020年青葱生产成本变化主要也体现在种苗费与人工费上。2011—2013年青葱生产成本结构保持稳定;2014—2016年种苗费所占比例不断增加,从20.18%增加至38.16%,与之相反的是人工费所占比例不断减少，从56.15%减少至40.83%；2017—2019年种苗费所占比例逐年下降至13.92%，人工费则逐年增加至58.65%；2020年种苗费所占比例大幅增加至37.12%，而人工费下降至43.07%；其余部分变化不大。

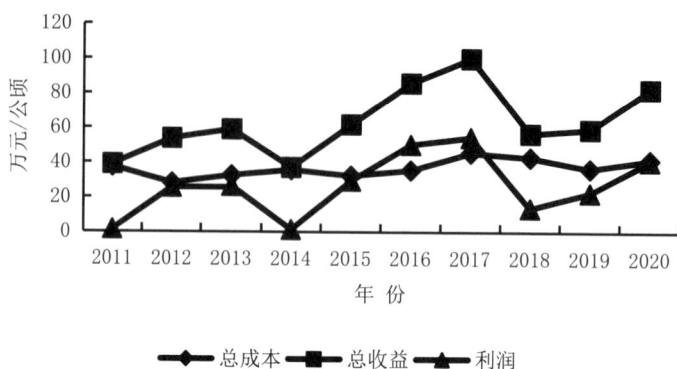

图5-31 2011—2020年蒜球生产成本与收益变化

资料来源：历年《台湾农业统计年报》

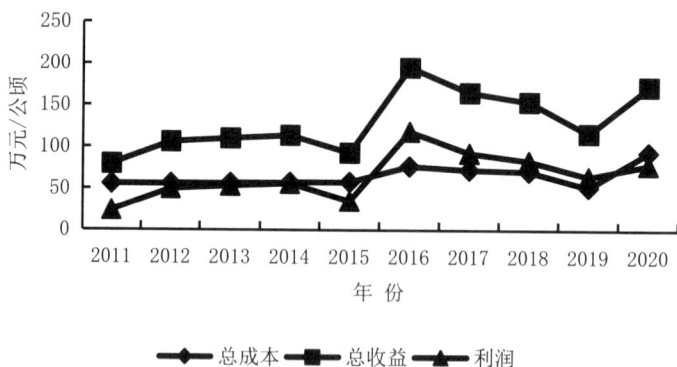

图5-32 2011—2020年日葱生产成本与收益变化

资料来源：历年《台湾农业统计年报》

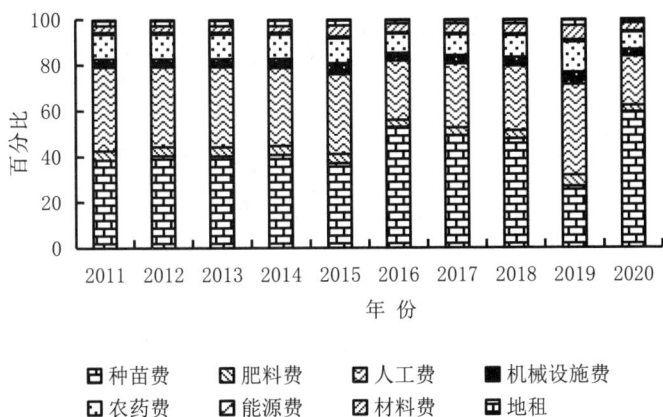

图5-33 2011—2020年日葱生产成本结构（%）

资料来源：历年《台湾农业统计年报》

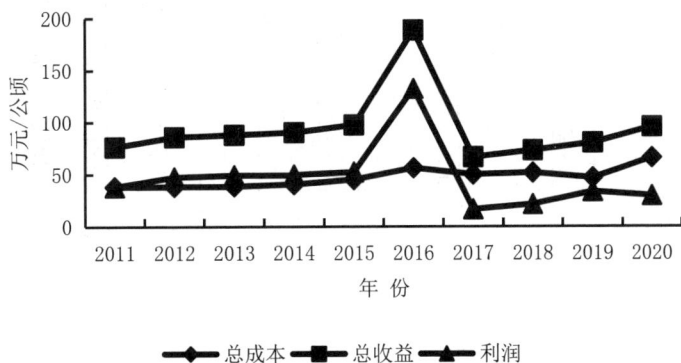

图5-34 2011—2020年青葱生产成本与收益变化

资料来源：历年《台湾农业统计年报》

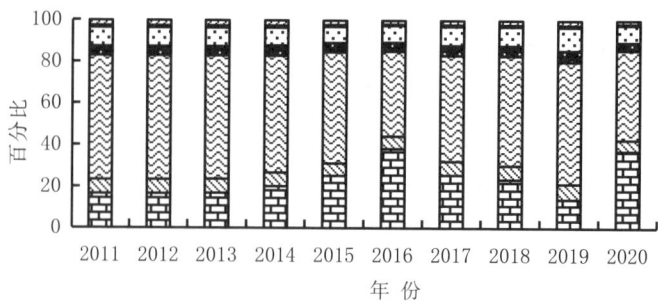

图5-35 2011—2020年青葱生产成本结构（%）

资料来源：历年《台湾农业统计年报》

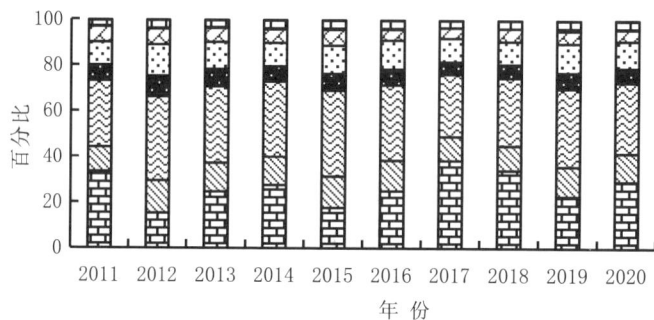

图5-36 2011—2020年蒜球生产成本结构（%）

资料来源：历年《台湾农业统计年报》

3.2.3 叶菜类蔬菜

对于甘蓝，根据图5-37可知，总收益出现较大波动。2011年甘蓝总收益处于最小值25.36万元/公顷，2012年大幅增加至62.70万元/公顷，2013—2014年连续下降至32.99万元/公顷，2015—2016年再次大幅增加至最大值76.50万元/公顷，2017—2020年总收益在34.96万元/公顷至60.66万元/公顷之间上下波动。生产成本呈缓慢增长趋势，从2011年的18.70万元/公顷增加至2020年的25.27万元/公顷。由于生产成本变化不大，利润变化趋势与总收益基本相似，其中2011年为最小值6.66万元/公顷，2016年为最大值55.47万元/公顷。

对于结球白菜，根据图5-38可知，总收益波动明显且总体呈上升趋势。2011年结球白菜总收益处于最小值25.46万元/公顷，2012年增加至43.59万元/公顷，2013—2014年逐渐减少至33.34万元/公顷，2015年略增至36.12万元/公顷。2016—2017年总收益出现较大变化，2016年突增至最大值72.75万元/公顷，2017年又陡降至40.25万元/公顷。2018—2020年总收益在48.34万元/公顷至55.23万元/公顷之间小幅上下波动。生产成本略有增加，2011年为17.43万元/公顷，2020年增加至23.02万元/公顷。由于生产成本相对稳定，结球白菜的利润变化趋势与总收益基本相似，其中2011年为最小值8.03万元/公顷，2016年为最大值53.68万元/公顷。

从生产成本结构来看，对于甘蓝，根据图5-39可知，人工费占总成本的比例逐渐减少，从2011年的48.78%逐年减少至2020年的41.28%；农药费所占比例逐年增加，从2011年的15.06%逐渐增加至2020年的23.23%；其余生产成本变化不大。对于结球白菜，根据图5-40可知，农药费占总成本的比例逐渐增加，从2011年的14.75增加至2020年的22.40%；2018年以前甘蓝生产需要一小部分材料费，2018年以后则不需要材料费；其余生产成本变化不大。

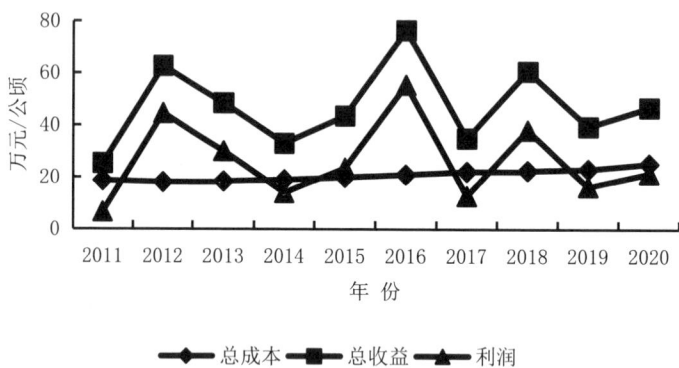

图5-37 2011—2020年甘蓝生产成本与收益变化

资料来源：历年《台湾农业统计年报》

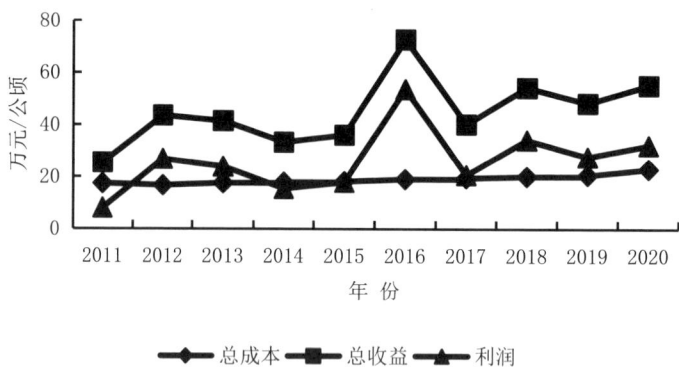

图5-38 2011—2020年结球白菜生产成本与收益变化

资料来源：历年《台湾农业统计年报》

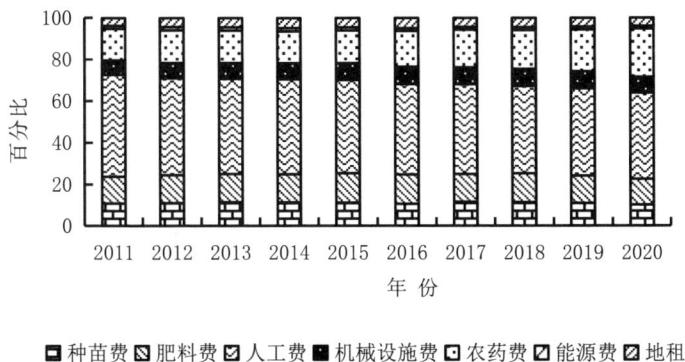

图5-39 2011—2020年甘蓝生产成本结构（%）

资料来源：历年《台湾农业统计年报》

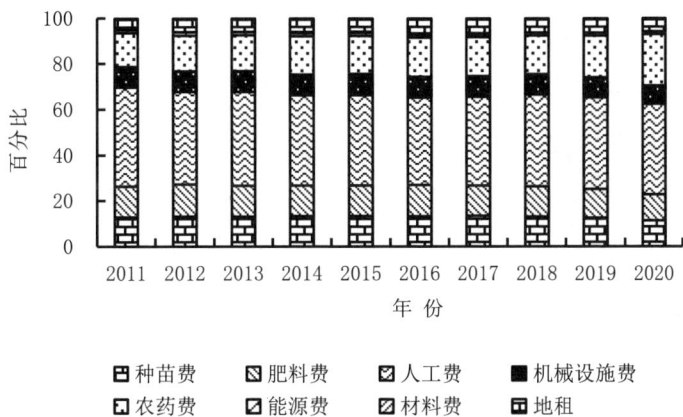

图5-40 2011—2020年结球白菜生产成本结构（%）

资料来源：历年《台湾农业统计年报》

3.2.4 花果菜类蔬菜

对于花椰菜，根据图5-41可知，总收益分成两个阶段。2011—2015年总收益基本稳定在40万元/公顷左右，2016年突增至最大值73.31万元/公顷，此后有所下降，2017—2020年基本稳定在60万元/公顷左右。生产成本缓慢增长，2011年为20.24万元/公顷，到2020年略增至24.00万元/公顷。由于生产成本相对稳定，利润的变化趋势与总收益基本一致，其中2011年为最小值15.39万元/公顷，2016年为最大值52.05万元/公顷。

对于花胡瓜，根据图5-42可知，总收益略有波动。2011年总收益处于最小值83.49万元/公顷，2012年增加至93.19万元/公顷，2013—2015年稳定在88万元/公顷左右，2016—2020年总收益在92.57万元/公顷至118.63万元/公顷之间上下波动。花胡瓜的生产成本基本稳定在48万元/公顷左右。由于生产成本相对平稳，利润的变化趋势与总收益基本一致，其中2011年为最小值35.93万元/公顷，2018年为最大值69.16万元/公顷。

从生产成本结构来看，对于花椰菜，根据图5-43可知，农药费占总成本的比例逐渐增加，从2011年的11.17%增加至2020年16.63%；其余生产成本变化不大。对于花胡瓜，根据图5-44可知，与花椰菜相似，农药费占总成本的比例略有增长，从2011年的14.75%逐渐增加至2020年的22.40%；其他生产成本未出现明显变化。

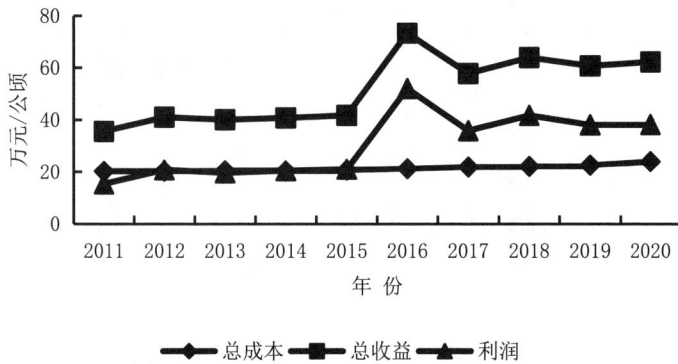

图5-41 2011—2020年花椰菜生产成本与收益变化

资料来源：历年《台湾农业统计年报》

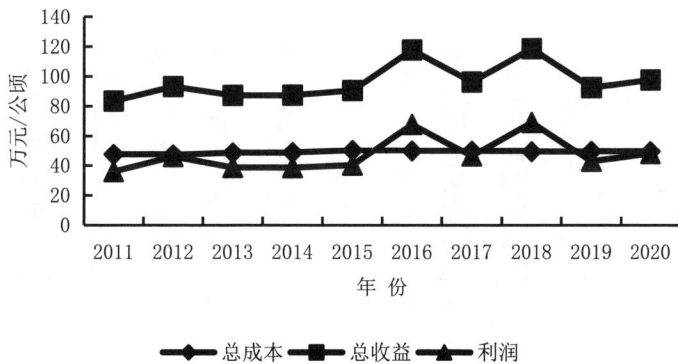

图5-42 2011—2020年花胡瓜生产成本与收益变化

资料来源：历年《台湾农业统计年报》

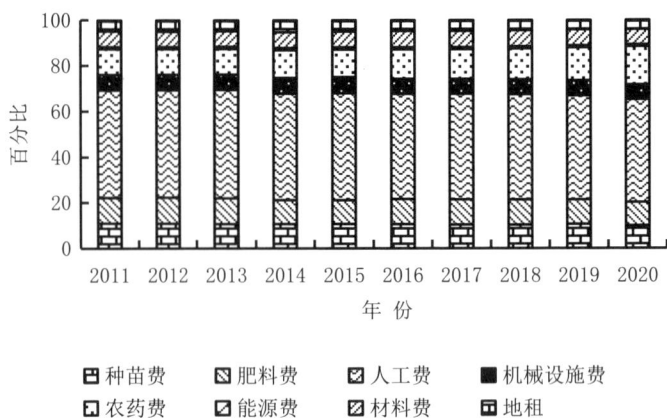

图5-43　2011—2020年花椰菜生产成本结构（％）

资料来源：历年《台湾农业统计年报》

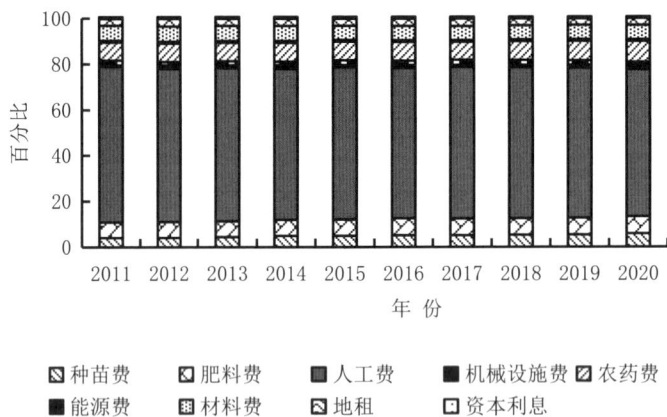

图5-44　2011—2020年花胡瓜生产成本结构（％）

资料来源：历年《台湾农业统计年报》

4 两岸国际竞争力对比

大陆蔬菜的国际市场占有率显著高于台湾。根据图5-45可知，2000—2019年，台湾蔬菜的国际市场占有率极低，且呈现先逐渐下降后保持相对平稳的趋势。2000—2008年国际市场份额从1.24%下降至0.34%，2009—2019年在0.50%至0.65%之间小幅波动。而大陆蔬菜的国际市场占有率总体呈波动上升趋势，其中2003年为最小值15.22%，2016年达到最大值24.15%。

从出口贡献率来看，根据图5-46可知，2000—2019年两岸蔬菜的出口贡献率均很低，但大陆蔬菜的出口贡献率略高于台湾。大陆蔬菜出口贡献率前期逐渐下降，后期相对平稳。2000—2008年贡献率从0.49%逐渐下降至0.21%，2009—2019年在0.20%至0.26%之间小幅波动。而台湾蔬菜贡献率始终低于0.1%，2000—2008年从0.06%逐渐下降至0.02%，2009—2019年基本稳定在0.04%左右。

从贸易竞争力指数来看，大陆蔬菜的贸易竞争力明显强于台湾。根据图5-47可知，2000—2019年，大陆蔬菜具有极强的出口竞争优势，其指数均接近于1。而台湾蔬菜除了2007年和2008年处于出口竞争劣势位置，其他年份均具有一定的出口比较优势，其指数在0.05至0.35之间波动。

从显示性比较优势指数来看，大陆蔬菜的出口比较优势明显强于台湾。根据图5-48可知，2000—2019年，台湾蔬菜的国际竞争力较弱，指数始终小于0.58，而大陆蔬菜总体上具有较强的国际竞争力，其指数在2000—2009年从4.20逐渐下降至1.69，2010—2019年在1.65至2.00之间小幅波动。

从相对贸易优势指数来看，大陆蔬菜的国际竞争力明显强于台湾。

根据图5-49可知，2000—2019年，台湾蔬菜总体上贸易竞争优势不明显，指数在零值左右小幅波动，其中2000年指数为最大值0.41，2007年指数为最小值-0.21。而大陆蔬菜的国际竞争力总体较强，其指数前期逐渐下降，后期相对平稳。2000—2009年指数从最大值4.15逐渐下降至1.67，2010—2019年指数在1.61到1.96之间小幅波动。

综上所述，整体上台湾蔬菜的国际竞争优势不明显，而大陆蔬菜的国际竞争力较强。

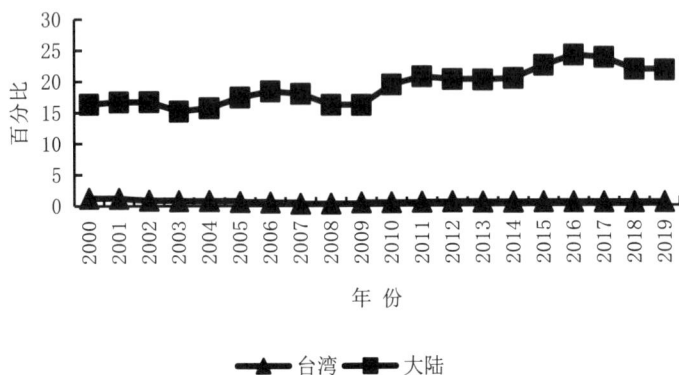

图5-45 2000—2019年大陆与台湾的蔬菜国际市场占有率（％）

资料来源：根据FAOSTAT数据计算所得

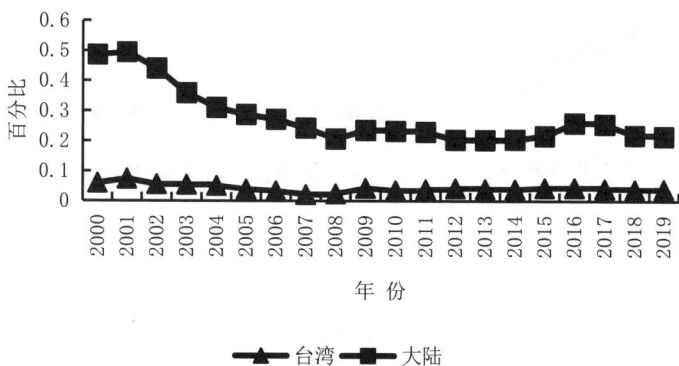

图5-46 2000—2019年大陆与台湾的蔬菜出口贡献率（%）

资料来源：根据FAOSTAT数据计算所得

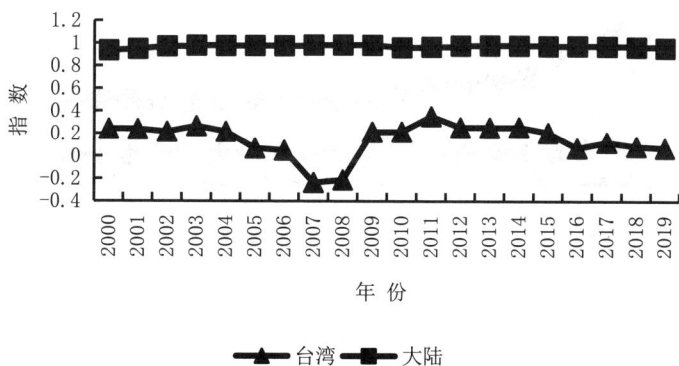

图5-47 2000—2019年大陆与台湾的蔬菜贸易竞争力指数

资料来源：根据FAOSTAT数据计算所得

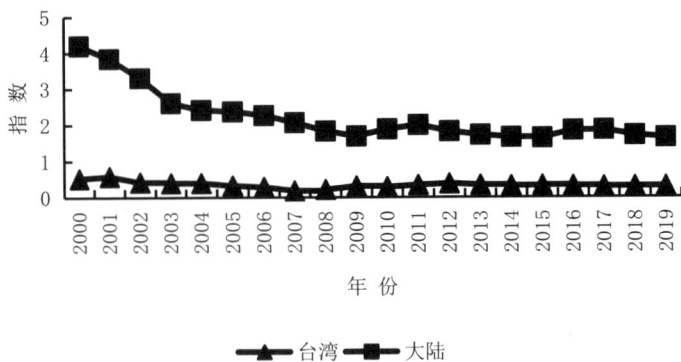

图5-48 2000—2019年大陆与台湾的蔬菜显示性比较优势指数

资料来源：根据FAOSTAT数据计算所得

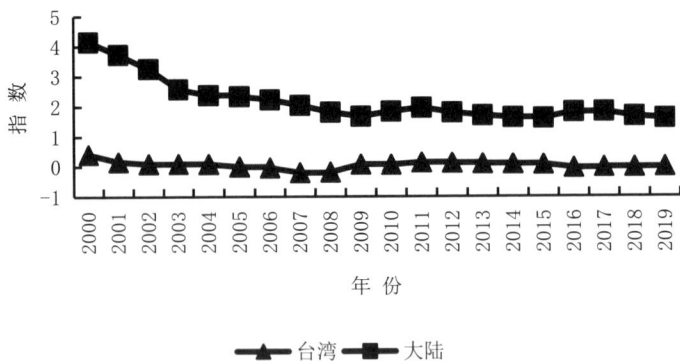

图5-49 2000—2019年大陆与台湾的蔬菜相对贸易优势指数

资料来源：根据FAOSTAT数据计算所得

第 6 章 ｜ 水果产业

1 供求变化分析

1.1 香蕉产业

1.1.1 收获面积稳中有升，单产、总产量波动明显

台湾香蕉的收获面积总体上呈上升趋势，根据图6-1可知，2002—2020年收获面积从0.96万公顷上升到1.50万公顷，增幅为56.35%。具体而言，香蕉收获面积在2002—2005年呈逐渐下降趋势，2005年收获面积降至最小值0.88万公顷。此后香蕉收获面积快速反弹并逐年增加，2010年收获面积增长至1.35万公顷，较2005年增加了0.47万公顷。2017年收获面积增加至最大值1.58万公顷。随后收获面积缓慢下降，2020年降至1.50万公顷。

相对收获面积变化趋势，2002—2020年台湾香蕉产量波动幅度较大。根据图6-2可知，2002—2005年香蕉产量从22.65万吨下降至最小值14.87万吨。2006—2007年产量逐年增加至24.17万吨，后下降至2009年的17.26万吨。2010年香蕉产量大幅增加至28.79万吨，较上一年增长了66.80%。2010—2014年产量变化不大，基本维持在30万吨左右。之后两年产量略有下降，2017年产量大幅增加至35.60万吨，较上一年增长了

38.20%。此后产量变化幅度不大。

2002—2020年台湾香蕉单产的变化趋势与产量相似，其中2009年单产为最小值1.51万公斤/公顷，2020年单产为最大值2.40万公斤/公顷。值得注意的是，单产明显下降时，产量也明显下降。由于收获面积总体上呈平稳增长趋势，可以推断，台湾香蕉产量几次明显减少可能与生产效率下降有关（见图6-3）。

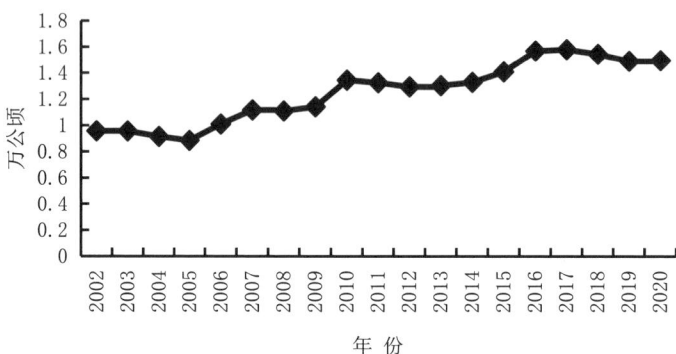

图6-1 2002—2020年台湾香蕉收获面积

资料来源：历年《台湾农业统计年报》

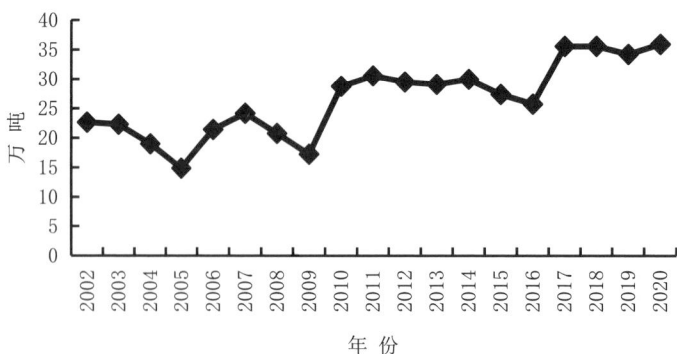

图6-2 2002—2020年台湾香蕉产量

资料来源：历年《台湾农业统计年报》

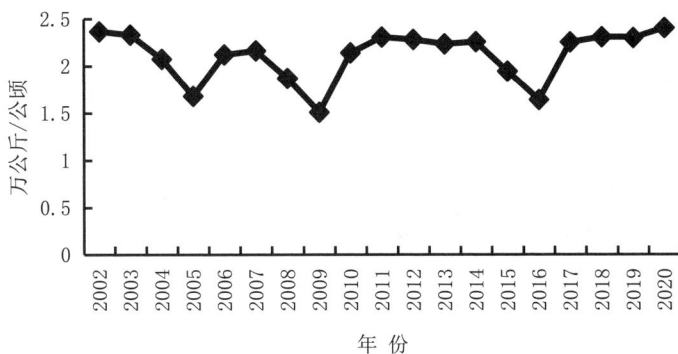

图6-3 2002—2020年台湾香蕉单产

资料来源：历年《台湾农业统计年报》

1.1.2 消费波动增长

台湾香蕉消费量波动明显，总体上呈上升趋势，与产量变化趋势基本一致。根据图6-4可知，2002—2005年，香蕉消费量从201.90千吨不断下降至最小值133.85千吨。之后消费量逐渐增加至2007年的222.29千吨。随后两年消费量逐渐下降至163.88千吨，2010年产量大幅增加至276.59千吨，较上一年增长了68.78%。2010—2014年消费量变化不大，基本稳定在280千吨左右。随后两年消费量略降至256.18千吨，2017年消费量大幅增加至354.92千吨，较上一年增长了38.54%。2017—2020年香蕉消费量变化不大，基本稳定在350千吨左右。

从消费结构来看，台湾香蕉消费主要以食用消费为主。根据图6-5可知，台湾香蕉消费结构由食用消费量、损耗量和饲料用消费量组成。2002—2020年，食用消费量占总消费量的比例始终保持在85%以上。从变化趋势看，2002—2009年食用消费量均小于200千吨，2010—2020年食用消费量均大于200千吨，2020年达到最大值320.31千吨。损耗量是香蕉消费的第二大来源，占总消费量的比例基本保持在10%左右。香蕉饲料用消费量在2007年为9.2千吨，其他年份均为0。

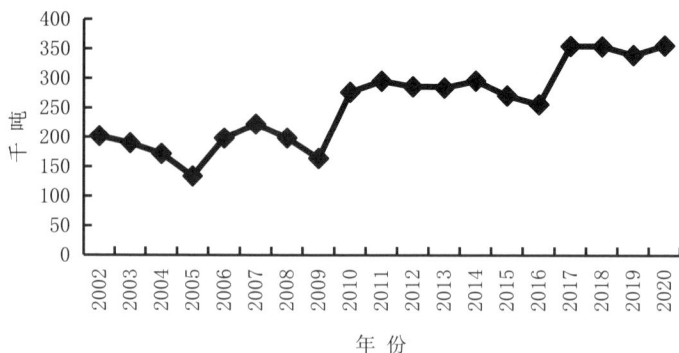

图6-4 2002—2020年台湾香蕉消费量

资料来源：历年《台湾农业统计年报》

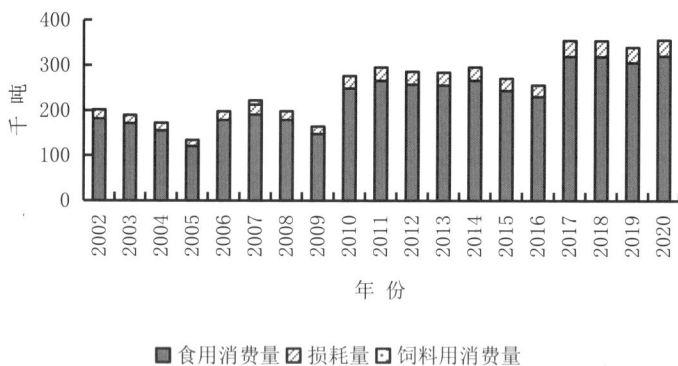

■食用消费量 ▨损耗量 □饲料用消费量

图6-5 2002—2020年台湾香蕉消费结构

资料来源：历年《台湾农业统计年报》

1.1.3 出口量不断下降，基本无进口需求

台湾香蕉出口量总体呈下降趋势，且波动较为明显。根据图6-6可知，台湾香蕉出口量先从2002年的24.8千吨大幅增长至2003年的最大值33.2千吨，随后急剧下降至2005年的15.2千吨，较2003年减少了54.22%。2005—2007年出口量略增至19.4千吨。随后两年出口量又大幅降至8.9千吨，2010年出口量小幅回升至11.3千吨。2010—2017年出口量逐年下降至最小值1.1千吨，下降幅度高达90.27%。2018—2020年出口量逐年小幅回升至3.7千吨。

台湾香蕉基本没有进口需求，其产量可以自给自足。根据图6-6可知，2002年和2004年进口量为0.2千吨，2005年和2006年进口量为0.4千吨，其余年份进口量均为0。

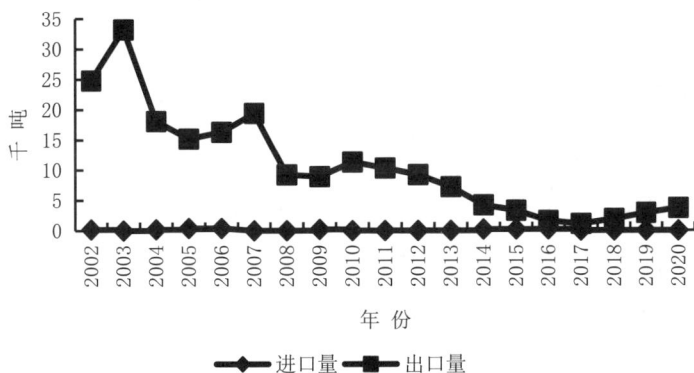

图6-6 2002—2020年台湾香蕉进出口量

资料来源：历年《台湾农业统计年报》

1.2 凤梨产业

1.2.1 收获面积、产量波动明显，单产稳中有升

2002—2020年，台湾凤梨的收获面积发展趋势大致可以分为四个阶段。根据图6-7可知，2002—2007年为上升阶段，从0.91万公顷逐年增长至最大值1.14万公顷；2008—2012年为下降阶段，2012年收获面积逐渐下降至0.82万公顷；2013—2017年为上升阶段，2018—2020年为下降阶段，从0.84万公顷不断下降至最小值0.79万公顷，其中2018年收获面积下降幅度较大，较上一年下降了20%。

台湾凤梨产量波动明显，其变化趋势与收获面积相似。根据图6-8可知，2002—2006年产量总体上呈缓慢上升趋势，从41.63万吨增加至49.16万吨。2007—2012年产量逐年小幅下降至最小值39.22万吨。2013—2017年产量逐年不断增长至最大值55.35万吨。2018年产量大幅下降至43.21万吨，比上一年减少了21.93%。2018—2020年产量进一步下降至41.90万吨。

台湾凤梨单产总体上呈平稳上升趋势。根据图6-9可知，2002—2005年凤梨单产从4.57万公斤/公顷逐渐下降至最小值4.12万公斤/公顷。2006年单产恢复至4.49万公斤/公顷，2007年又略降至4.19万公斤/公顷。2007—2020年单产逐渐增加至最大值5.32万公斤/公顷。结合收获面积变化趋势可以推断，台湾凤梨的生产效率可能有所提升。

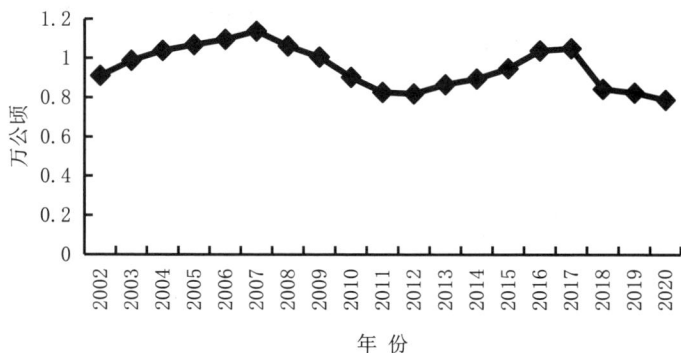

图6-7 2002—2020年台湾凤梨收获面积

资料来源：历年《台湾农业统计年报》

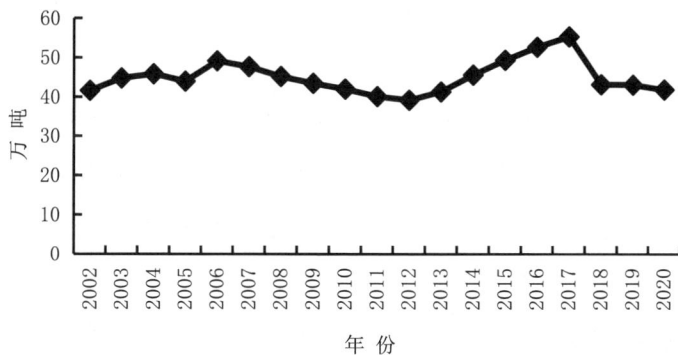

图6-8 2002—2020年台湾凤梨产量

资料来源：历年《台湾农业统计年报》

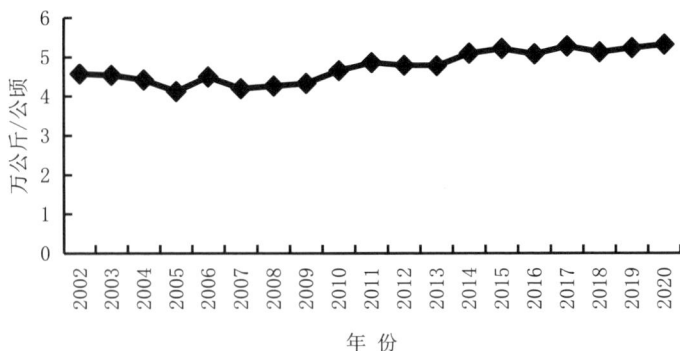

图6-9 2002—2020年台湾凤梨单产

资料来源：历年《台湾农业统计年报》

1.2.2 消费波动明显

台湾凤梨消费量波动较为明显。根据图6-10可知，2002—2020年凤梨消费量变化趋势与产量基本一致。2002—2006年消费量从447.90千吨波动增长至527.45千吨，2007—2012年消费量平稳下降至413.70千吨，2013—2017年消费量逐年上升至最大值558.06千吨，2018—2020年消费量逐渐下降至最小值389.35千吨，其中，2018年消费量出现大幅下降，较上一年下降了24.05%。

从消费结构来看，台湾凤梨消费以食用为主。根据图6-11可知，2002—2020年，食用消费量占总消费量的比例一直稳定在90%左右，因此其变化趋势基本与总消费量一致。损耗量是凤梨消费的另一来源，占总消费量的比例大约为10%。

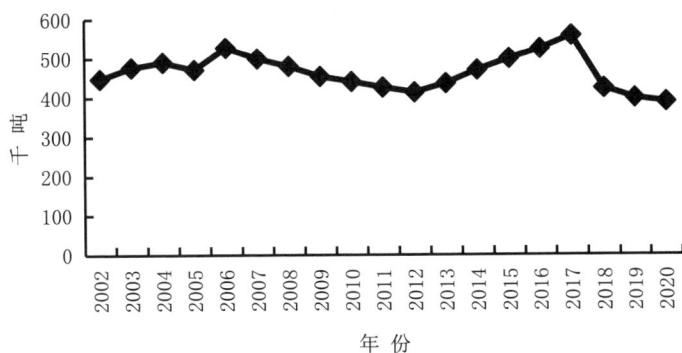

图6-10 2002—2020年台湾凤梨消费量

资料来源：历年《台湾农业统计年报》

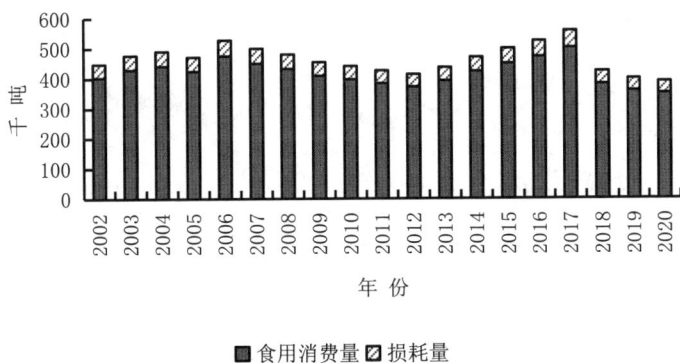

■食用消费量 ▨损耗量

图6-11 2002—2020年台湾凤梨消费结构

资料来源：历年《台湾农业统计年报》

1.2.3 进口量波动明显，出口量阶段性特征明显

台湾凤梨进口量总体上呈波动下降趋势。根据图6-12可知，2002—2006年进口量在31.6千吨至36.9千吨之间小幅波动。2007年进口量大幅下降至24.2千吨，较上一年下降了34.42%。2008—2016年进口量波动幅度加大，在21.8千吨至30.8千吨之间上下波动。2017—2020年进口量从32.8千吨不断下降至最小值17.8千吨，下降幅度为45.73%。

台湾凤梨出口量在2002—2014年均处于10千吨以下的极低水平，之后出口量开始快速增长，到2019年达到最大值54.7千吨，较2014年增长了4倍。2020年出口量略降至47.5千吨。对比而言，2002—2014年凤梨进口量明显大于出口量，2015—2017年进出口量不相上下，2018—2020年出口量大于进口量，且差距不断拉大。

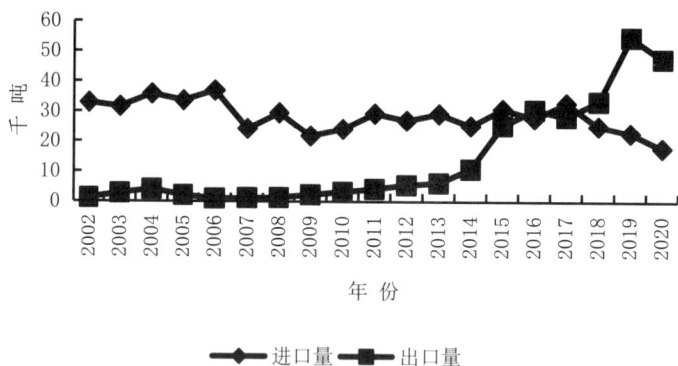

图6-12 2002—2020年台湾凤梨进出口量

资料来源：历年《台湾农业统计年报》

1.3 柑桔类水果产业

1.3.1 收获面积平稳下降,产量小幅波动

台湾柑桔类水果的收获面积整体上呈平稳下降趋势。根据图6-13可知,2002—2007年收获面积基本稳定在3.2万公顷左右,2008—2020年收获面积呈缓慢下降趋势,从3.23万公顷逐渐下降至最小值2.48万公顷,下降幅度为23.22%。台湾柑桔类水果的产量水平变化幅度不大。根据图6-14可知,2002—2020年产量在459.6千吨至563.9千吨之间小幅波动。

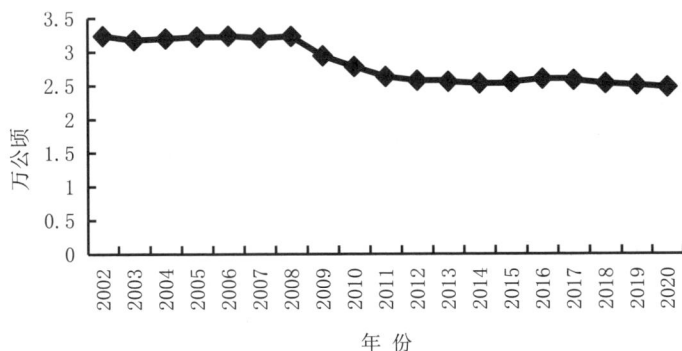

图6-13 2002—2020年台湾柑桔类水果收获面积

资料来源:历年《台湾农业统计年报》

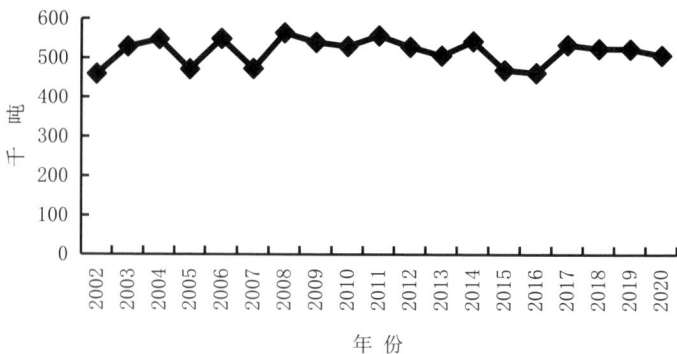

图6-14 2002—2020年台湾柑桔类水果产量

资料来源：历年《台湾农业统计年报》

1.3.2 消费小幅波动

台湾柑桔类水果消费量变化不大，其变化趋势与产量基本一致。根据图6-15可知，2002—2004年消费量从最小值474.3千吨逐年增加至564.7千吨，2005—2008年消费量波动幅度加大，在484.9千吨至578.9千吨之间上下波动。2009—2014年消费量呈现相对平稳状态，在535.8千吨至581.5千吨之间小幅波动。2015年消费量明显下降至493.7千吨，较上一年下降了13.9%。随后两年，消费量逐渐回升至584.2千吨，2018—2020年消费量逐步缓慢下降至536.0千吨。

从消费结构来看，台湾柑桔类水果消费以食用为主。根据图6-16可知，食用消费量占总消费量的比例基本保持在90%左右，因此其变化趋势与总消费量基本一致。损耗量是柑桔类水果消费的另一来源，其占总消费量的比例稳定在10%左右。

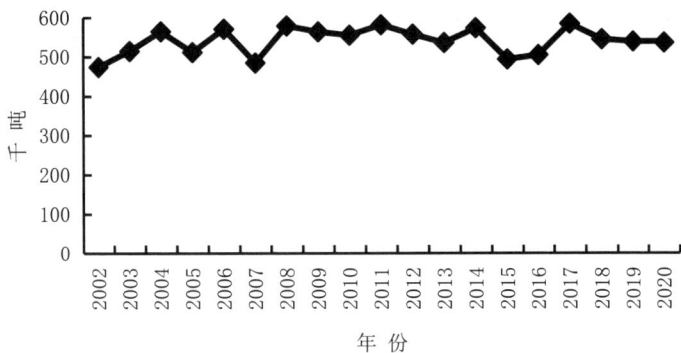

图6-15 2002—2020年台湾柑桔类水果消费量

资料来源：历年《台湾农业统计年报》

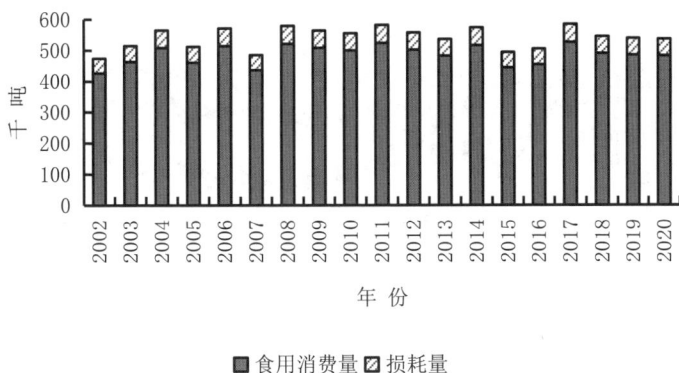

■ 食用消费量 ▨ 损耗量

图6-16 2002—2020年台湾柑桔类水果消费结构

资料来源：历年《台湾农业统计年报》

1.3.3 进出口量波动明显

台湾柑桔类水果的进出口量变化较大。根据图6-17可知，进口量先从2002年的55.7千吨下降至2003年的51.3千吨，随后逐年上升至2005年的64.2千吨。2005—2007年进口量连续快速下降至最小值42.9千吨，下降幅度为33.18%。2008年进口量回升至52.9千吨，2008—2014年进口量呈现相对平稳状态。2015—2017年进口量大幅增长至最大值75.8千吨，增长幅度为60.59%。2018年进口量又大幅下跌至52.8千吨，较上一年下降了30.34%。2019年进口量回升至62.7千吨，2020年略降至59.2千吨。

柑橘类水果出口量总体呈现先降后升的趋势。出口量先从2002年的41.0千吨增加至2003年的最大值65.6千吨，2003—2005年出口量陡降至23.9千吨，下降幅度为63.57%。2006—2008年出口量逐渐回升至37.9千吨，之后又不断下降至2012年的最小值 17.7千吨。2012—2016年出口量基本稳定在20千吨左右的低水平，随后出口量开始不断回升，2019年增长至47.2千吨，较2016年增长了1.26倍。2020年出口量下降至30.7千吨。

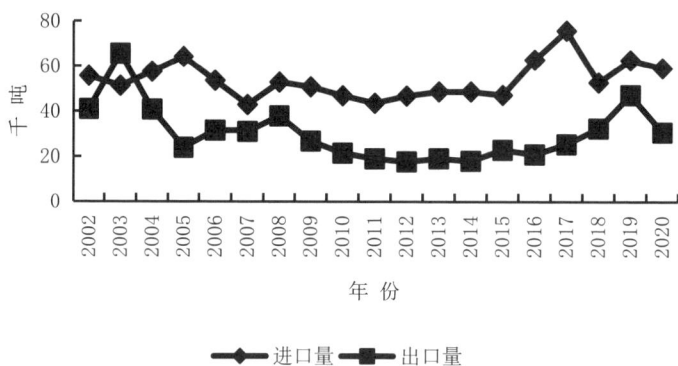

图6-17 2002—2020年台湾柑桔类水果进出口量

资料来源：历年《台湾农业统计年报》

1.4 瓜果类水果产业

1.4.1 产量前期快速下降，后期小幅波动减少

台湾瓜果类水果产量总体上呈波动下降趋势，且下降速度由快转慢。根据图6-18可知，2002—2020年，瓜果类水果产量从583.1千吨波动下降至217.6千吨，下降幅度为62.68%。分阶段看，2002—2005年产量快速下降至306.1千吨，下降幅度为47.50%。此后产量变化幅度较小。2006年产量小幅度回升至351.2千吨，随后两年又下降至275.8千吨。2008—2011年产量逐年缓慢上升至324.4千吨。2012—2020年产量呈现小幅波动下降趋势，2020年降至最小值217.6千吨。

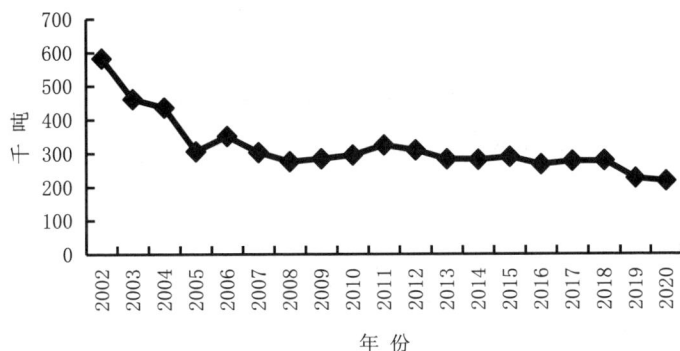

图6-18 2002—2020年台湾瓜果类水果产量

资料来源：历年《台湾农业统计年报》

1.4.2 消费波动减少

台湾瓜果类水果消费量总体呈波动下降趋势，其变化情况与产量基本一致。根据图6-19可知，2002—2005年消费量从最大值584.8千吨快

速下降至324.2千吨，下降幅度为44.56%。2006年消费量略增至354.7千吨，随后两年下降至280.9千吨。2008—2011年消费量又逐年小幅回升至326.7千吨，2012—2020年消费量小幅波动下降至最小值219.6千吨。

从消费结构来看，台湾瓜果类水果消费以食用消费为主。根据图6-20可知，2002—2020年，食用消费量占总消费量的比例一直保持在90%左右，因此其变化趋势与总消费量基本一致，从526.3千吨波动下降至197.6千吨。损耗量是瓜果类水果消费的另一来源，从2002年的58.5千吨下降至2020年的22.0千吨，其占总消费量的比例稳定在10%左右。

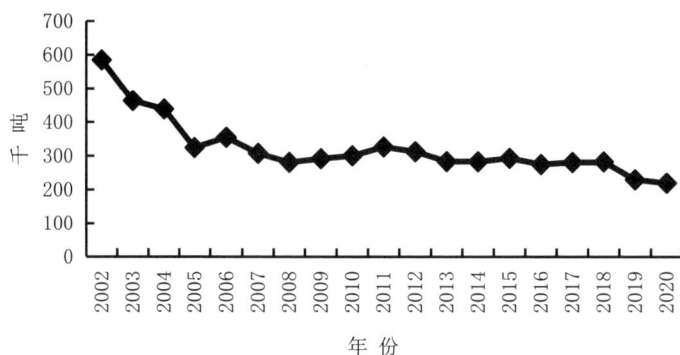

图6-19 2002—2020年台湾瓜果类水果消费量

资料来源：历年《台湾农业统计年报》

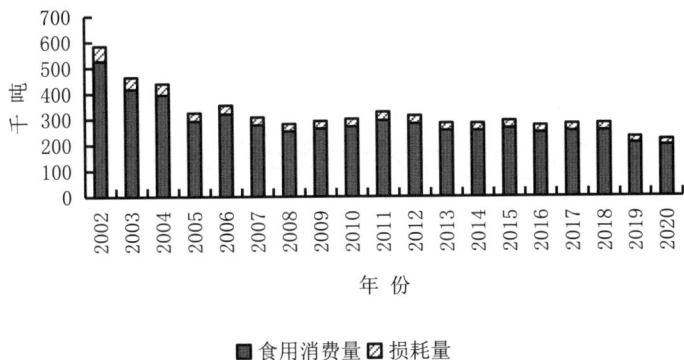

图6-20 2002—2020年台湾瓜果类水果消费结构

资料来源：历年《台湾农业统计年报》

1.4.3 进口量波动明显，出口需求低

台湾瓜果类水果进口量波动幅度较大。根据图6-21可知，2002—2005年进口量从1.9千吨逐年增长至最大值18.3千吨。值得注意的是，2005年进口量出现迅猛增长，较上一年增长了近6倍，但2006年，进口量又大幅回落至3.6千吨。2006—2009年进口量逐年小幅上升至7.7千吨，2010—2013年进口量快速波动下降至最小值1.3千吨，下降幅度为77.19%。随后进口量连续快速增长，到2016年增长至7.9千吨，较2013年增长了5倍。2016—2020年进口量逐渐下降至3.1千吨。

台湾瓜果类水果出口量极少，前期保持平稳，后期有所增长。根据图6-21可知，2002—2017年出口量均不超过0.2千吨，之后出口量呈平稳增长趋势，到2020年增加至1.1千吨，但仍处于低水平。

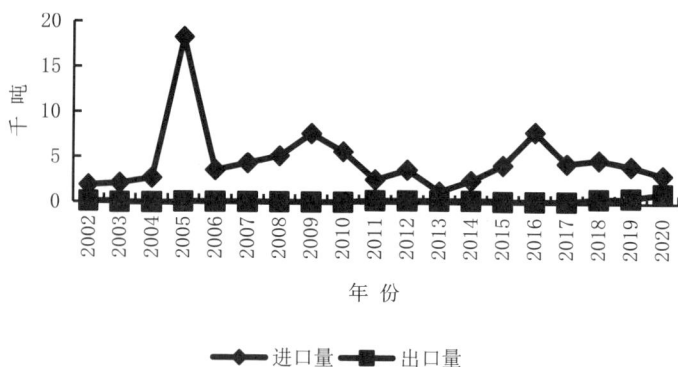

图6-21 2002—2020年台湾瓜果类水果进出口量

资料来源：历年《台湾农业统计年报》

2 未来市场发展走势判断

2.1 香蕉产业预测

根据表6-1可知，台湾香蕉的收获面积、产量和总消费量预计未来五年先小幅减少，后稳步增长。收获面积、产量和总消费量将先从2021年的14932公顷、322.67千吨和321.49千吨分别略降至2022年的14739公顷、312.89千吨和312.07千吨，随后逐年小幅增长至2025年的15444公顷、340.57千吨和339.70千吨。香蕉进口量预计未来五年继续保持极低水平，总体呈逐渐下降趋势，将从2021年的117吨逐渐下降至2025年的40吨。香蕉出口量预计未来五年呈现"减—增—减"的趋势，将先从2021年的1.30千吨减少至2022年的0.95千吨，随后两年逐步增加至1.79千吨，2025年又减至0.93千吨。

表6-1 2021—2025年香蕉产业预测值

年 份	收获面积 （公顷）	产 量 （千吨）	进口量 （吨）	出口量 （千吨）	总消费量 （千吨）
2021	14932	322.67	117	1.30	321.49
2022	14739	312.89	141	0.95	312.07
2023	15341	335.91	31	1.47	334.50
2024	15356	336.93	25	1.79	335.20
2025	15444	340.57	40	0.93	339.70

资料来源：根据历年《台湾农业统计年报》数据计算所得

2.2 凤梨产业预测

根据表6-2可知，2021—2025年凤梨收获面积预计将在7579公顷至8534公顷之间上下波动。凤梨产量预计未来五年总体呈波动下降趋势，将从2021年的409.07千吨下降至2025年的370.96千吨，下降幅度为9.32%。凤梨消费量也呈波动下降趋势，但各年份之间变化幅度不大，到2025年消费量预计为355.99千吨，比2021年下降5.96%。凤梨进出口量预计未来五年总体上呈波动下降趋势。进口量将从2021年的18.82千吨下降至2025年的16.34千吨，下降幅度为13.17%。出口量将从2021年的49.38千吨下降至2025年的31.31千吨，下降幅度为36.59%，其中2024年凤梨出口量比2023年增加21.11%，原因可能在于2024年凤梨产量比2023年有较大幅度增加。

表6-2 2021—2025年凤梨产业预测值

年 份	收获面积 （公顷）	产 量 （千吨）	进口量 （千吨）	出口量 （千吨）	总消费量 （千吨）
2021	8534	409.07	18.82	49.38	378.57
2022	7587	401.35	17.60	49.22	369.76
2023	8164	381.90	15.41	40.28	357.05
2024	7579	397.16	16.99	48.79	365.38
2025	7918	370.96	16.34	31.31	355.99

资料来源：根据历年《台湾农业统计年报》数据计算所得

2.3 柑桔类水果产业预测

根据表6-3可知，台湾柑桔类水果的收获面积预计未来五年在2.74万公顷至3.02万公顷之间上下波动，2025年收获面积将为2.91万公顷，与2021年基本持平。柑桔类水果的产量和总消费量预计未来五年呈现先减后增的趋势，将分别从2021年的490.22千吨和514.34千吨逐步减少至2023年的463.10千吨和480.33千吨，随后逐年增长至2025年的516.50千吨和539.82千吨。柑桔类水果的进出口量预计未来五年变化不大，进口量将在59.60千吨至64.59千吨之间小幅波动，出口量将在36.29千吨至46.34千吨之间小幅波动。

表6-3 2021—2025年柑桔类水果产业预测值

年 份	收获面积 （万公顷）	产 量 （千吨）	进口量 （千吨）	出口量 （千吨）	总消费量 （千吨）
2021	2.92	490.22	64.58	40.84	514.34
2022	2.76	482.11	59.60	36.29	505.51
2023	3.02	463.10	63.37	46.34	480.33
2024	2.74	485.81	64.59	39.48	511.04
2025	2.91	516.50	59.95	36.78	539.82

资料来源：根据历年《台湾农业统计年报》数据计算所得

2.4 瓜果类水果产业预测

根据表6-4可知，瓜果类水果产量和总消费量预计未来五年呈现先减后增的趋势，将分别从2021年的270.54千吨和275.44千吨连续减少至2024年的219.52千吨和228.68千吨，2025年有所回升，分别为267.76千吨和271.57千吨，略低于2021年的水平。瓜果类水果进口量预计未来五年波动幅度较大，2021年预计为5.12千吨，2024年上升至10.07千吨，比2021年增长近1倍，其进口量大幅度增加的原因可能是2024年产量较低，2025年进口量又将大幅度下降至4.28千吨。与产量和消费量相反，瓜果类水果出口量预计未来五年呈现先增后减的趋势，将从2021年的0.25千吨连续增加至2024年的0.89千吨，2025年回降至0.46千吨。

表6-4 2021—2025年瓜果类水果产业预测值（单位：千吨）

年 份	产 量	进口量	出口量	总消费量
2021	270.54	5.12	0.25	275.44
2022	257.57	6.34	0.55	263.35
2023	244.27	5.63	0.78	249.08
2024	219.52	10.07	0.89	228.68
2025	267.76	4.28	0.46	271.57

资料来源：根据历年《台湾农业统计年报》数据计算所得

3 成本收益分析

3.1 生产成本构成与收益比较

台湾主要水果的生产总成本由高到低依次为：木瓜、凤梨、柠檬、椪柑、香蕉、洋香瓜、文旦柚、桶柑、西瓜。根据表6-5和表6-6可知，2020年，木瓜和凤梨的生产总成本均超过500000元/公顷，其中木瓜生产总成本高达639156元/公顷；西瓜的生产总成本最低，为168038元/公顷；桶柑和文旦柚的生产总成本相似，分别为303538元/公顷和314149元/公顷；洋香瓜和香蕉的生产总成本相似，分别为369449元/公顷和372186元/公顷；椪柑和柠檬的生产总成本均超过400000元/公顷，分别为434448元/公顷和474851元/公顷。

从生产成本构成来看，根据表6-5和表6-6可知，2020年，对于香蕉，人工费是生产成本的主要来源，为186819元/公顷，占生产总成本的比例高达50.2%；其次是肥料费和材料费，分别为48577元/公顷和45263元/公顷，占生产总成本的比例分别为13.05%和12.16%；地租和农药费分别为28909元/公顷和25945元/公顷，占总成本的比例分别为7.77%和6.97%；其他成本费用占总成本的比例均低于5%。对于凤梨，人工费同样是生产成本的主要来源，为186292元/公顷，占总成本的比例为35.47%；种苗费也较高，为124844元/公顷，占总成本的比例为23.77%；肥料费为72056元/公顷，占总成本的比例为13.72%；地租为50678元/公顷，占总成本的比例为9.65%；机械包工费为36410元/公顷，占总成本的比例为6.93%；其他成本费用占总成本的比例均低于5%。对于柑桔类水果，四种主要水果的人工费占总成本的比例均超过50%，其次为肥料费和农药费，三项成本合计占总成本的比例均超过80%。值得注意的是，柑桔类水果的机械化投入水平为零。对于瓜果类水果，与其他水果相同，人工费是西瓜和洋香瓜的主要生产成本，分别为74942元/公顷和103469元/公顷，占总成本的比例分别为44.60%和28.01%，但是木瓜的人工费较低，占总成本的比例仅为5.27%；木瓜的农用设施费较高，占总成本的比例为25.16%，而西瓜和洋香瓜的农用设施费所占比例均低于1%；西瓜和木瓜的肥料费和农药费占总成本的比例较高，均大于15%，而洋香瓜其费用所占比例小于10%；洋香瓜的种苗费和能源费占总成本的比例均大于10%，而西瓜和木瓜其费用所占比例小于10%；其他成本费用占总成本的比例均较低，其中西瓜的购水费、木瓜的材料费为零。

从收益和利润来看，根据表6-5和表6-6可知，2020年，台湾主要水果总收益由高到低依次为：木瓜、文旦柚、凤梨、洋香瓜、柠檬、椪柑、桶柑、香蕉、西瓜，而利润由高到低依次为：文旦柚、木瓜、凤梨、洋香瓜、桶柑、椪柑、柠檬、西瓜、香蕉。由此可知，木瓜和凤梨的总成本虽然很高，但总收益和利润也很高；文旦柚的利润最高，主要是由于高收益和低成本带来的；椪柑和柠檬的利润较低，主要是由于较低的收益和较高的成本导致的。值得注意的是，过低的总收益导致香蕉的利润为负。

表6-5 2020年香蕉、凤梨和瓜果类水果的生产成本与收益

类 别	香 蕉（元／公顷）	占比	凤 梨（元／公顷）	占比	瓜果类（元／公顷）					
					西 瓜	占比	洋香瓜	占比	木 瓜	占比
生产总成本	372183	占比	525255	占比	168038	占比	369449	占比	639156	占比
种苗费	13813	3.71%	124844	23.77%	14950	8.90%	50820	13.76%	45275	7.08%
肥料费	48577	13.05%	72056	13.72%	27088	16.12%	31313	8.48%	171208	26.79%
人工费	186819	50.20%	186292	35.47%	74942	44.60%	103469	28.01%	33707	5.27%
机械包工费	11437	3.07%	36410	6.93%	11644	6.93%	67986	18.40%	36981	5.79%
农药费	25945	6.97%	20716	3.94%	31184	18.56%	15469	4.19%	129469	20.26%
能源费	4174	1.12%	3617	0.69%	2396	1.43%	46953	12.71%	12803	2.00%
材料费	45263	12.16%	20245	3.85%	10352	6.16%	31254	8.46%	0	0.00%
购水费	0	0.00%	218	0.04%	0	0.00%	343	0.09%	127	0.02%
农用设施费	2680	0.72%	3073	0.59%	368	0.22%	1421	0.38%	160796	25.16%
农机具费	3215	0.86%	4311	0.82%	509	0.30%	1078	0.29%	1935	0.30%
地 租	28909	7.77%	50678	9.65%	9327	5.55%	18968	5.13%	41549	6.50%
资本利息	1351	0.36%	2795	0.53%	228	0.14%	375	0.10%	5306	0.83%
总收益	338420		959075		241827		683724		1662670	
利 润	−33763		433820		58838		379287		720215	

表6-6 2020年柑桔类水果的生产成本与收益

类 别	柑桔类（元／公顷）							
	椪 柑	占比	柠 檬	占比	文旦柚	占比	桶 柑	占比
生产总成本	434448	占比	474851	占比	314149	占比	303538	占比
种苗费	18035	4.15%	27930	5.88%	11752	3.74%	18784	6.19%
肥料费	70693	16.27%	69449	14.63%	57808	18.40%	40831	13.45%
人工费	219568	50.54%	256419	54.00%	166811	53.10%	167290	55.11%
机械包工费	0	0.00%	0	0.00%	0	0.00%	0	0.00%
农药费	84008	19.34%	66423	13.99%	39235	12.49%	48834	16.09%
能源费	7304	1.68%	7414	1.56%	4213	1.34%	3935	1.30%
材料费	0	0.00%	4081	0.86%	2309	0.74%	0	0.00%
购水费	400	0.09%	0	0.00%	0	0.00%	0	0.00%
农用设施费	4708	1.08%	3838	0.81%	2795	0.89%	2291	0.75%
农机具费	4147	0.95%	3824	0.81%	2741	0.87%	2169	0.71%
地 租	23970	5.52%	33737	7.10%	25349	8.07%	18282	6.02%
资本利息	1615	0.37%	1736	0.37%	1136	0.36%	1122	0.37%
总收益	590677		594178		1372279		515951	
利 润	156229		119326		1058130		212413	

3.2 成本收益变化趋势

3.2.1 香 蕉

根据图6-22可知，2011—2020年，香蕉总收益整体上呈先升后降的趋势，先从2011年的43.07万元/公顷上升至2016年的最大值79.63万元/公顷，之后逐渐下降至2020年的最小值33.84万元/公顷。香蕉总成本相对平稳，总体呈现先降后升的趋势，先从2011年的40.39万元/公顷缓慢下降至2016年的最小值30.52万元/公顷，随后逐渐回升至2020年的37.22万元/公顷。由于总成本的变化不大，香蕉利润的变化趋势与总收益基本一致，其中，2016年达到最大值49.11万元/公顷。值得注意的是，2020年总成本大于总收益，导致香蕉经营亏本，利润降至-3.38万元/公顷。

从生产成本结构上看，根据图6-23可知，2011—2020年，香蕉的人工费占总成本的比例呈先减后增的趋势，先从2011年的50.22%不断减少至2016年的47.10%，之后逐渐增长至2020年的50.20%；材料费占总成本的比例总体呈现先增后减的趋势，先从2011年的14.98%逐年增加至2013年的15.36%，之后缓慢减少至2020年的12.16%；地租占总成本的比例呈小幅波动趋势，其中2016年为最大值8.84%，2013年为最小值6.02%；种苗费占总成本的比例总体呈先增后减的趋势，先从2011年的5.85%逐渐增长至2015年的6.16%，之后逐渐减少至2020年的3.71%；其他成本费用占总成本的比例变化不大。

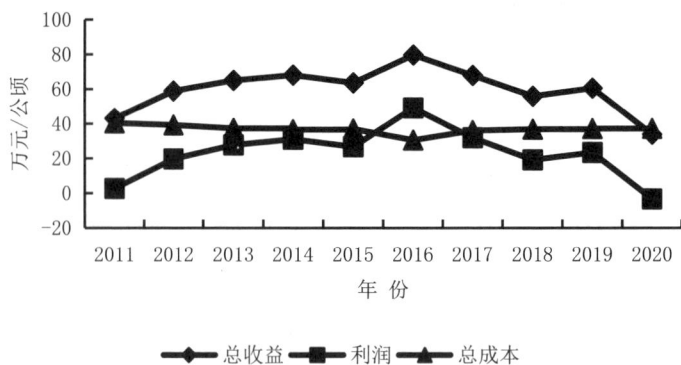

图6-22 2011—2020年香蕉生产成本与收益变化

资料来源：历年《台湾农业统计年报》

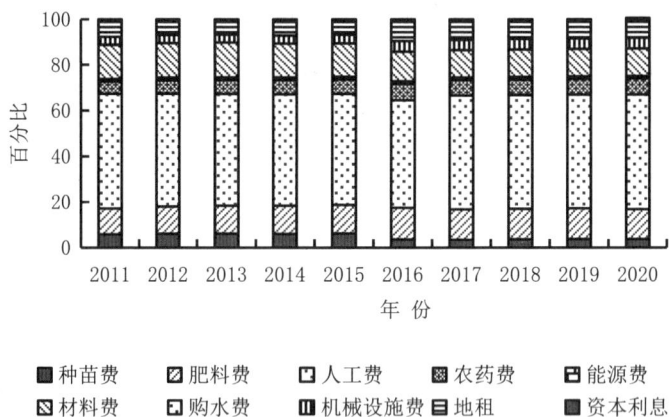

图6-23 2011—2020年香蕉生产成本结构（%）

资料来源：历年《台湾农业统计年报》

3.2.2 凤梨

根据图6-24可知，凤梨的总收益呈先增后减的趋势。2011—2016年总收益从91.75万元/公顷增加至最大值129.19万元/公顷，增长幅度为40.81%；随后总收益逐年减少至2020年的95.91万元/公顷。凤梨的总成本呈缓慢增长趋势，从2011年的44.06万元/公顷增长至2020年的52.53万元/公顷。由于总成本相对平稳，凤梨的利润变化趋势与总收益基本一致，先从2011年的47.70万元/公顷增长至2016年的最大值80.10万元/公顷，随后逐渐下降至2020年的最小值43.38万元/公顷。

从生产成本结构上看，根据图6-25可知，2011—2020年，凤梨的地租、机械设施费、人工费和种苗费占总成本的比例呈现较明显的变化趋势，其他成本费用所占比例基本保持不变。地租所占比例呈逐渐下降趋势，从2011年的9.01%下降至2020年的7.47%；人工费所占比例也呈逐渐下降趋势，从2011年的30.53%下降至2020年的27.46%；相反地，机械设施费所占比例呈逐渐上升趋势，从2011年的25.78%上升至2020年的29.03%；种苗费所占比例也呈逐渐上升趋势，从2011年的15.02%上升至2020年的18.40%。

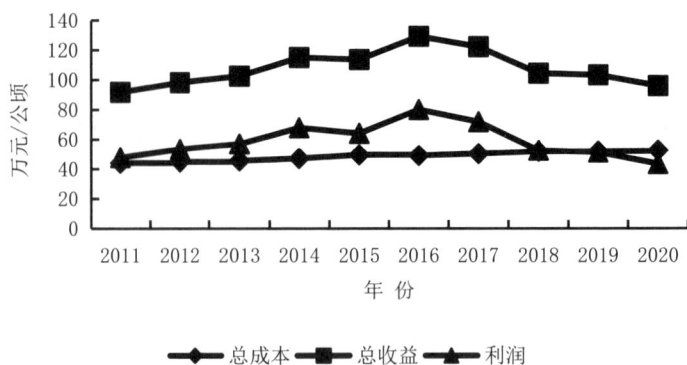

图6-24 2011—2020年凤梨生产成本与收益变化

资料来源：历年《台湾农业统计年报》

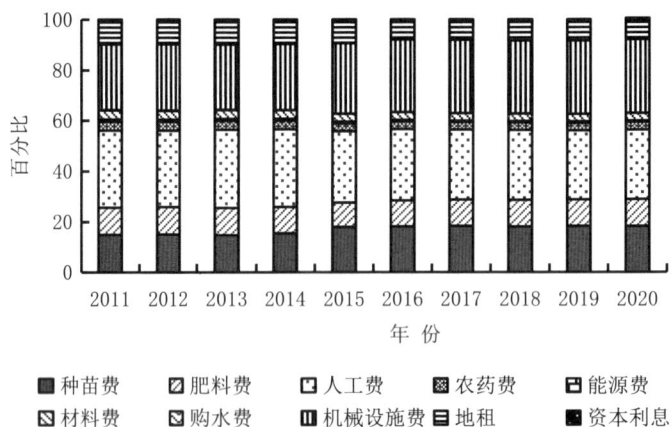

图6-25 2011—2020年凤梨生产成本结构（%）

资料来源：历年《台湾农业统计年报》

3.2.3 柑桔类水果

3.2.3.1 桶 柑

根据图6-26可知，2011—2020年，桶柑总收益波动较明显，先从2011年的54.94万元/公顷略降至2013年的50.40万元/公顷，随后不断增长至2015年的最大值61.91万元/公顷；2016年，总收益突降至最小值41.20万元/公顷，较上一年下降了33.45%，2017年回升至50.06万元/公顷，随后两年又略降至45.09万元/公顷，2020年回升至51.60万元/公顷。桶柑总成本相对稳定，总体略有增长，从2011年的27.29万元/公顷增长至2020年的30.35万元/公顷。由于总成本变化不大，桶柑利润的变化趋势与总收益基本一致，其中2015年为最大值34.80万元/公顷，2016年为最小值14.63万元/公顷。

从生产成本结构上看，根据图6-27可知，2011—2020年，桶柑的农药费占总成本的比例总体略有增长，从2011年的11.58%上升至2020年的13.54%；地租占总成本的比例呈先升后降的趋势，先从2011年的4.94%逐渐上升至2015年的6.34%，随后逐渐下降至2020年的5.07%；其他成本费用占总成本的比例变化不大。

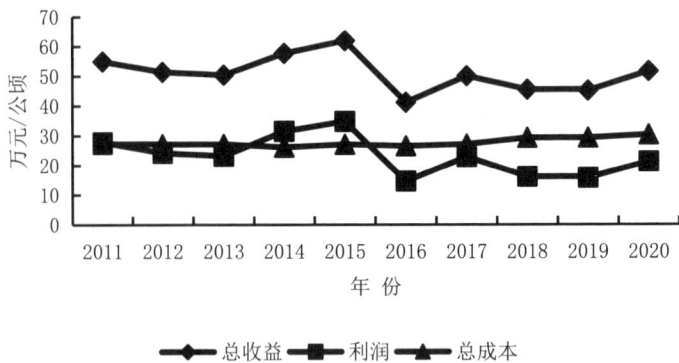

图6-26 2011—2020年桶柑生产成本与收益变化

资料来源：历年《台湾农业统计年报》

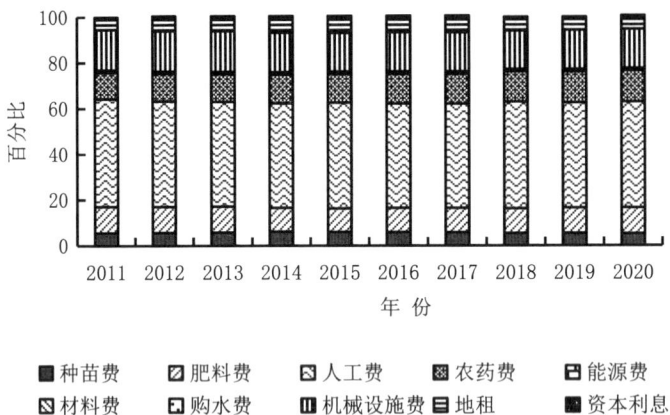

图6-27 2011—2020年桶柑生产成本结构（%）

资料来源：历年《台湾农业统计年报》

3.2.3.2 椪柑

根据图6-28可知，2017—2020年，椪柑总收益呈先升后降的趋势，先从2017年的最小值49.55万元/公顷逐年增长至2019年的最大值62.01万元/公顷，2020年略降至59.06万元/公顷。椪柑总成本在平稳中略有增长，从2017年的40.25万元/公顷缓慢增长至2020年的43.44万元/公顷。由于总成本变化不大，椪柑利润变化趋势与总收益相似，其中2018年为最大值21万元/公顷，2017年为最小值9.29万元/公顷。

从生产成本结构上看，根据图6-29可知，2011—2020年，椪柑的地租、农药费和种苗费占总成本的比例略有下降，其中，地租所占比例从2011年的9.33%下降至2020年的8.07%，农药费所占比例从2011年的13.75%下降至2020年的12.49%，种苗费所占比例从2011年的4.35%下降至2020年的3.74%；其他成本费用占总成本的比例变化不大。

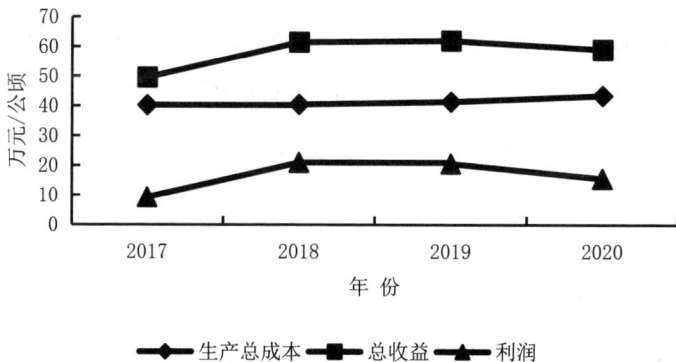

图6-28 2017—2020年椪柑生产成本与收益变化

资料来源：历年《台湾农业统计年报》

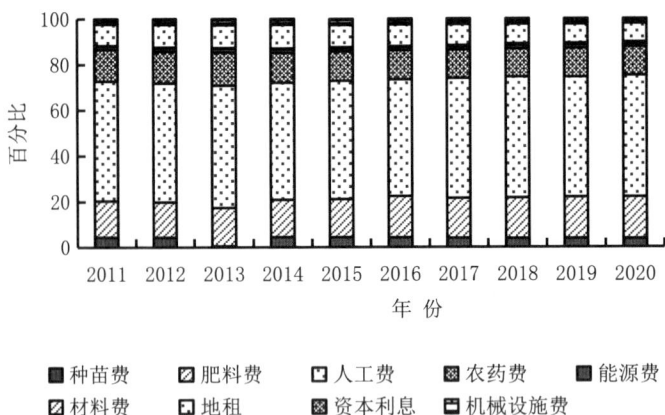

图6-29 2011—2020年椪柑生产成本结构（%）

资料来源：历年《台湾农业统计年报》

3.2.3.3 文旦柚

根据图6-30可知，2011—2020年，文旦柚的总收益总体上呈逐渐上升趋势，从2011年的最小值71.94万元/公顷上升至2020年的最大值137.23万元/公顷，值得注意的是，2016年总收益有所下降，较上一年下降了7.99万元/公顷。文旦柚的总成本相对稳定，基本保持在28万元/公顷左右。由于总成本变化不大，文旦柚利润变化趋势与总收益基本一致，从2011年的最小值45.88万元/公顷增长至2020年的最大值105.81万元/公顷。

从生产成本结构上看，根据图6-31可知，2011—2020年，文旦柚的地租占总成本的比例呈先增后减的趋势，先从2011年的9.33%逐渐增长至2014年的10.28%，之后逐渐减少至2020年的8.07%；文旦柚的农药费占总成本的比例略有下降，从2011年的13.75%下降至2020年的12.49%；文旦柚的肥料费占总成本的比例略有上升，从2011年的16.02%上升至2020年的18.40%；其他成本费用占总成本的比例变化不大。

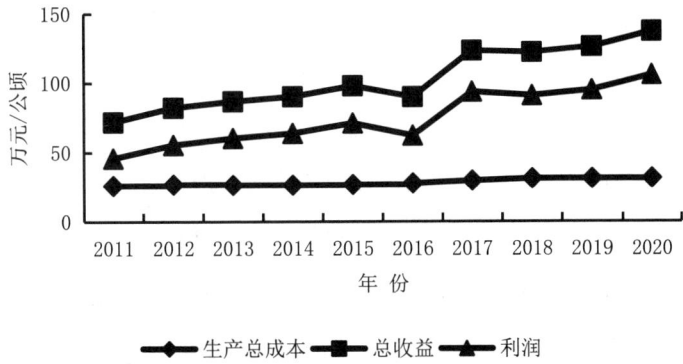

图6-30 2011—2020年文旦柚生产成本与收益变化

资料来源：历年《台湾农业统计年报》

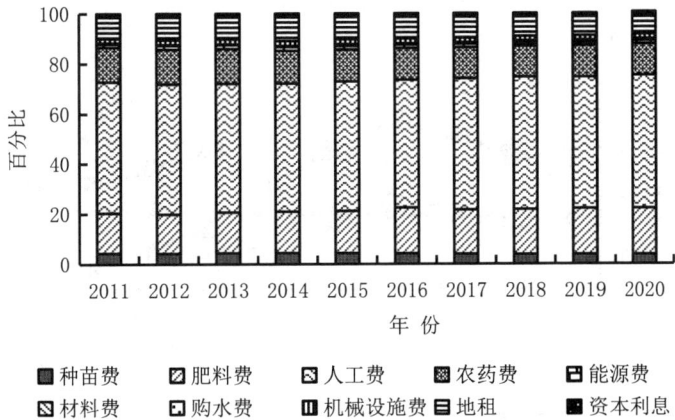

图6-31 2011—2020年文旦柚生产成本结构（%）

资料来源：历年《台湾农业统计年报》

3.2.3.4 柠檬

根据图6-32可知,2011—2020年,柠檬总收益整体上呈现波动下降的趋势,先从2011年的76.25万元/公顷逐渐上升至2014年的最大值98.19万元/公顷,随后两年不断下降至61.28万元/公顷,2017年又回升至80.58万元/公顷,之后逐渐下降至2020年的59.42万元/公顷。柠檬总成本在平稳中略有增长,从2011年的41.36万元/公顷增长至2020年的47.31万元/公顷。由于总成本变化不大,柠檬利润的变化趋势与总收益基本一致,其中2014年为最大值54.55万元/公顷,2019年为最小值11.82万元/公顷。

从生产成本结构上看,根据图6-33可知,2011—2020年,柠檬的农药费占总成本的比例呈小幅上升趋势,从2011年的11.30%上升至2020年的13.99%;肥料费占总成本的比例略有下降,从2011年的15.34%下降至2020年的14.63%;其他成本费用占总成本的比例变化不大。

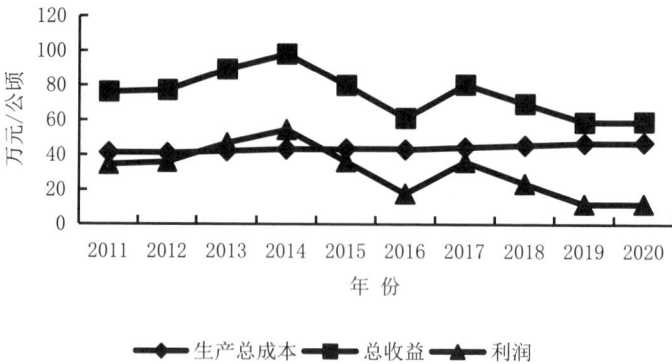

图6-32 2011—2020年柠檬生产成本与收益变化

资料来源: 历年《台湾农业统计年报》

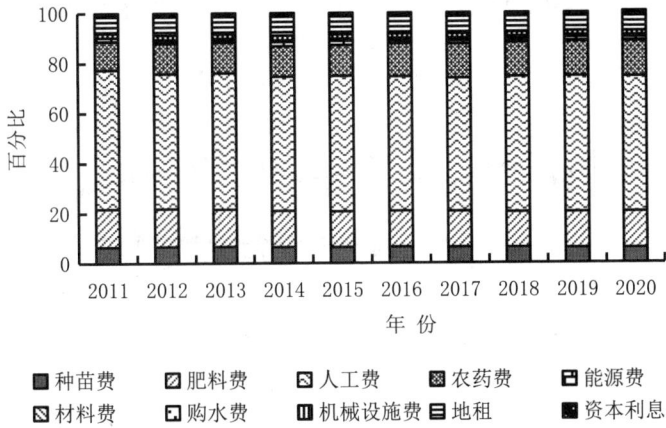

图6-33 2011—2020年柠檬生产成本结构（%）

资料来源：历年《台湾农业统计年报》

3.2.4 瓜果类水果

3.2.4.1 西 瓜

根据图6-34可知，2011—2020年，西瓜总收益前期波动明显，后期呈逐渐下降趋势，2011—2015年总收益在27.76万元/公顷至34.73万元/公顷之间上下波动，2016—2020年总收益从32.84万元/公顷逐年下降至最小值24.18万元/公顷。西瓜总成本在平稳中略有增长，从2011年的17.41万元/公顷增长至2020年的18.30万元/公顷。由于总成本变化不大，西瓜利润的变化趋势与总收益基本一致，其中2014年为最大值17.16万元/公顷，2020年为最小值5.88万元/公顷。

从生产成本结构上看，根据图6-35可知，2011—2020年，西瓜的地租和人工费占总成本的比例呈小幅下降的趋势，其中地租所占比例从2011年的6.24%下降至2020年的5.10%，人工费所占比例从2011年的43.27%下降至2020年的40.95%；农药费占总成本的比例呈小幅上升趋势，从2011年的14.73%上升至2020年的17.04%；其他成本费用占总成本的比例变化不大。

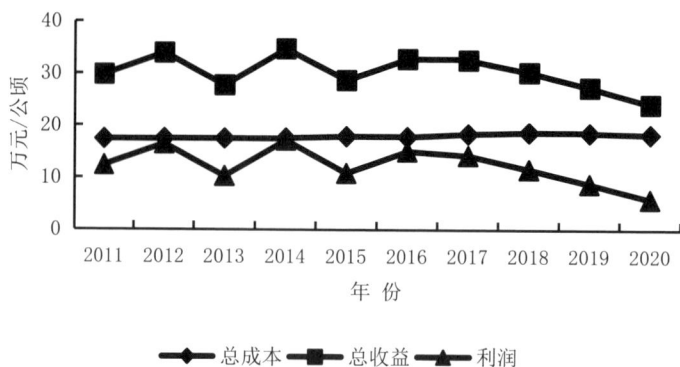

图6-34 2011—2020年西瓜生产成本与收益变化

资料来源：历年《台湾农业统计年报》

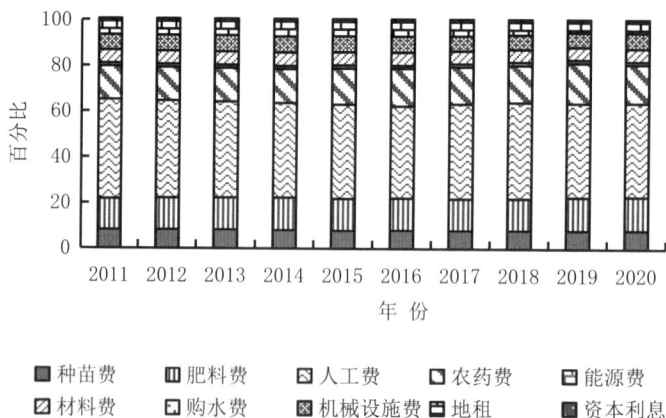

图6-35 2011—2020年西瓜生产成本结构（%）

资料来源：历年《台湾农业统计年报》

3.2.4.2 洋香瓜

根据图6-36可知，2011—2020年，洋香瓜总收益波动明显，先从2011年的67万元/公顷略降至2012年的62.93万元/公顷，随后连续上升至2014年的最大值84.88万元/公顷，2015年回落至70.61万元/公顷，2015—2017年略增至76.46万元/公顷，2018—2019年又逐年下降至64.22万元/公顷，2020年回升至68.37万元/公顷。洋香瓜总成本保持平稳，总体略有增长，从2011年的27.05万元/公顷增长至2020年的30.44万元/公顷。由于总成本变化不大，洋香瓜利润变化趋势与总收益基本一致，其中2014年为最大值56.81万元/公顷，2019年为最小值34.45万元/公顷。

从生产成本结构上看，根据图6-37可知，2011—2020年，洋香瓜的人工费占总成本的比例略有下降，从2011年的35.81%下降至2020年的33.99%；机械设施费占总成本的比例除了2016年出现较大幅度增长外，基本保持在6%左右；其他成本费用占总成本的比例变化不大。

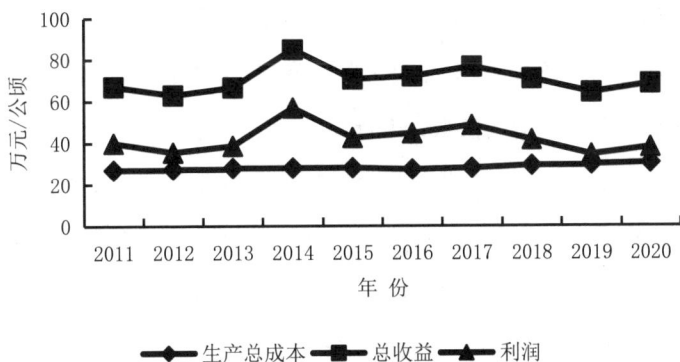

图6-36 2011—2020年洋香瓜生产成本与收益变化

资料来源：历年《台湾农业统计年报》

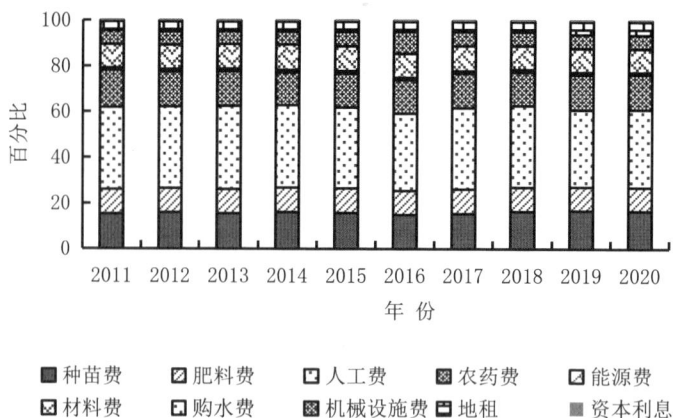

图6-37 2011—2020年洋香瓜生产成本结构（%）

资料来源：历年《台湾农业统计年报》

3.2.4.3 木 瓜

根据图6-38可知，2011—2020年，木瓜总收益波动明显，先从2011年的146.63万元/公顷逐渐上升至2014年的最大值181.89万元/公顷，2015年下降至157.26万元/公顷，随后两年连续回升至171.07万元/公顷，2018年下降至最小值143.65万元/公顷，之后逐年上升至2020年的166.27万元/公顷。木瓜总成本的变化趋势分成两个阶段：2011—2013年总成本基本稳定在65万元/公顷左右，2014年总成本明显增长至95.61万元/公顷，之后基本稳定在这一水平。木瓜利润除了2014年与总收益呈反方向变化，其变化趋势与总收益基本相似，其中2013年为最大值114.26万元/公顷，2018年为最小值51.97万元/公顷。

从生产成本结构上看，根据图6-39可知，2011—2020年，木瓜的农药费、肥料费和机械设施费占总成本的比例呈逐渐上升趋势，其中农药费所占比例从2011年的10.92%上升至2020年的13.74%，肥料费所占比例从2011年的15.25%上升至2020年的18.17%，机械设施费所占比例从2011年的4.07%上升至2020年的21.19%，值得注意的是，机械设施费所占比例在2014年以前不超过5%，之后大幅增长至19%以上；人工费占总成本的比例呈逐渐下降趋势，从2011年的46.49%下降至2020年的35.76%；材料费占总成本的比例在2011—2013年保持在11%左右，之后材料费降为0；其他成本费用占总成本的比例变化不大。

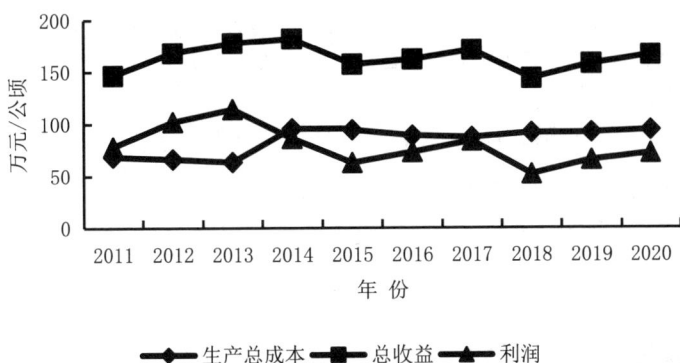

图6-38 2011—2020年木瓜生产成本与收益变化

资料来源：历年《台湾农业统计年报》

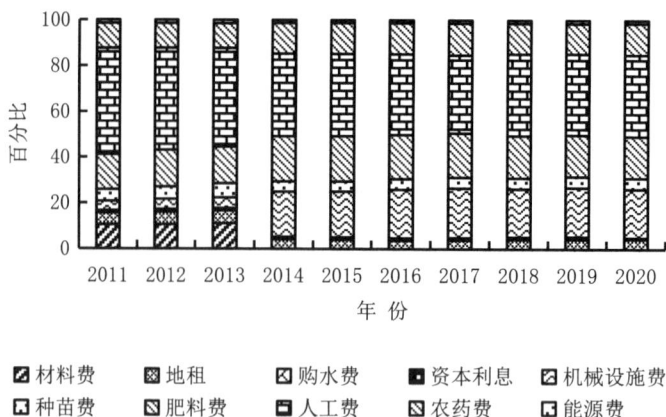

图6-39 2011—2020年木瓜生产成本结构（%）

资料来源：历年《台湾农业统计年报》

4 两岸国际竞争力对比

4.1 香蕉产业

从国际市场占有率来看，根据图6-40可知，2000—2020年，两岸香蕉的国际市场占有率均处于低水平，且前期台湾香蕉国际市场份额高于大陆香蕉，后期大陆香蕉国际市场份额高于台湾香蕉。台湾香蕉国际市场占有率总体上呈逐渐下降趋势，2000—2005年台湾香蕉国际市场份额从最大值0.72%快速波动下降至0.19%，2006年小幅回升至0.27%，2006—2017年逐渐下降至最小值0.02%，之后小幅回升至2020年的0.05%。而大陆香蕉的国际市场占有率相对平稳，整体呈现"增—减—增—减"的趋势，先从2000年的0.06逐渐增长至2003年的0.15%，2003—2014年缓慢减少至最小值

0.04%，之后逐年增长至2019年的0.17%，2020年略减至0.12%。对比而言，2000—2014年台湾香蕉国际市场占有率高于大陆香蕉，且两者差距不断缩小，2015年开始，大陆香蕉国际市场份额超过台湾香蕉，且两者差距先拉大后缩小。

从出口贡献率来看，根据图6-41可知，2000—2020年，台湾香蕉出口贡献率极低，始终处于0.0001%以下。相对而言，大陆香蕉出口贡献率明显高于台湾香蕉，但仍然处于低水平且波动较大，先从2000年的0.001%快速上升至2001年的0.002%，2001—2014年出口贡献率逐渐波动下降至最小值0.0002%，之后不断回升至2019年的0.0009%，2020年又略降至0.0006%。

从贸易竞争力指数来看，根据图6-42可知，2000—2020年，台湾香蕉出口优势远高于大陆香蕉。台湾香蕉贸易竞争力指数均趋近于1或等于1，说明香蕉基本上只出口不进口，具有极强的出口竞争优势。而大陆香蕉贸易竞争力指数基本趋近于-1，处于很强的出口竞争劣势地位。

从显示性比较优势指数来看，根据图6-43可知，2000—2020年，两岸香蕉不具有出口比较优势，但台湾香蕉竞争力强于大陆香蕉。大陆香蕉的指数变化不大，始终小于0.05，而台湾香蕉的指数变化幅度较大，从2000年的0.30快速波动下降至2005年的0.10，2006年指数回升至0.14，之后逐渐下降至2020年的0.02。由此可知，两岸香蕉显示性比较优势指数的差距总体上不断缩小，2016年之后基本处于同一水平。

从相对贸易优势指数来看，根据图6-44可知，2000—2020年，台湾香蕉的国际竞争力明显强于大陆香蕉。台湾香蕉贸易具有比较优势，其指数均大于0，且总体上呈缓慢下降趋势，从2000年的0.30下降至2020年的0.02。而大陆香蕉贸易不具有比较优势，其指数始终小于0，且波动较大，先从2000年的-0.79上升至2004年的-0.18，2004—2013年指数保持相对平稳，2014年指数出现大幅下降，比2013年减少0.32。2015—2017年指数逐步回升至-0.37，随后两年又逐步降至-0.65，2020年回升至-0.51。由此可知，两岸香蕉的相对贸易优势指数差距总体上先缩小后扩大。

综上所述，台湾香蕉具有较强的国际竞争力，而大陆香蕉的国际竞争力较弱。

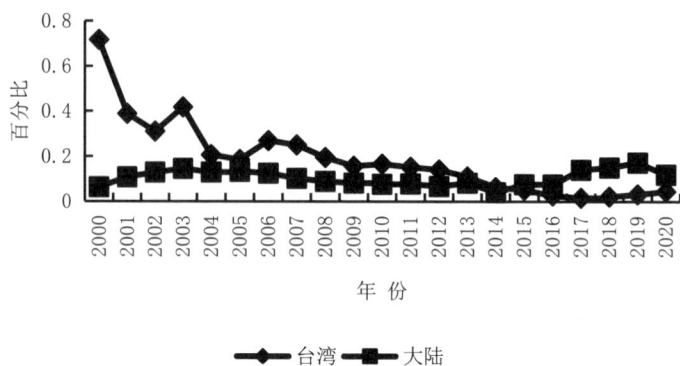

图6-40 2000—2020年大陆与台湾的香蕉国际市场占有率（%）

资料来源：根据FAOSTAT数据计算所得

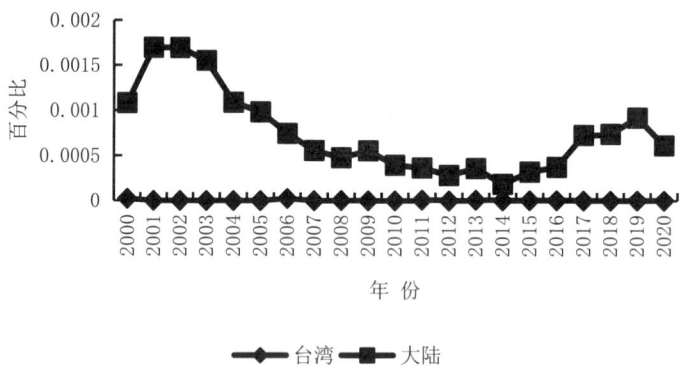

图6-41 2000—2020年大陆与台湾的香蕉出口贡献率（%）

资料来源：根据FAOSTAT数据计算所得

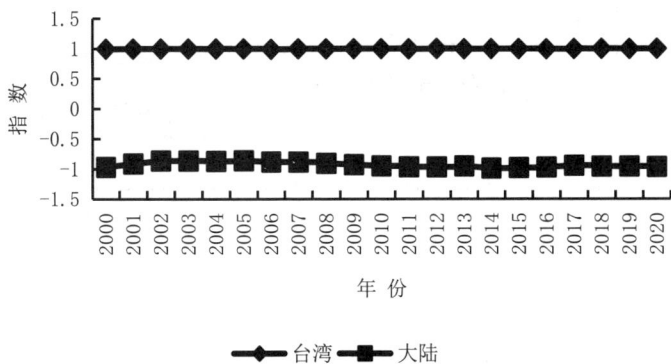

图6-42 2000—2020年大陆与台湾的香蕉贸易竞争力指数

资料来源：根据FAOSTAT数据计算所得

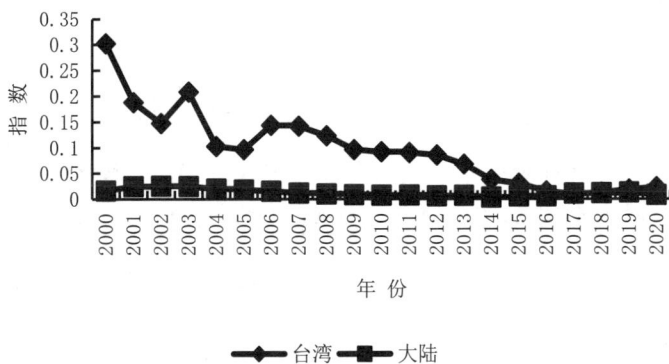

图6-43 2000—2020年大陆与台湾的香蕉显示性比较优势指数

资料来源：根据FAOSTAT数据计算所得

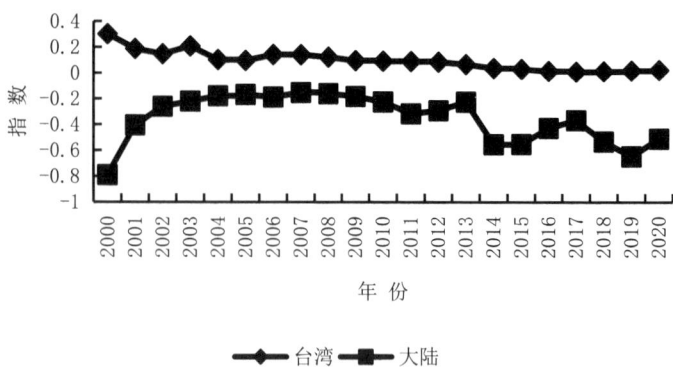

图6-44 2000—2020年大陆与台湾的香蕉相对贸易优势指数

资料来源：根据FAOSTAT数据计算所得

4.2 凤梨产业

从国际市场占有率来看，根据图6-45可知，2000—2012年，两岸凤梨的国际市场占有率基本持平，均小于0.2%，处于极低水平。2013—2020年，台湾凤梨国际市场占有率呈明显上升趋势，从0.14%上升至2.72%，而大陆凤梨国际市场占有率仍保持相对平稳状态，与台湾凤梨国际市场占有率的差距逐渐拉大。

从出口贡献率来看，根据图6-46可知，2000—2020年，大陆凤梨出口贡献率极低，始终保持在0.0003%左右。相对而言，2000—2011年台湾凤梨出口贡献率与大陆凤梨基本持平，2012—2020年出口贡献率快速增长至0.016%，明显高于大陆凤梨的出口贡献率，且二者差距不断扩大。

从贸易竞争力指数来看，根据图6-47可知，2000—2020年，台湾凤梨总体上具有很强的出口竞争优势，而大陆凤梨前期具有出口比较优势，后期转入出口比较劣势地位。台湾凤梨贸易竞争力指数可以分为三个阶段：2000—2005年指数均趋近于1，具有极强的出口比较优势；2006—2014年指数波动明显，在0.47至0.93之间上下波动，总体表现出较强的出口比较优势；2015—2020年指数缓慢增长，不断趋近于1，再次呈现出极强的出口比较优势。而大陆凤梨贸易竞争力指数总体呈现先升再降最后保持平稳的趋势，2000—2006年大陆凤梨具有出口比较优势，指数先从0.11上升至2003年的最大值0.87，随后逐年下降至零值，2007年开始转入出口比较劣势，指数先继续下降至2008年的-0.72，之后保持相对平稳状态。对比而言，台湾凤梨贸易竞争力指数始终高于大陆凤梨，且二者差距先逐渐缩小后不断扩大。

从显示性比较优势指数来看，根据图6-48可知，2000—2020年，大陆凤梨贸易竞争力非常弱，指数始终保持在0.1以下。台湾凤梨的指数在2000—2010年基本与大陆凤梨持平，之后指数呈现快速增长趋势，2015年指数开始大于0.8，从出口比较劣势地位转入出口比较优势地位，且贸易竞争力不断增强，与大陆凤梨的贸易竞争力差距不断扩大。

从相对贸易优势指数来看，根据图6-49可知，2000—2006年两岸凤梨的相对贸易优势指数基本处于同一水平。2007—2020年两岸凤梨的指数出现截然相反的变化，二者差距不断拉大。台湾凤梨的指数逐渐上升，具有比较优势，且竞争力不断增强，而大陆凤梨的指数不断下降，不具有比较优势，且竞争力越来越弱。

综上所述，台湾凤梨产业在国际市场上的竞争优势较大，与大陆凤梨产业的贸易竞争力差距也越来越大。

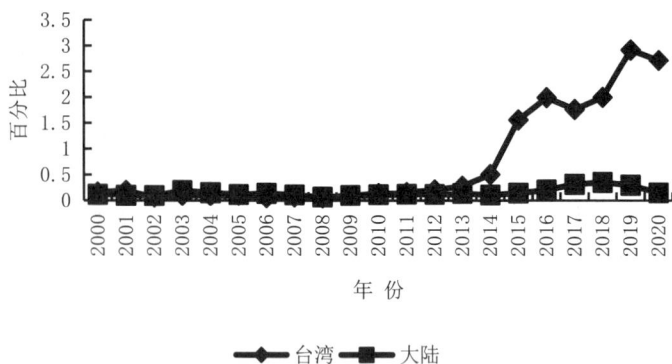

图6-45 2000—2020年大陆与台湾的凤梨国际市场占有率（%）

资料来源：根据FAOSTAT数据计算所得

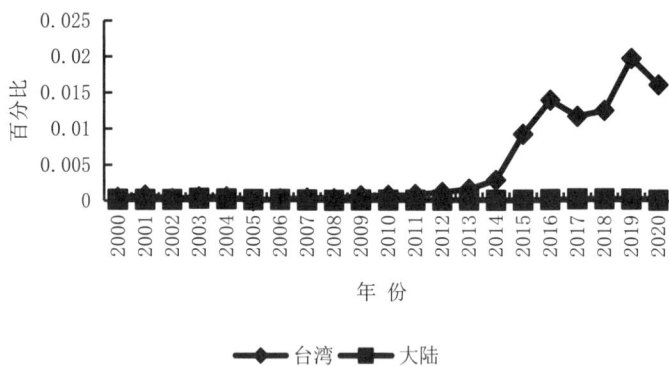

图6-46 2000—2020年大陆与台湾的凤梨出口贡献率（%）

资料来源：根据FAOSTAT数据计算所得

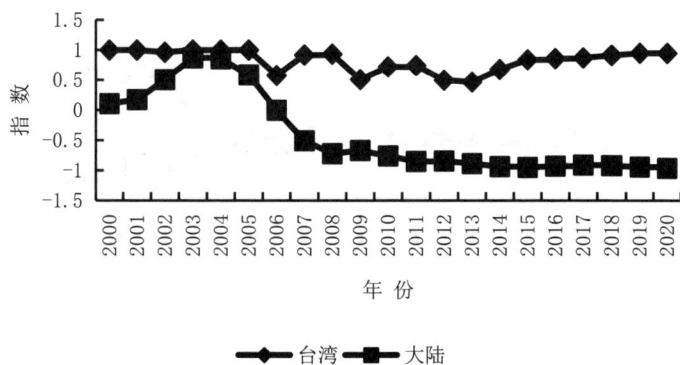

图6-47 2000—2020年大陆与台湾的凤梨贸易竞争力指数

资料来源：根据FAOSTAT数据计算所得

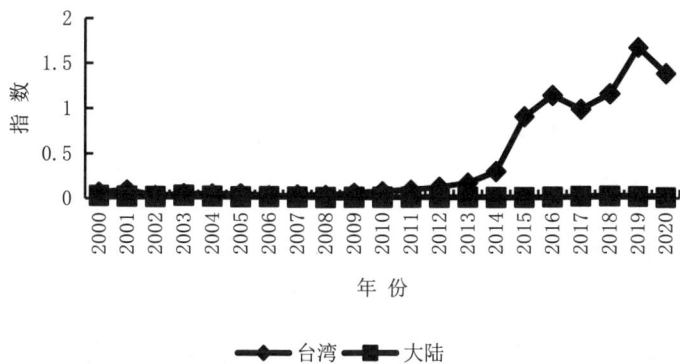

图6-48 2000—2020年大陆与台湾的凤梨显示性比较优势指数

资料来源：根据FAOSTAT数据计算所得

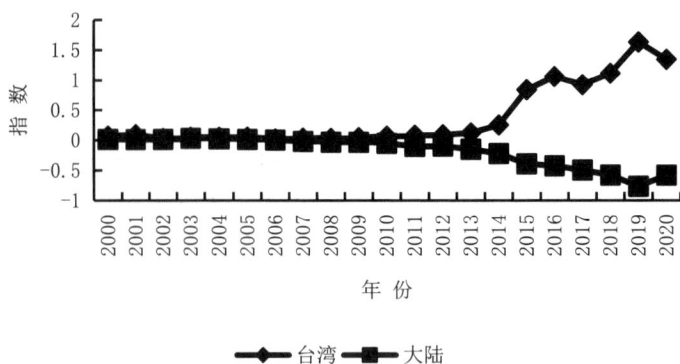

图6-49 2000—2020年大陆与台湾的凤梨相对贸易优势指数

资料来源：根据FAOSTAT数据计算所得

4.3 柑桔类水果产业

从国际市场占有率来看，根据图6-50可知，2000—2020年，台湾柑桔类水果的国际市场占有率始终处于极低水平，稳定在0.2%以下。而大陆柑桔类水果的国际市场占有率在2000—2007年相对平稳，处于1%以下的较低水平，2008—2018年国际市场份额不断增长，从0.73%增长至最大值4.81%，随后两年有所回落。由此可知，大陆柑桔类水果的国际占有率明显高于台湾柑桔类水果，且二者差距不断拉大。

从出口贡献率来看，根据图6-51可知，2000—2020年，台湾柑桔类水果的出口贡献率一直处于极低水平，总体呈缓慢增长趋势，但始终不超过0.004%。而大陆柑桔类水果的出口贡献率总体呈逐渐增长趋势，但仍处于低水平且波动较大，从2000年的0.0004%增长至2020年的0.016%。对比而言，大陆柑桔类水果出口贡献率始终高于台湾柑桔类水果，且二者差距不断扩大。

从贸易竞争力指数来看，根据图6-52可知，2000—2020年，台湾柑桔类水果不具有出口竞争优势，但总体上贸易竞争力逐渐增强，指数从-0.99增长至-0.24。而大陆柑桔类水果的贸易竞争力总体呈现先增后减的趋势，2000—2006年指数小于0，不具有出口竞争优势，但竞争力不断增强，指数从-0.93增长至-0.11；2007—2016年大陆柑桔类水果进入出口竞争优势地位，但指数总体呈波动下降趋势，从0.37降至0.11；2017年大陆柑桔类水果又转入出口竞争劣势地位，指数降至-0.15，之后逐步回升至2019年的-0.06，2020年指数进一步增至0.02。对比而言，大陆柑桔类水果的贸易竞争力始终高于台湾柑桔类水果，且二者差距先不断扩大后逐渐缩小。

从显示性比较优势指数来看，根据图6-53可知，2000—2020年，两岸柑桔类水果均不具有出口比较优势，国际竞争力较弱。台湾柑桔类水果的指数总体呈缓慢增长趋势，但一直保持在0.1以下。大陆柑桔类水果的指数总体呈逐渐增长趋势，2000—2009年指数从0.01逐年增长至0.26，2010—2020年指数波动较大，其中2011年为最小值0.19，2019年为最大值0.35。对比而言，大陆柑桔类水果的国际竞争力始终高于台湾柑桔类水果，且二者差距逐渐扩大。

从相对贸易优势指数来看，根据图6-54可知，2000—2020年，台湾柑桔类水果不具有比较优势，指数均小于0，但整体呈波动增长趋势。而大陆柑桔类水果的指数总体呈现先增后减的趋势，2000—2006年指数呈不断增长趋势但小于0，不具有贸易比较优势；2007—2016年指数基本大于0，具有贸易比较优势，但波动较大，其中2009年为最大值0.15；2017年指数突降至-0.05，此后虽然逐步增长，但仍小于0，不具有比较优势。对比而言，大多数年份大陆柑桔类水果的国际竞争力强于台湾柑桔类水果，且二者差距先逐渐扩大后不断缩小。

综上所述，大陆柑桔类水果在国际市场上具有一定的竞争优势，而台湾柑桔类水果的国际竞争力较弱。

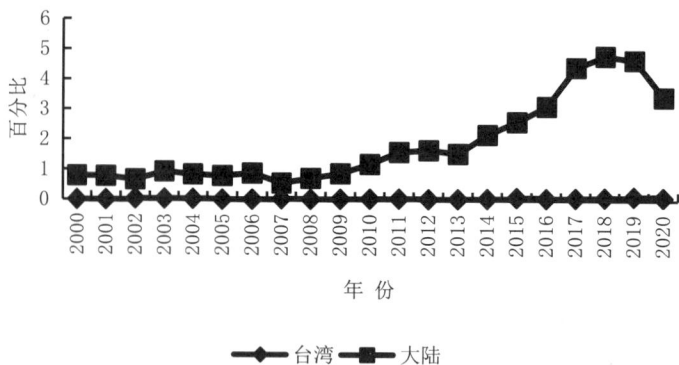

图6-50 2000—2020年大陆与台湾的柑橘类水果国际市场占有率（%）

资料来源：根据FAOSTAT数据计算所得

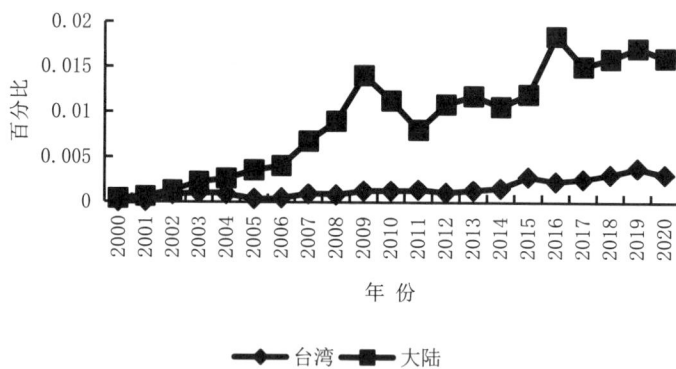

图6-51 2000—2020年大陆与台湾的柑橘类水果出口贡献率（%）

资料来源：根据FAOSTAT数据计算所得

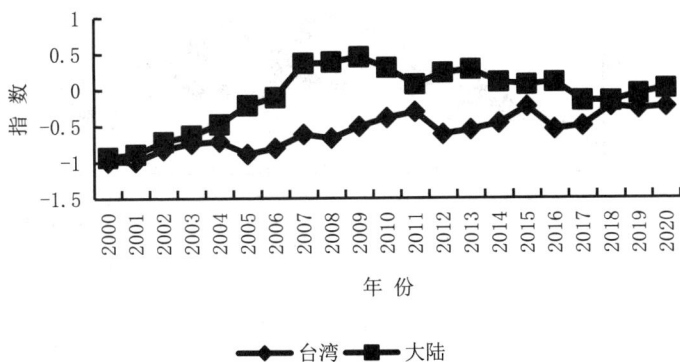

图6-52 2000—2020年大陆与台湾的柑橘类水果贸易竞争力指数

资料来源：根据FAOSTAT数据计算所得

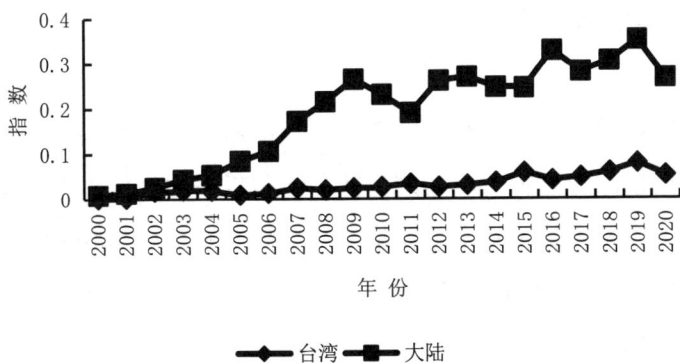

图6-53 2000—2020年大陆与台湾的柑橘类水果显示性比较优势指数

资料来源：根据FAOSTAT数据计算所得

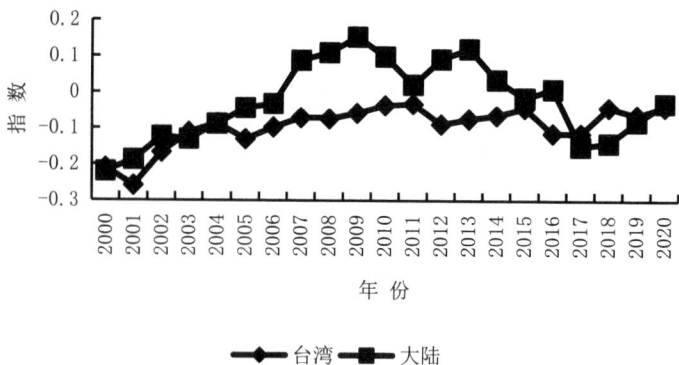

图6-54 2000—2020年大陆与台湾的柑橘类水果相对贸易优势指数

资料来源：根据FAOSTAT数据计算所得

4.4 瓜果类水果产业

从国际市场占有率来看，根据图6-55可知，2000—2020年，台湾瓜果类水果的国际市场占有率始终保持在0.1%以下的极低水平。而大陆瓜果类水果的国际市场占有率总体呈上升趋势，尤其是2007—2016年，国际市场占有率从0.49%上升至8.94%，之后两年虽明显下降，但2019年又出现大幅度回升。对比而言，大陆瓜果类水果的国际市场占有率始终高于台湾瓜果类水果，且二者差距逐渐拉大。

从出口贡献率来看，根据图6-56可知，2000—2020年，台湾瓜果类水果出口贡献率始终保持极低水平。而大陆瓜果类水果的出口贡献率虽然处于低水平，但总体呈现上升趋势，前期逐渐增长，后期波动较大，2000—2016年出口贡献率从0.0003%上升至最大值0.007%，随后两年迅速下跌至0.003%，但2019年又明显回升至0.005%。对比而言，大陆瓜果类水果的出口贡献率始终高于台湾瓜果类水果，且二者差距总体上逐渐扩大。

从贸易竞争力指数来看，根据图6-57可知，2000—2020年，大陆瓜果类水果的出口竞争优势极强，指数始终趋近于1。而台湾瓜果类水果的出口竞争力较弱，除了2002年指数大于0（0.26），其余年份指数均小于0，且多数年份指数趋近于-1。

从显示性比较优势指数来看，根据图6-58可知，2000—2020年，两岸瓜果类水果均不具有出口比较优势。台湾瓜果类水果的指数始终不超过0.01，稳定在极低水平。而大陆瓜果类水果的指数总体呈上升趋势，2000—2016年指数从0.03逐渐增长至最大值0.68，随后两年明显降至0.38，2019年又大幅回升至0.61，2020年略降至0.55。对比而言，大陆瓜果类水果的出口竞争力始终高于台湾瓜果类水果，且二者差距逐渐拉大。

从相对贸易优势指数来看，根据图6-59可知，2000—2020年，台湾瓜果类水果不具有贸易比较优势，指数总体呈缓慢下降趋势，从0下降至-0.11。而大陆瓜果类水果具有贸易比较优势，且竞争力不断增强，指数从0.03增长至0.55。对比而言，大陆瓜果类水果的贸易竞争力始终高于台湾瓜果类水果，且二者差距逐步扩大。

综上所述，大陆瓜果类水果产业的国际竞争力不断增强，与台湾瓜果类水果产业竞争力的差距也越来越大。

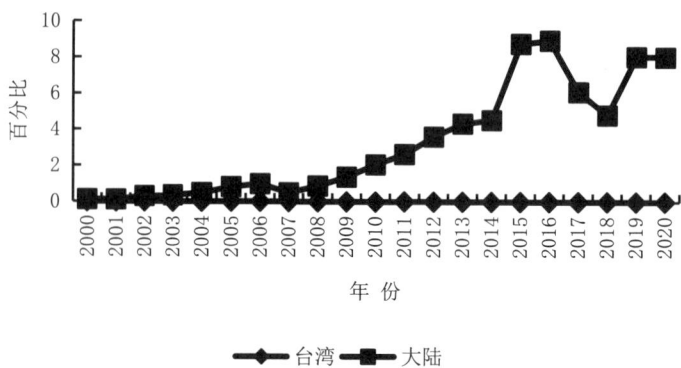

图6-55 2000—2020年大陆与台湾的瓜果类水果国际市场占有率（%）

资料来源：根据FAOSTAT数据计算所得

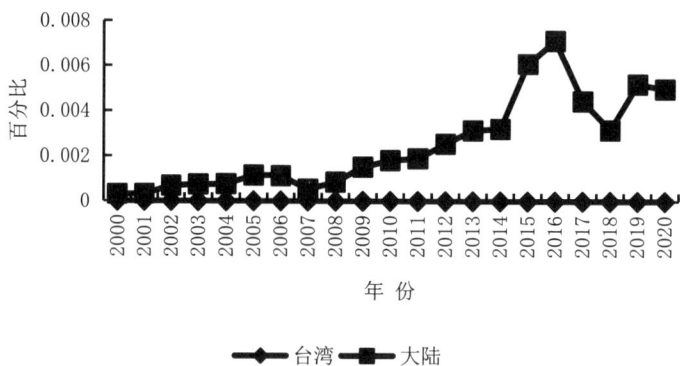

图6-56 2000—2020年大陆与台湾的瓜果类水果出口贡献率（%）

资料来源：根据FAOSTAT数据计算所得

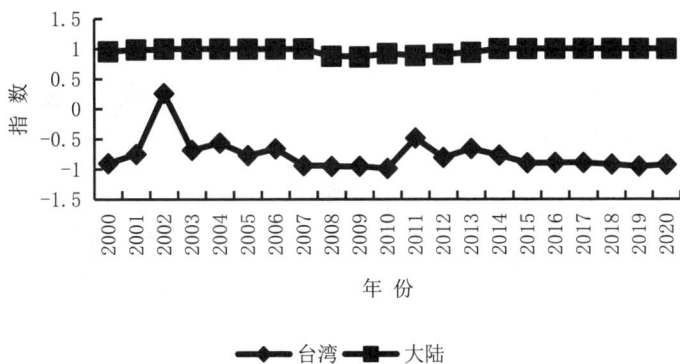

图6-57 2000—2020年大陆与台湾的瓜果类水果贸易竞争力指数

资料来源：根据FAOSTAT数据计算所得

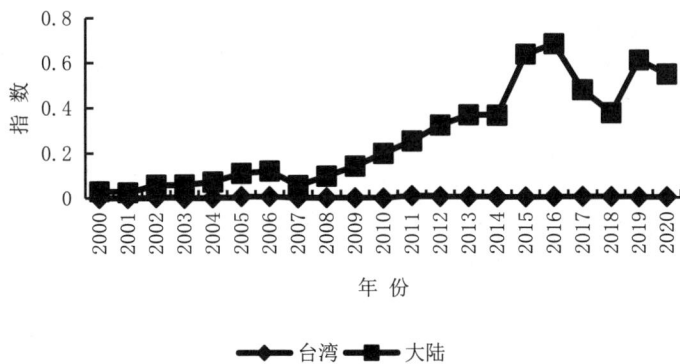

图6-58 2000—2020年大陆与台湾的瓜果类水果显示性比较优势指数

资料来源：根据FAOSTAT数据计算所得

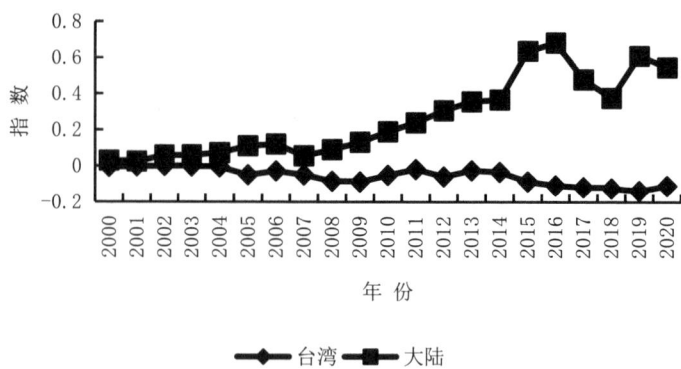

图6-59 2000—2020年大陆与台湾的瓜果类水果相对贸易优势指数

资料来源：根据FAOSTAT数据计算所得

第 7 章 ｜ 花卉产业

1 生产情况分析

1.1 切花类花卉产业

1.1.1 总体情况：种植面积、产量逐渐减少

台湾切花类花卉的种植面积总体呈缓慢下降趋势。根据图7-1可知，2002—2020年，种植面积从最大值5001公顷下降至最小值3003公顷，下降幅度为39.95%。与种植面积相似，根据图7-2可知，台湾切花类花卉的产量也呈现逐渐下降趋势，2000年产量为最大值116242千打，到2020年下降至最小值65680千打，下降幅度为43.50%。

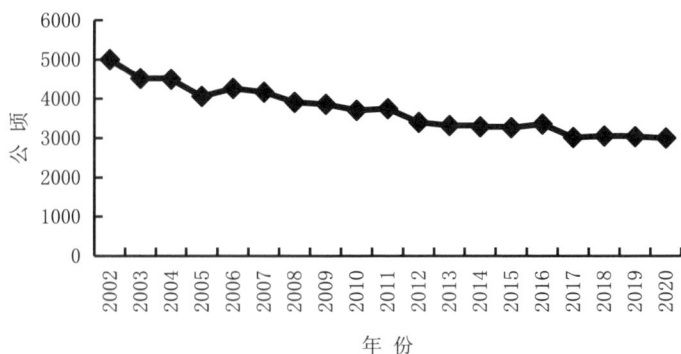

图7-1 2002—2020年台湾切花类花卉种植面积

资料来源：历年《台湾农业统计年报》

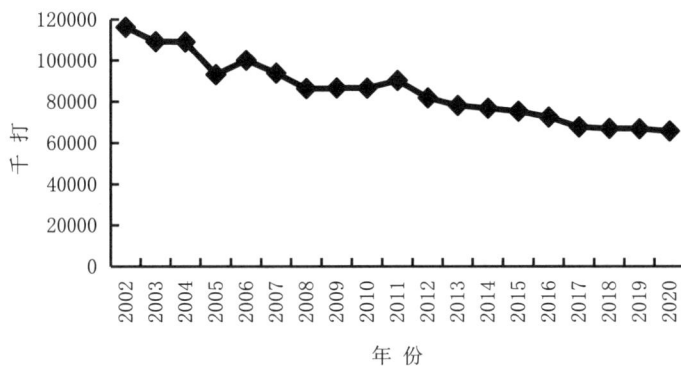

图7-2 2002—2020年台湾切花类花卉产量

资料来源：历年《台湾农业统计年报》

1.1.2 洋桔梗：种植面积、产量波动明显；单产前期波动明显，后期不断减少

台湾洋桔梗种植面积波动较大。根据图7-3可知，2002—2005年种植面积在56公顷至89公顷之间上下波动；2006—2009年种植面积呈缓慢下降趋势，从65公顷下降至最小值54公顷；2010—2012年种植面积连续快速增长至最大值130公顷，增长了71.05%，随后波动下降至2018年的69公顷；2018—2020年种植面积又逐渐回升至101公顷。

台湾洋桔梗单产前期波动较大，后期呈逐渐下降趋势。根据图7-4可知，2000—2012年单产先从2002年的24.58千打/公顷下降至2003年的23.71千打/公顷，2004年快速增加至26.56千打/公顷，2005年又明显下降至24.42千打/公顷，2006年略增至24.80千打/公顷，2006—2010年单产逐年下降至3.13千打/公顷，随后连续增长至2012年的最大值26.81千打/公顷，2012—2020年单产逐渐下降至23.43千打/公顷。

台湾洋桔梗产量的变化趋势与种植面积基本一致。根据图7-5可知，2002—2005年产量在1333千打至2377千打之间上下波动；2006—2009年产量从1601千打逐年下降至最小值1261千打，2010—2012年产量连续快速增长至最大值3484千打，增长了98.41%；2013—2017年产量波动下降至1649千打，随后又逐年增长至2020年的2377千打。

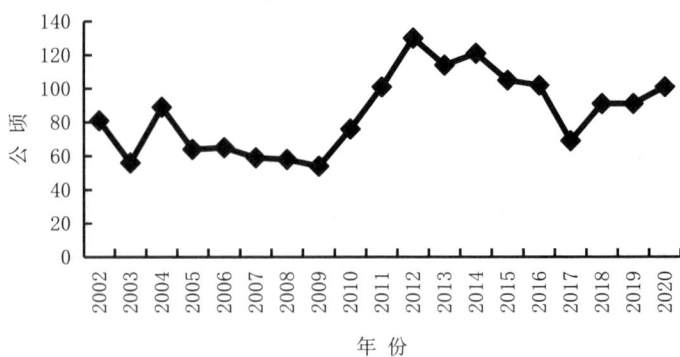

图7-3 2002—2020年台湾洋桔梗种植面积

资料来源：历年《台湾农业统计年报》

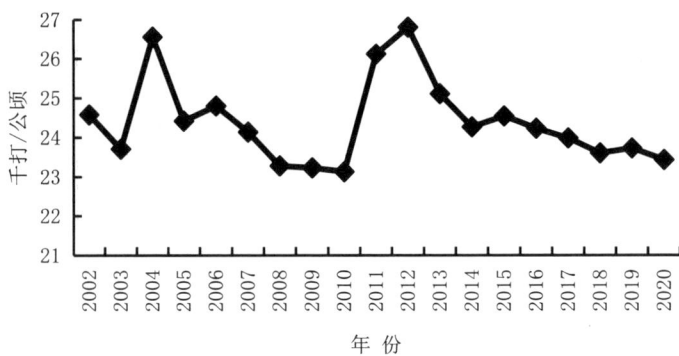

图7-4 2002—2020年台湾洋桔梗单产

资料来源：历年《台湾农业统计年报》

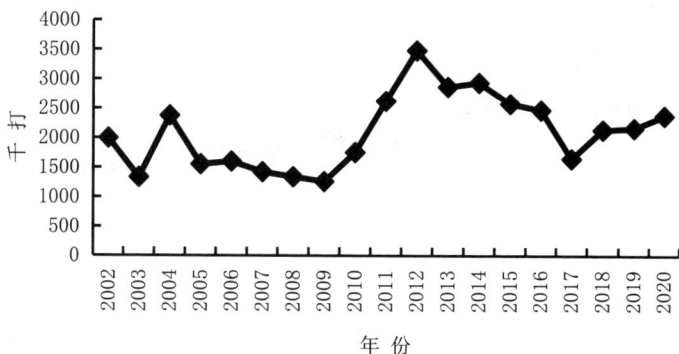

图7-5 2002—2020年台湾洋桔梗产量

资料来源：历年《台湾农业统计年报》

1.1.3 菊花：种植面积、产量逐渐减少，单产小幅波动

台湾菊花种植面积呈小幅波动下降趋势。根据图7-6可知，2002—2020年，种植面积从最大值1282公顷下降至最小值599公顷。台湾菊花单产相对平稳。根据图7-7可知，2002—2020年，单产呈小幅波动趋势，其中2008年为最小值21.92千打/公顷，2020年为最大值26.40千打/公顷。

台湾菊花产量总体呈下降趋势，前期波动明显，后期波动较小。根据图7-8可知，2002—2005年产量从最大值31680千打快速下降至21863千打，下降幅度为30.99%，随后两年产量保持平稳，2008年又明显下降至17507千打，之后逐年小幅增长至2011年的20512千打。2011—2018年产量缓慢下降至最小值14719千打，之后略增至2020年的15812千打。

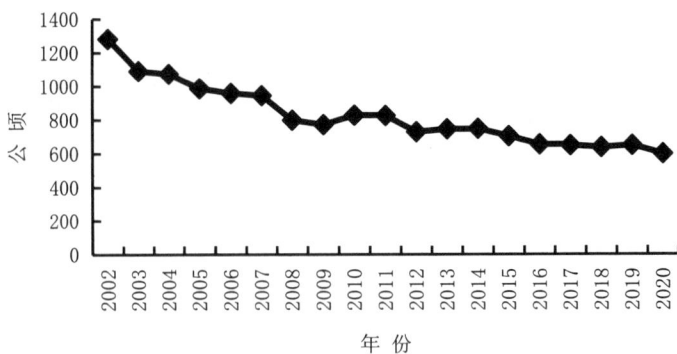

图7-6 2002—2020年台湾菊花种植面积

资料来源：历年《台湾农业统计年报》

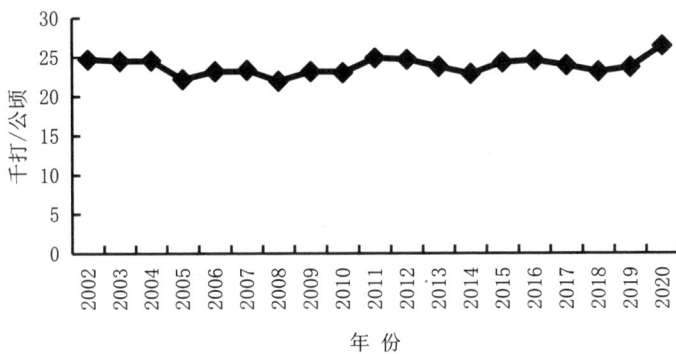

图7-7 2002—2020年台湾菊花单产

资料来源：历年《台湾农业统计年报》

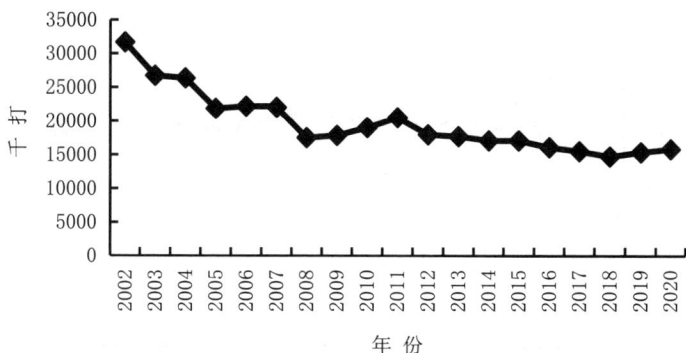

图7-8 2002—2020年台湾菊花产量

资料来源：历年《台湾农业统计年报》

1.1.4 文心兰：种植面积先增后减，单产、产量小幅波动

台湾文心兰种植面积总体呈现先小幅增长后逐渐下降的趋势。根据图7-9可知，2011—2016年种植面积从最小值217公顷稳步增长至最大值266公顷，增长幅度为22.58%；2017—2019年种植面积逐年缓慢下降至237公顷，2020年略增至245公顷。

台湾文心兰单产总体呈小幅波动趋势。根据图7-10可知，2011—2016年单产从最大值22.24千打/公顷小幅波动下降至最小值18.77千打/公顷，2017—2019年单产波动增长至21.53千打/公顷，2020年又小幅下降至19.42千打/公顷。

台湾文心兰产量也呈小幅波动趋势。根据图7-11可知，2011—2014年产量从4832千打小幅波动增长至最大值5736千打，随后两年产量逐渐下降，2016—2020年产量在4763千打至5282千打之间小幅上下波动。

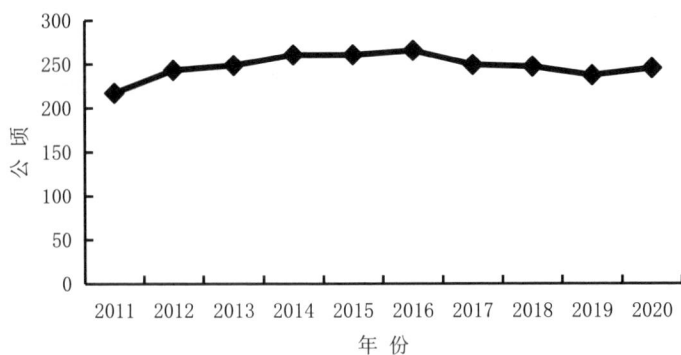

图7-9 2011—2020年台湾文心兰种植面积

资料来源：历年《台湾农业统计年报》

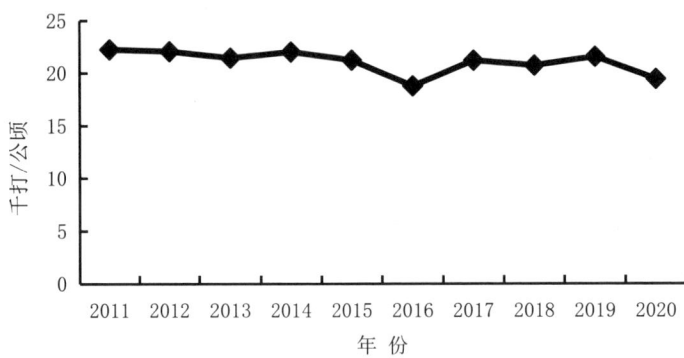

图7-10 2011—2020年台湾文心兰单产

资料来源：历年《台湾农业统计年报》

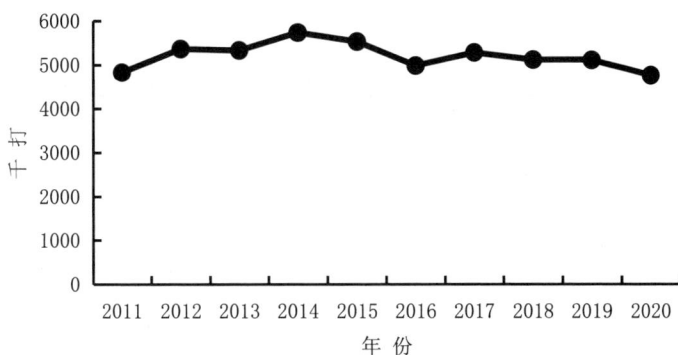

图7-11 2011—2020年台湾文心兰产量

资料来源：历年《台湾农业统计年报》

1.1.5 百合：种植面积、产量波动明显，单产小幅波动减少

台湾百合种植面积前期波动较大，后期呈小幅波动上升趋势。根据图7-12可知，2002—2006年种植面积从340公顷逐渐下降至最小值271公顷，2007年种植面积回升至345公顷，随后两年保持平稳；2009—2012年种植面积在287公顷至370公顷之间上下波动；2013—2020年种植面积小幅波动上升至最大值402公顷，增长幅度为38.62%。

台湾百合单产相对平稳，总体呈小幅波动下降趋势。根据图7-13可知，2000—2018年单产从20.53千打/公顷小幅波动下降至最小值16.23千打/公顷，下降幅度为20.94%，随后两年略增至16.93千打/公顷。

台湾百合产量波动较大。根据图7-14可知，产量先从2002年的6988千打略增至2003年的7366千打，2003—2006年产量逐年下降至最小值5293千打，2007—2012年产量呈上下波动趋势，其中2011年达到最大值7630千打；2012—2016年产量保持相对平稳，2017—2018年略降至5567千打，随后明显上升至2020年的6801千打。

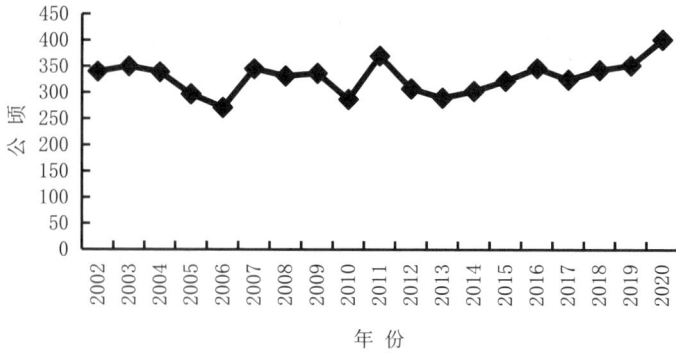

图7-12 2002—2020年台湾百合种植面积

资料来源：历年《台湾农业统计年报》

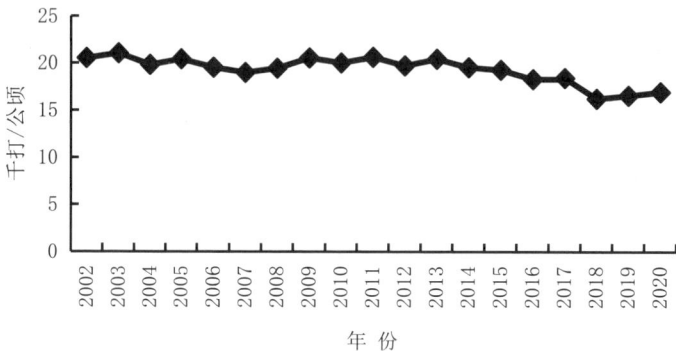

图7-13 2002—2020年台湾百合单产

资料来源：历年《台湾农业统计年报》

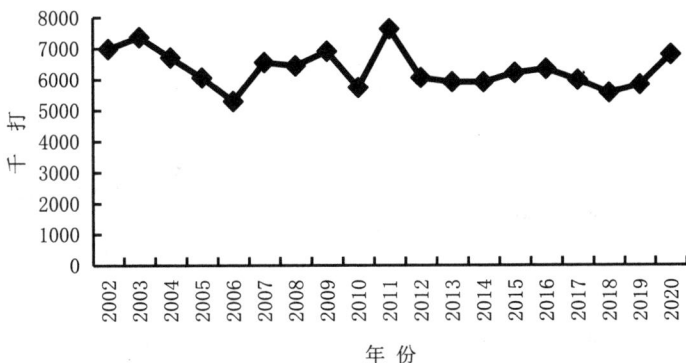

图7-14 2002—2020年台湾百合产量

资料来源：历年《台湾农业统计年报》

1.1.6 火鹤花：种植面积、产量先增后减，单产波动减少

台湾火鹤花种植面积总体呈先增后减的趋势。根据图7-15可知，2002—2011年种植面积从131公顷逐渐增长至最大值215公顷，增长幅度为64.12%。2012—2020年种植面积稳步减少至150公顷，减少幅度为22.28%。

台湾火鹤花单产总体上略有减少，前期波动较大，后期相对平稳。根据图7-16可知，2002—2004年单产稳定在24千打/公顷左右；2005—2009年单产呈上下波动趋势，其中2006年达到最大值25.21千打/公顷；2010—2015年单产变化不大，基本稳定在22千打/公顷左右；2016年单产明显下降至18.77千打/公顷，2017年又回升至21.13千打/公顷，随后逐年缓慢下降至2020年的19.68千打/公顷。

台湾火鹤花产量的变化趋势与种植面积相似，但波动幅度较大。根据图7-17可知，2002—2011年产量从3084千打波动增长至最大值4817千打，增长幅度为56.19%。2012—2020年产量小幅波动减少至最小值2952千打，减少幅度为32.17%。

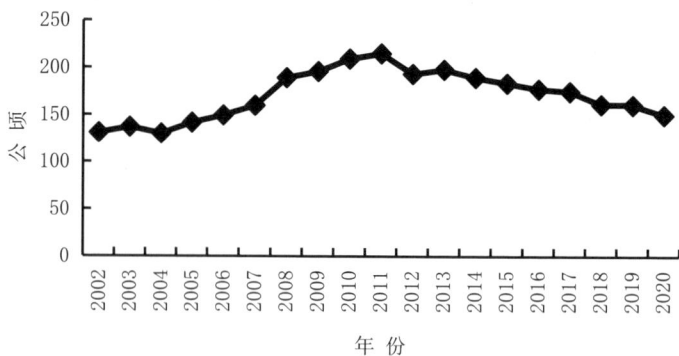

图7-15 2002—2020年台湾火鹤花种植面积

资料来源：历年《台湾农业统计年报》

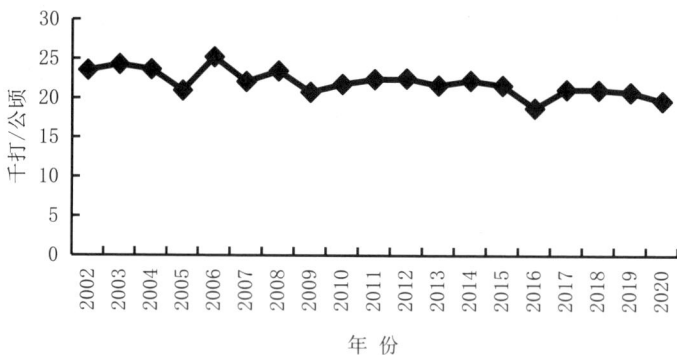

图7-16 2002—2020年台湾火鹤花单产

资料来源：历年《台湾农业统计年报》

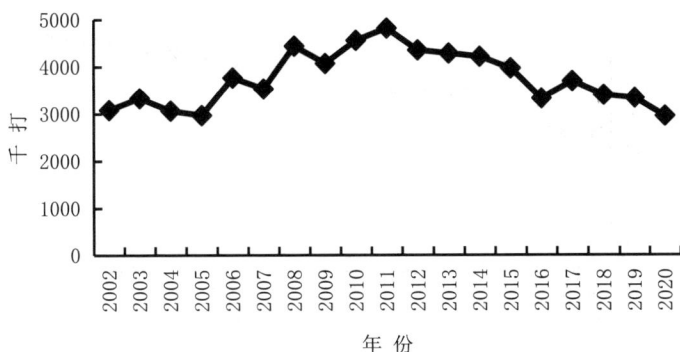

图7-17　2002—2020年台湾火鹤花产量

资料来源：历年《台湾农业统计年报》

1.2　兰花产业

台湾兰花种植面积总体呈逐渐上升趋势。根据图7-18可知，2002—2020年种植面积从461公顷增长至741公顷，增长幅度为60.74%。值得注意的是，2011年种植面积出现较明显增长，较上一年增长了12.56%。

台湾兰花单产总体变化不大，前期波动较明显，后期相对平稳。根据图7-19可知，2002—2011年单产波动较明显，其中2005年为最小值8.85万盆/公顷，2011年为最大值11.48万盆/公顷。2012—2020年单产基本稳定在10.4万盆/公顷左右。

台湾兰花产量总体呈上升趋势，前期波动较大，后期稳步增长。根据图7-20可知，2002—2011年产量从48.87百万盆波动增长至最大值83.32百万盆，增长幅度为70.49%。值得注意的是，2011年由于种植面积明显增长，产量也出现大幅增长，较上一年增长了21.64%。2012—2020年产量从69.65百万盆逐渐增长至79.04百万盆，增长幅度为13.48%。

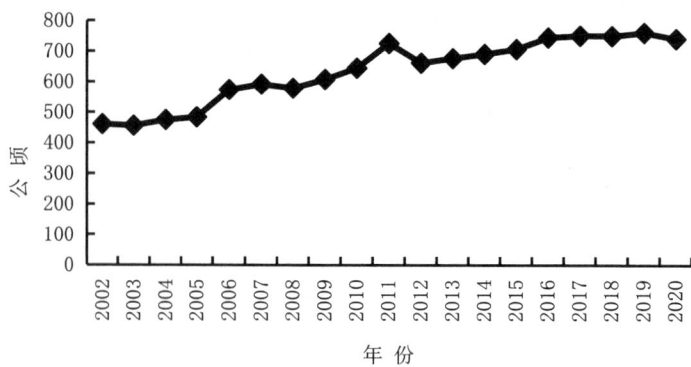

图7-18 2002—2020年台湾兰花种植面积

资料来源：历年《台湾农业统计年报》

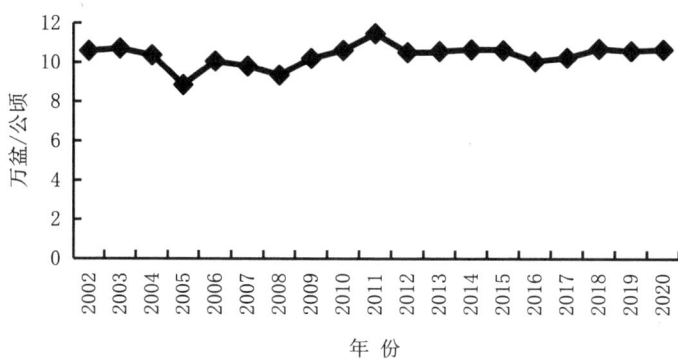

图7-19 2002—2020年台湾兰花单产

资料来源：历年《台湾农业统计年报》

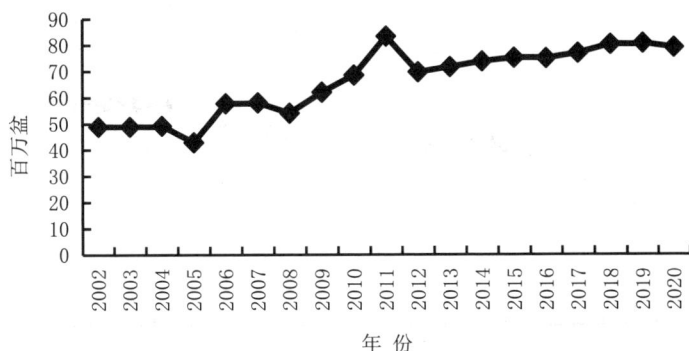

图7-20 2002—2020年台湾兰花产量

资料来源：历年《台湾农业统计年报》

1.3 苗圃类花卉产业

台湾苗圃类花卉种植面积总体呈逐渐上升趋势。根据图7-21可知，2002—2010年种植面积从最小值5.32千公顷逐渐增长至8.05千公顷，增长幅度为51.32%。2011年种植面积略降至7.45千公顷，之后继续稳步增长至2020年的9.63千公顷，与2002年相比，增长了81.02%。

与种植面积相似，台湾苗圃类花卉价值总体也呈上升趋势，但波动较大。根据图7-22可知，2002—2007年价值波动明显，在185.66千万元至238.91千万元之间上下波动。2008—2016年价值在相对平稳中略有增长，从209.53千万元增长至241.85千万元，增长幅度为15.42%。2017年价值出现明显增长，较上一年增长了18.14%，之后小幅波动增长至2020年的最大值304.03千万元，与2002年相比，增长了63.76%。

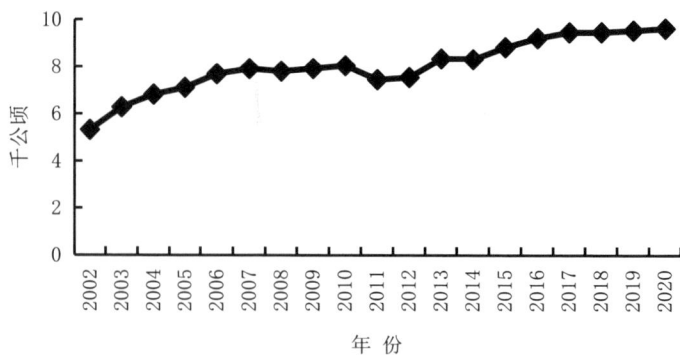

图7-21 2002—2020年台湾苗圃类花卉种植面积

资料来源：历年《台湾农业统计年报》

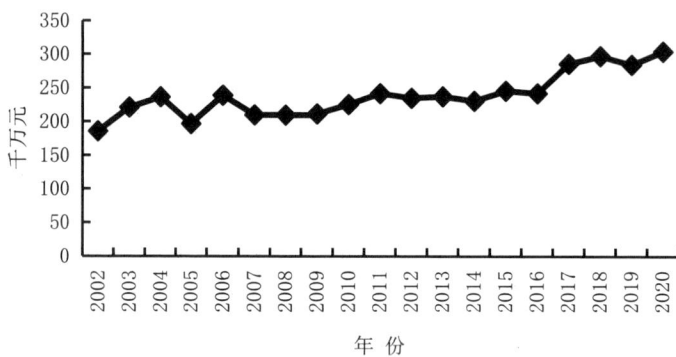

图7-22 2002—2020年台湾苗圃类花卉价值

注：价值为2002年不变价，平减指数为花卉物价指数。

资料来源：历年《台湾农业统计年报》

1.4 盆花类花卉产业

台湾盆花类花卉种植面积总体呈上升趋势，前期相对平稳，后期稳步增长。根据图7-23可知，2002—2009年种植面积相对平稳，在最小值737公顷至824公顷之间小幅波动。2010—2020年种植面积从775公顷逐渐增长至最大值1074公顷，增长幅度为38.58%。

台湾盆花类花卉价值总体呈波动下降趋势。根据图7-24可知，2002—2008年价值波动较大，从最大值117.35千万元波动下降至76.50千万元，下降幅度为34.81%。2009—2014年价值从82.24千万元逐年下降至最小值63.84千万元，随后小幅波动回升至2017年的78.18千万元。2018—2020年价值继续逐年下降至71.44千万元，与2002年相比，下降幅度为39.12%。

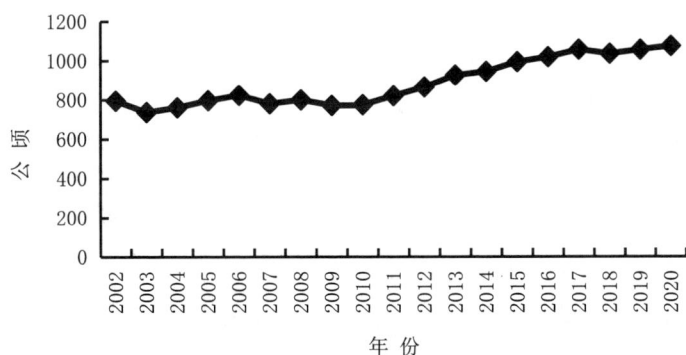

图7-23 2002—2020年台湾盆花类花卉种植面积

资料来源：历年《台湾农业统计年报》

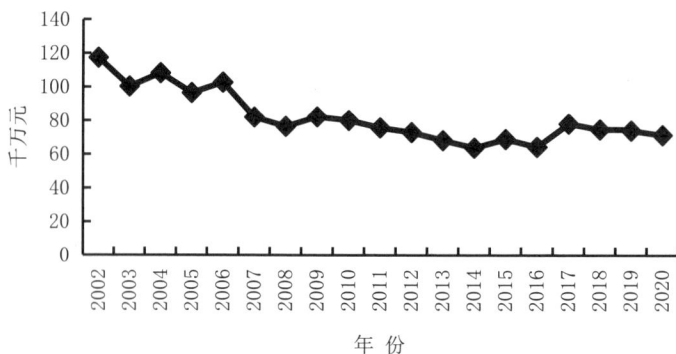

图7-24 2002—2020年台湾盆花类花卉价值

注：价值为2002年不变价，平减指数为花卉物价指数。

资料来源：历年《台湾农业统计年报》

2 贸易情况分析

台湾花卉及种苗的进出口量均处于较低水平，出口量逐渐下降，进口量保持稳定。根据图7-25可知，2013—2020年，出口量先从2013年的最大值38.58千吨逐年下降至2016年的23.96千吨，随后两年略有回升，2018—2020年出口量继续逐年下降至最小值20.78千吨，与2013年相比，下降幅度为46.14%，而进口量基本稳定在10千吨左右的极低水平。对比而言，台湾花卉及种苗的出口量明显大于进口量，但二者差距逐渐缩小。

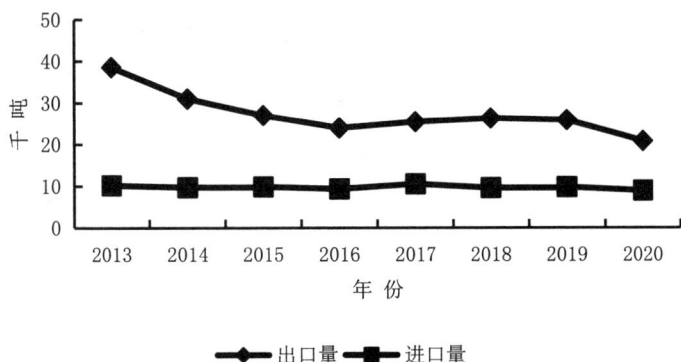

图7-25 2013—2020年台湾花卉及种苗的进出口量

资料来源：历年《台湾农业统计年报》

3 未来市场发展走势判断

3.1 切花类花卉产业预测

3.1.1 总体情况预测

根据表7-1可知，台湾切花类花卉的种植面积预计未来五年呈逐渐下降趋势，将从2021年到2811公顷逐年下降至2025年的2654公顷。台湾切花类花卉的产量预计未来五年呈先增后减的趋势，先从2021年的62574千打增长至2022年的63590千打，之后逐年减少至2025年的58497千打。

表7-1 2021—2025年切花类花卉产业预测值

年 份	种植面积 （公顷）	产 量 （千打）
2021	2811	62574
2022	2816	63590
2023	2807	63218
2024	2777	62589
2025	2654	58497

资料来源：根据历年《台湾农业统计年报》数据计算所得

3.1.2 洋桔梗预测

根据表7-2可知，台湾洋桔梗的种植面积和产量预计未来五年相对平稳，总体上呈缓慢下降的趋势。种植面积将从2021年的100公顷逐渐下降至2025年的93公顷，下降幅度为7%；产量将从2021年的2402千打小幅下降至2025年的2270千打，下降幅度为5.5%。

表7-2 2021—2025年洋桔梗产业预测值

年 份	种植面积 （公顷）	产 量 （千打）
2021	100	2402
2022	97	2372
2023	96	2333
2024	94	2298
2025	93	2270

资料来源：根据历年《台湾农业统计年报》数据计算所得

3.1.3 菊花预测

根据表7-3可知，台湾菊花的种植面积和产量预计未来五年小幅波动，总体呈现"增—减—增"的趋势。种植面积将先从2021年的623公顷略增至2022年的630公顷，2023年又减少至601公顷，随后逐年回升至2025年的620公顷。产量将先从2021年的15432千打小幅增长至2022年的15569千打，2023年减少至14997千打，随后又稳步增长至2025年的15359千打。

表7-3 2021—2025年菊花产业预测值

年 份	种植面积 （公顷）	产 量 （千打）
2021	623	15432
2022	630	15569
2023	601	14997
2024	615	15268
2025	620	15359

资料来源：根据历年《台湾农业统计年报》数据计算所得

3.1.4 百合花预测

根据表7-4可知，台湾百合花的种植面积预计未来五年呈现小幅波动的趋势，2021—2025年种植面积将在369公顷至456公顷之间上下波动。台湾百合花的产量预计未来五年呈现先增后减的趋势，产量将先从2021年的6602千打增长至2023年的7337千打，随后逐年减少至2025年的7114千打。

表7-4 2021—2025年百合花产业预测值

年 份	种植面积 （公顷）	产 量 （千打）
2021	369	6602
2022	440	7337
2023	437	7337
2024	456	7693
2025	407	7114

资料来源：根据历年《台湾农业统计年报》数据计算所得

3.1.5 火鹤花预测

根据表7-5可知，台湾火鹤花的种植面积和产量预计未来五年呈现小幅波动趋势。2021—2025年，种植面积将在149公顷至167公顷之间上下波动，产量将在3170千打至3625千打之间上下波动。

表7-5 2021—2025年火鹤花产业预测值

年 份	种植面积 （公顷）	产 量 （千打）
2021	161	3452
2022	149	3170
2023	164	3553
2024	154	3367
2025	167	3625

资料来源：根据历年《台湾农业统计年报》数据计算所得

3.2 兰花产业预测

根据表7-6可知，台湾兰花的种植面积和产量预计未来五年呈现小幅波动的趋势。2021—2025年，种植面积将在747公顷至770公顷之间上下波动，产量将在79339千盆至82239千盆之间上下波动。

表7-6 2021—2025年兰花产业预测值

年 份	种植面积（公顷）	产 量（千盆）
2021	767	81838
2022	747	79339
2023	769	82067
2024	754	80197
2025	770	82239

资料来源：根据历年《台湾农业统计年报》数据计算所得

3.3 苗圃类花卉产业预测

根据表7-7可知，台湾苗圃类花卉的种植面积和价值预计未来五年相对平稳，总体上呈缓慢下降的趋势。种植面积将从2021年的9592公顷缓慢下降至2025年的9489公顷，下降幅度为1%；价值将从2021年的291384万元逐年下降至2025年的281062万元，下降幅度为3.5%。

表7-7 2021—2025年苗圃类花卉产业预测值

年 份	种植面积 （公顷）	产 量 （万元）
2021	9592	291384
2022	9559	285812
2023	9531	283199
2024	9508	281850
2025	9489	281062

资料来源：根据历年《台湾农业统计年报》数据计算所得

3.4 盆花类花卉产业预测

根据表7-8可知，台湾盆花类花卉的种植面积预计未来五年呈现逐年增长的趋势，种植面积将从2021年的1095公顷不断增长至2025年的1180公顷，增长幅度为7.8%。与种植面积相反，台湾盆花类花卉的价值预计未来五年呈现平稳下降的趋势，价值将从2021年的69950万元逐年下降至2025年的66511万元，下降幅度为5%。

表7-8 2021—2025年盆花类花卉产业预测值

年 份	种植面积 （公顷）	产 量 （万元）
2021	1095	69950
2022	1115	68834
2023	1137	67939
2024	1158	67181
2025	1180	66511

资料来源：根据历年《台湾农业统计年报》数据计算所得

3.5 进出口量预测

根据表7-6可知，台湾花卉及种苗的进出口量预计未来五年呈现小幅波动的趋势。2021—2025年，进口量将在9541吨至10462吨之间上下波动，出口量将在24202吨至28366吨之间上下波动。

表7-9 2021—2025年花卉及种苗产业进出口量预测值（单位：吨）

年份	进口量	出口量
2021	9923	25831
2022	9697	24874
2023	10462	28366
2024	9541	24202
2025	9752	25145

资料来源：根据历年《台湾农业统计年报》数据计算所得

4 成本收益分析

4.1 生产成本构成与收益比较

台湾的香水百合生产总成本明显高于冬菊和文心兰。根据表7-10可知，2020年，香水百合的生产总成本为3656700元/公顷，其次是文心兰，其生产总成本为2092131元/公顷，冬菊的生产总成本最低，为808018元/公顷。具体而言，香水百合的种苗费远高于文心兰和冬菊，文心兰的肥料费、农药费、农用设施费、地租和资本利息明显高于香水百合和冬菊，冬菊的人工费、机械包工费、能源费和材料费高于香水百合和文心兰。

从生产成本构成来看，根据表7-10可知，2020年，对于香水百合，种苗费是生产成本的主要来源，为3086708元/公顷，占生产总成本的比例高达84.41%；其次是人工费和农用设施费，分别为181856元/公顷和154397元/公顷，占生产总成本的比例分别为4.97%和4.22%；其他成本费用占生产总成本的比例均低于3%。对于文心兰，种苗费同样是生产成本的主要来源，为855000元/公顷，占生产总成本的比例为41.02%；其次是农用设施费，为475523元/公顷，占生产总成本的比例为22.82%；人工费也较高，为392644元/公顷，占生产总成本的比例为18.84%；肥料费和农药费分别为140036元/公顷和133072元/公顷，占生产总成本的比例分别为6.72%和6.39%；其他成本费用占生产总成本的比例均低于3%，其中机械包工费和材料费均为0。对于冬菊，人工费是生产成本的主要来源，为409374元/公顷，占生产总成本的比例为50.66%；其次是种苗费和农药费，分别为111065元/公顷和81081元/公顷，占生产总成本的比例分别为13.75%和10.03%；肥料费和材料费分别为58339元/公顷和41628元/公顷，占生产总成本的比例分别为7.22%和5.15%；其他成本费用占生产总成本的比例均低于5%。

　　从收益和利润来看，根据表7-10可知，2020年，台湾的香水百合总收益、利润均明显高于文心兰和冬菊，香水百合总收益为4574121元/公顷，比文心兰和冬菊的总收益分别高出2027379元/公顷和3078637元/公顷。由此可知，香水百合的高成本同时伴随着高收益和高利润。但是，尽管文心兰的总收益明显高于冬菊，由于文心兰的生产总成本过高，导致其利润明显低于冬菊，文心兰利润为454612元/公顷，比冬菊利润少了232855元/公顷。

表7-10　2020年花卉生产成本与收益

	香水百合 （元／公顷）		文心兰 （元／公顷）		冬　菊 （元／公顷）	
生产总成本	3656700	占比	2092131	占比	808018	占比
种苗费	3086708	84.41%	855000	41.02%	111065	13.75%
肥料费	90605	2.48%	140036	6.72%	58339	7.22%
人工费	181856	4.97%	392644	18.84%	409374	50.66%
机械包工费	28670	0.78%	0	0.00%	31339	3.88%
农药费	41259	1.13%	133072	6.39%	81081	10.03%
能源费	5506	0.15%	18348	0.88%	34372	4.25%
材料费	4685	0.13%	0	0.00%	41628	5.15%
农用设施费	154397	4.22%	475523	22.82%	6363	0.79%
农机具费	14929	0.41%	10606	0.51%	3044	0.38%
地　租	42145	1.15%	58902	2.83%	30648	3.79%
资本利息	5939	0.16%	8000	0.38%	767	0.09%
总收益	4574121		2546742		1495484	
利　润	917421		454612		687466	

资料来源：2020年《台湾农业统计年报》

4.2 成本收益变化趋势[1]

4.2.1 洋桔梗

　　根据图7-26可知，2011—2016年，台湾洋桔梗的总收益、总成本与利润相对平稳，均呈小幅波动趋势。洋桔梗总收益总体呈"增—减—增"趋势，先从2011年的314.80万元/公顷逐年增长至2013年的最大值334.12万元/公顷，2014年略降至317.41万元/公顷，随后小幅增长至2016年的324.46万元/公顷。洋桔梗总成本变化趋势与总收益基本一致，

1　本部分图表中的机械设施费用包括机械包工费、农用设施费和农机具费。

其中2011年为最小值170.71万元/公顷，2013年为最大值189.05万元/公顷。洋桔梗利润在135.39万元/公顷至146.48万元/公顷之间小幅波动。

从生产成本结构来看，根据图7-27可知，2011—2016年，台湾洋桔梗的机械设施费占总成本的比例最大，总体呈逐渐增长趋势，从38.10%增长至40.56%；其次是种苗费，占总成本的比例也呈小幅增长趋势，从35.09增长至37.18%；人工费占总成本的比例呈逐渐下降趋势，从16.52%减少至13.31%；材料费占总成本的比例也呈小幅下降趋势，从2.96%下降至1.38%；其他成本费用占总成本的比例变化不大。

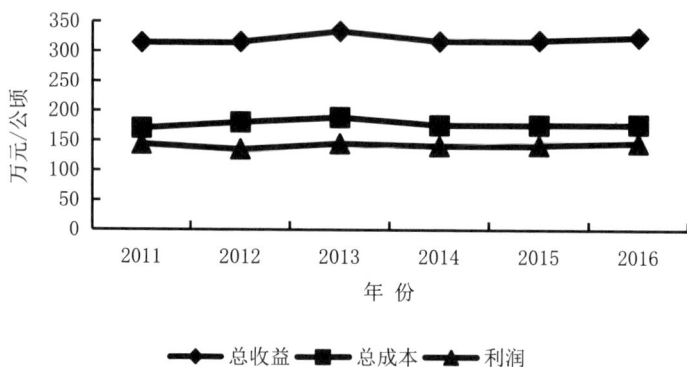

图7-26 2011—2016年洋桔梗生产成本与收益变化

资料来源：历年《台湾农业统计年报》

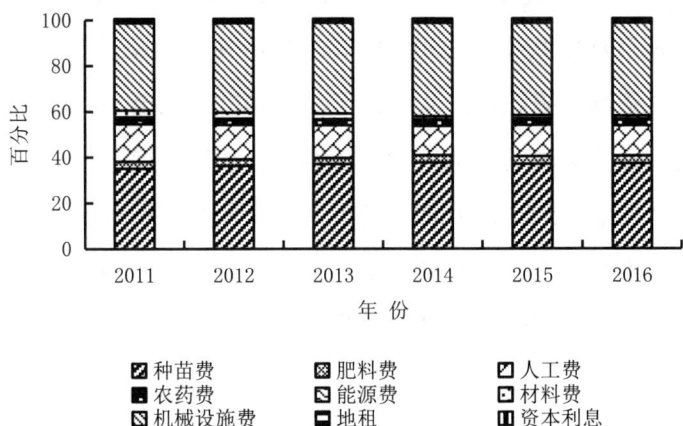

图7-27 2011—2016年洋桔梗生产成本结构（%）

资料来源：历年《台湾农业统计年报》

4.2.2 文心兰

根据图7-28可知，2011—2020年，台湾文心兰总收益前期波动明显，后期波动较小，2016年以前总收益波动较大，先从2011年的240.73万元/公顷逐年增长至2013年的276.94万元/公顷，之后连续下降至2015年的最小值229.73万元/公顷，2016年又明显增长至271.99万元/公顷，2016—2020年总收益小幅波动下降至254.67万元/公顷；文心兰总成本总体上呈阶梯式下降趋势，2011—2014年基本稳定在230万元/公顷左右，2015年总成本明显下降至202.61万元/公顷，此后基本保持在205万元/公顷左右；由于总成本变化不大，文心兰利润的变化趋势与总收益相似，其中2011年为最小值13.95万元/公顷，2016年为最大值66.51万元/公顷。

从生产成本结构来看，根据图7-29可知，2011—2020年，台湾文心兰的种苗费占总成本的比例最大，总体呈"减—增—减"趋势，先从2011年的36.29%逐渐减少至2014年的最小值32.13%，2015年增长至41.93%，随后逐年减少至2020年的40.87%；其次是人工费，占总成本的比例总体呈逐渐下降趋势，从2011年的31.35%下降至2020年的18.77%；机械设施费占总成本的比例前期逐渐增长，后期保持平稳，先从2011年的19.54%逐渐增长至2014年的29.66%，之后基本保持在23%左右；农药费占总成本的比例总体呈逐渐增长趋势，从2011年的3.77%增长至2020年的6.36%；其他成本费用占总成本的比例变化不大。

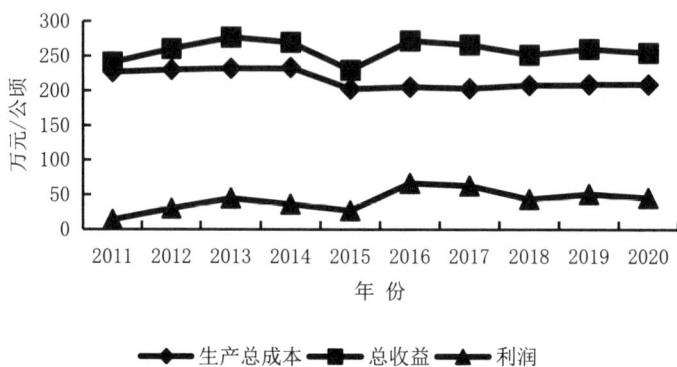

图7-28 2011—2020年文心兰生产成本与收益变化

资料来源：历年《台湾农业统计年报》

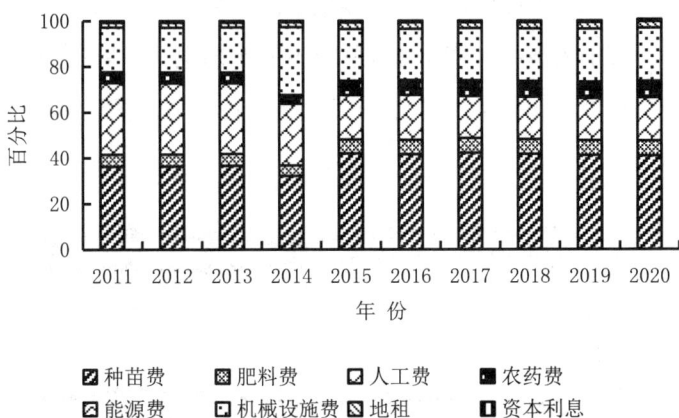

图7-29 2011—2020年文心兰生产成本结构（%）

资料来源：历年《台湾农业统计年报》

4.2.3 火鹤花

根据图7-30可知，2012—2018年，台湾火鹤花的总收益呈小幅波动趋势，先从2012年的267.83万元/公顷缓慢增长至2014年的276.63万元/公顷，2015年略降至260.55万元/公顷，随后逐年增长至2017年的最大值277.49万元/公顷，2018年又小幅下降至258.05万元/公顷。火鹤花总成本相对稳定，总体上呈先减后增的趋势，先从2012年的242.31万元/公顷缓慢减少至2016年的219.81万元/公顷，随后略增至2018年的226.75万元/公顷。由于总成本变化不大，火鹤花利润的变化趋势与总收益相似，其中2012年为最小值255.12万元/公顷，2017年为最大值512.91万元/公顷。

从生产成本结构来看，根据图7-31可知，2012—2018年，台湾火鹤花的机械设施费占总成本的比例最大，前期逐渐增长，后期相对平稳，先从2012年的34.90%逐年增长至2014年的最大值40.20%，之后基本保持在37%左右；其次是种苗费，占总成本的比例总体呈先减后增的趋势，先从2012年的31.18%逐年减少至2014年30.08%，随后逐渐增长至2018年的

34.12%；人工费占总成本的比例总体呈下降趋势，从2012年的19.28%逐渐减少至2018年的17.16%；材料费占总成本的比例也呈下降趋势，从2012年的7.42%逐渐减少至2018年的4.02%；其他费用占总成本的比例变化不大。

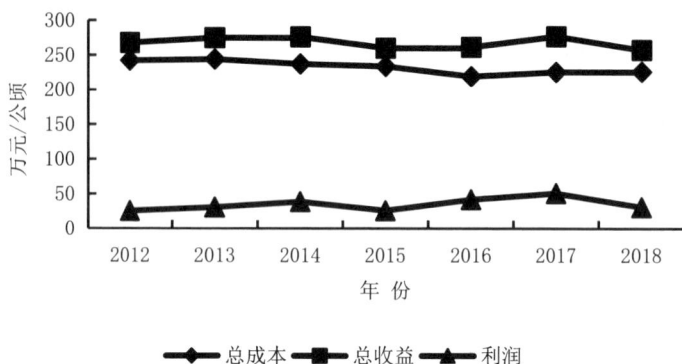

图7-30 2012—2018年火鹤花生产成本与收益变化

资料来源：历年《台湾农业统计年报》

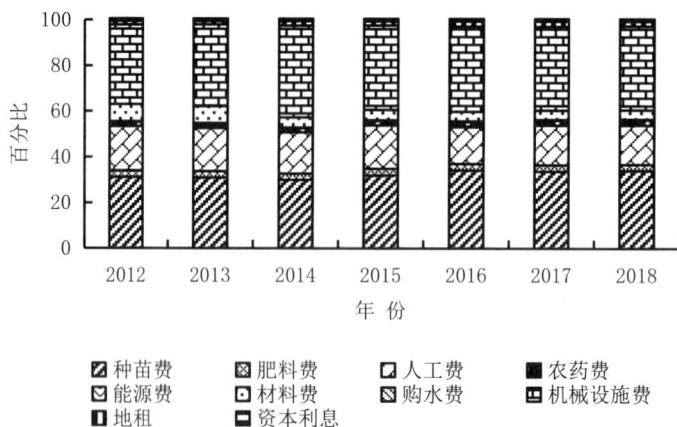

图7-31 2012—2018年火鹤花生产成本结构（％）

资料来源：历年《台湾农业统计年报》

4.2.4 香水百合

根据图7-32可知，2016—2020年，台湾香水百合总收益呈小幅波动趋势，先从2016年的437.94万元/公顷缓慢增长至2018年的476.32万元/公顷，2019年降至453.70万元/公顷，2020年又略增至457.41万元/公顷。台湾香水百合总成本相对平稳，总体呈先增后减的趋势，先从2016年的366.25万元/公顷缓慢增长至2019年的393.58万元/公顷，2020年略降至365.67万元/公顷。由于总成本变化不大，台湾香水百合利润的变化趋势与总收益相似，其中2017年为最大值104.15万元/公顷，2019年为最小值60.12万元/公顷。

从生产成本结构来看，根据图7-33可知，2016—2020年，台湾香水百合的机械设施费和种苗费是总成本的主要来源，且二者呈相反方向变化。机械设施费占总成本的比例呈先增后减的趋势，先从2016年的48.24%逐渐增长至2018年的49.81%，随后逐年减少至2020年的47.94%；而种苗费占总成本的比例呈先减后增的趋势，先从2016年的46.44%逐渐减少至2018年的45.03%，随后逐年增长至2020年的46.46%；其他费用占总成本的比例变化不大。

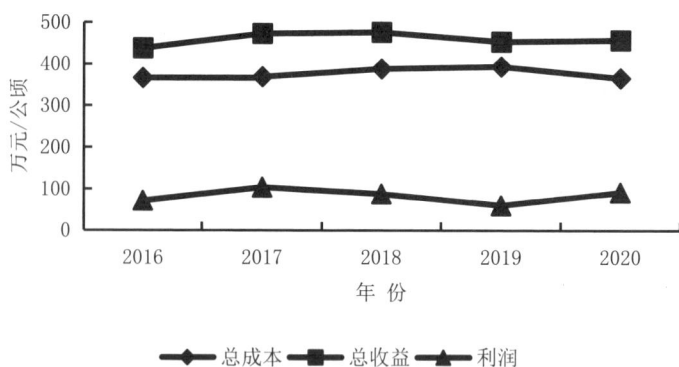

图7-32　2016—2020年香水百合生产成本与收益变化

资料来源：历年《台湾农业统计年报》

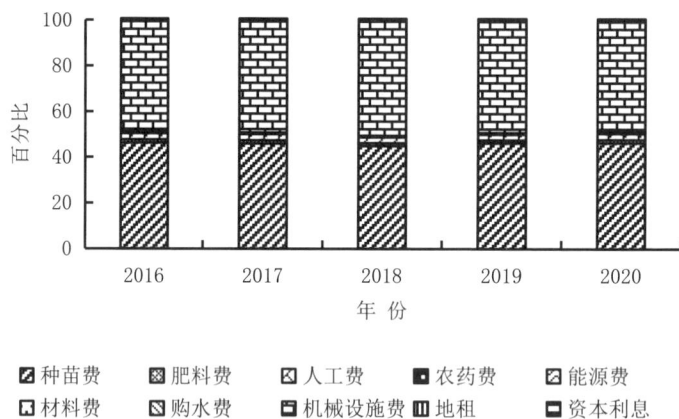

图7-33　2016—2020年香水百合生产成本结构（%）

资料来源：历年《台湾农业统计年报》

4.2.5 冬菊

根据图7-34可知，2018—2020年，台湾冬菊总收益波动较小，呈先减后增趋势，先从2018年的155.92万元/公顷略减至2019年的139.32万元/公顷，2020年略增至149.55万元/公顷。台湾冬菊总成本保持平稳，基本稳定在80万元/公顷左右。由于总成本变化不大，台湾冬菊利润的变化趋势与总收益基本一致，2018年为最大值78.44万元/公顷，2019年为最小值59.62万元/公顷。

从生产成本结构来看，根据图7-35可知，2018—2020年，台湾冬菊各部分生产成本费用变化不大，其中人工费占总成本的比例最大，基本保持在50.8%左右；其次是种苗费，占总成本的比例保持在13.5%左右；农药费占总成本的比例也较高，稳定在9.8%左右。

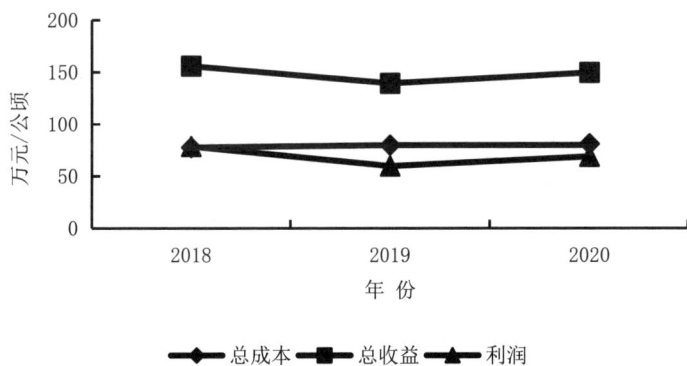

图7-34 2018—2020年冬菊生产成本与收益变化

资料来源：历年《台湾农业统计年报》

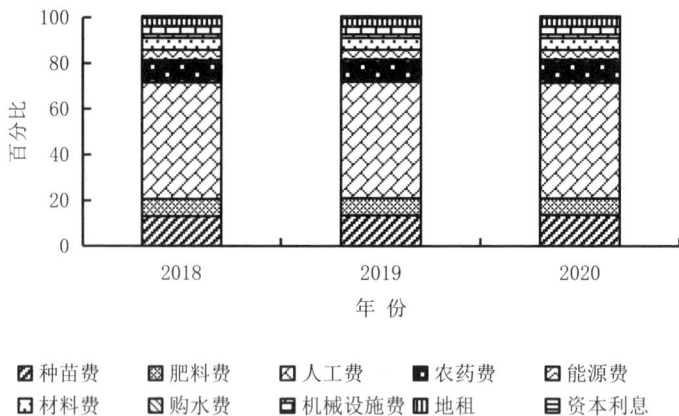

图例：
种苗费　肥料费　人工费　农药费　能源费
材料费　购水费　机械设施费　地租　资本利息

图7-35　2018—2020年冬菊生产成本结构（%）

资料来源：历年《台湾农业统计年报》

第 8 章 | 畜产品产业

1 供求变化分析

1.1 生猪产业

1.1.1 养猪场数、生猪供应屠宰数量、猪肉产量均呈下降趋势

台湾养猪场数总体上呈现不断下降趋势。根据图8-1可知，2002—2020年养猪场数量在前两年略有增长，从1.31万个缓慢增加至最大值1.34万个，增长幅度为2.29%；2004—2020年养猪场数连续下降至最小值0.65万个，较2004年下降了51.49%。

由于养猪场数量不断下降，台湾的生猪供应屠宰数量整体上也呈下降趋势。根据图8-2可知，2002—2010年供应屠宰数量从1006万头逐渐下降至858万头，随后缓慢回升至2013年的972万头，2014年出现明显下降，2014—2020年供应屠宰数量基本保持在800万头左右。

台湾猪肉产量总体呈下降趋势，但波动较大。根据图8-3可知，产量先从2002年的975.2千吨明显下降至2003年的930.3千吨，随后逐年回升至2006年的968.7千吨，2006—2010年产量快速下降至877.3千吨，随后逐年回升至2012年的910.5千吨，2012—2014年产量逐年下降至845.2千吨，2015—2020年产量在841千吨至874.6千吨之间小幅波动。

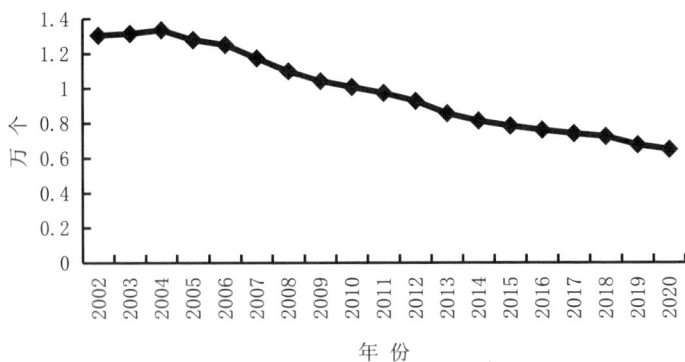

图8-1 2002—2020年台湾养猪场数量

资料来源：历年《台湾农业统计年报》

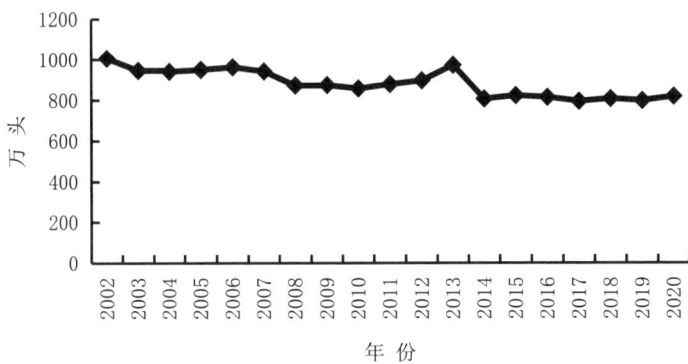

图8-2 2002—2020年台湾生猪供应屠宰数量

资料来源：历年《台湾农业统计年报》

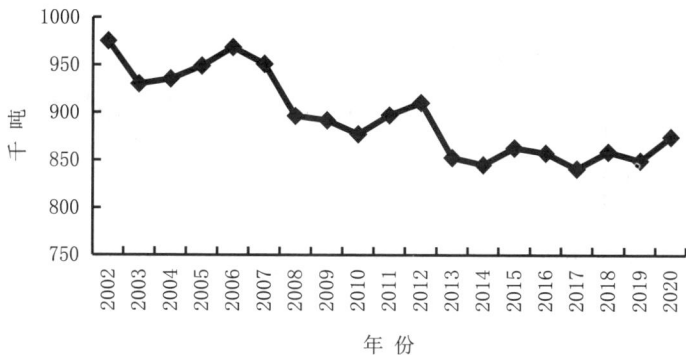

图8-3 2002—2020年台湾猪肉产量

资料来源：历年《台湾农业统计年报》

1.1.2 猪肉消费波动明显

台湾猪肉的消费量波动较大，总体呈下降趋势。根据图8-4可知，2002—2006年消费量在997.3千吨至1022千吨之间小幅上下波动，随后两年迅速下降至959.6千吨，2008—2012年消费量在955.3千吨至981.2千吨之间小幅波动，2013年消费量明显降至最小值919.5千吨，较上一年下降了5.43%，随后两年回升至984.3千吨，2016年又明显降至940.1千吨，2016—2018年消费量逐渐回升至980.9千吨，之后又逐年下降至2020年的936.5千吨，与2002年相比，下降了7.58%。

从消费结构来看，台湾猪肉消费以食用消费为主。根据图8-5可知，2002—2020年，猪肉食用消费量占总消费量的比例一直保持在88%以上；其次是加工用消费量，占总消费量的比例保持在8%左右；损耗量占总消费量的比例稳定在3%左右。由于台湾猪肉各部分消费所占比例变化不大，其变化趋势与总消费量基本一致。

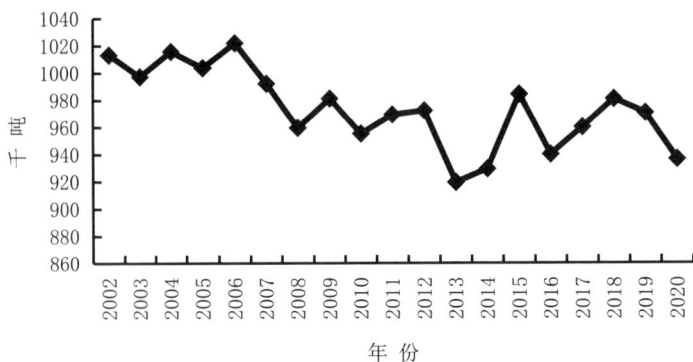

图8-4 2002—2020年台湾猪肉消费量

资料来源：历年《台湾农业统计年报》

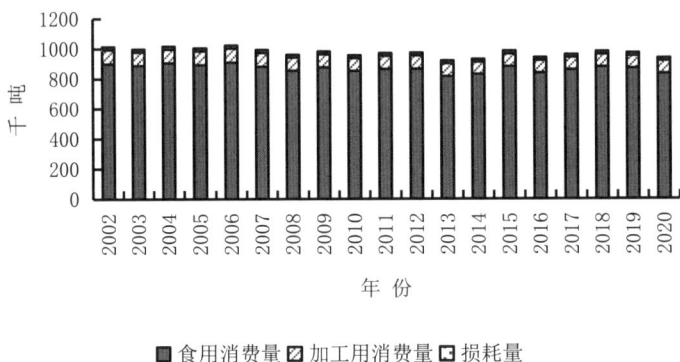

■食用消费量 ▨加工用消费量 ▨损耗量

图8-5 2002—2020年台湾猪肉消费结构

资料来源：历年《台湾农业统计年报》

1.1.3 进口量波动明显，出口量相对平稳

台湾猪肉进口量波动较大，总体呈上升趋势。根据图8-6可知，进口量先从2002年的40.8千吨快速增长至2004年的86千吨，随后逐渐下降至2007年的44.4千吨，2007—2009年进口量连续增长至95.6千吨，随后又

逐年下降至2012年的59.7千吨，2012—2015年进口量又飞速增长至129.4千吨，增长了1.17倍；2016年进口量突降至89.1千吨，较上一年下降了31.14%，随后逐年增长至2019年的最大值130.1千吨，与2002年相比，增长了2.19倍；2020年进口量又出现明显下降，较上一年下降了33.59%。

台湾猪肉出口量相对平稳，始终处于极低水平。根据图8-6可知，2002—2019年出口量基本保持在3.5千吨左右，2020年出口量明显增长至7千吨，较上一年增长了1.26倍。对比而言，台湾猪肉进口量明显高于出口量，且二者差距逐渐扩大。

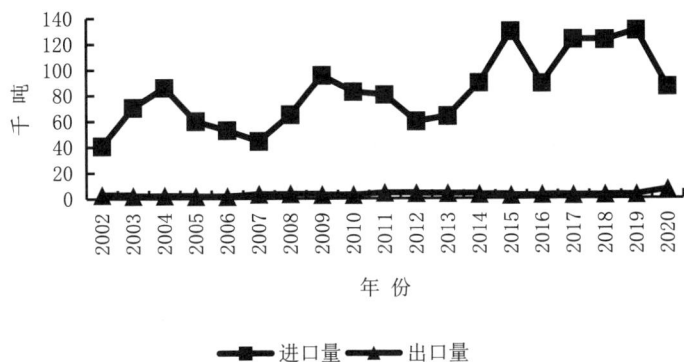

图8-6 2002—2020年台湾猪肉进出口量

资料来源：历年《台湾农业统计年报》

1.2 肉牛产业

1.2.1 肉牛屠宰数量、牛肉产量逐渐增长

台湾肉牛屠宰数量总体呈逐渐增长趋势，前期有所波动，后期相对平稳。根据图8-7可知，2002—2006年屠宰数量在2.56万头至3.02万头之间上下波动，2007—2020年屠宰数量波动较小，从2.74万头逐渐增长至

3.79万头，增长幅度为38.32%。

台湾牛肉产量的变化趋势与屠宰数量基本一致，尽管产量逐渐增长，但始终处于极低水平。根据图8-8可知，2002—2020年产量从5.3千吨逐渐增长至7.4千吨，增长幅度为39.62%，其中，2004年为最小值5.1千吨，2020年为最大值7.4千吨。

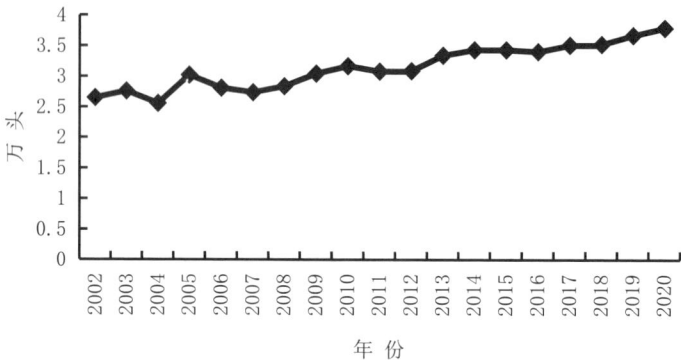

图8-7 2002—2020年台湾肉牛屠宰数量

资料来源：历年《台湾农业统计年报》

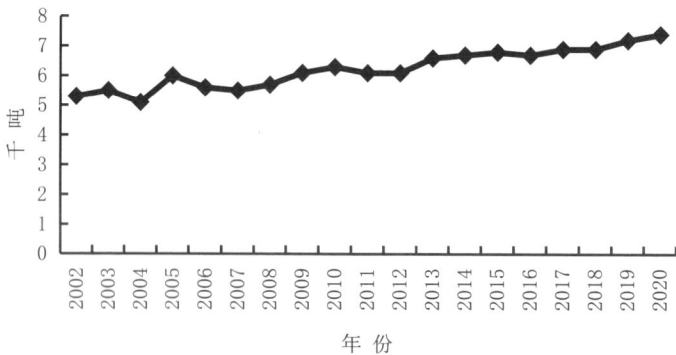

图8-8 2002—2020年台湾牛肉产量

资料来源：历年《台湾农业统计年报》

1.2.2 牛肉消费不断增长

台湾牛肉消费量总体上呈逐渐增长趋势，前期有所波动，后期稳步增长。根据图8-9可知，2002—2004年消费量在72.3千吨至88.7千吨之间上下波动，随后逐渐增长至2010年的115.3千吨；2010—2012年消费量逐年下降至104.2千吨；2013—2020年消费量不断增长至最大值172千吨，与2002年相比，增长了1.12倍。

从消费结构来看，台湾牛肉消费以食用消费为主。根据图8-9可知，2002—2020年，食用消费量占总消费量的比例始终保持在98%以上；损耗量占总消费量的比例仅1.5%左右。食用消费量所占比例的变化趋势与总消费量基本一致。

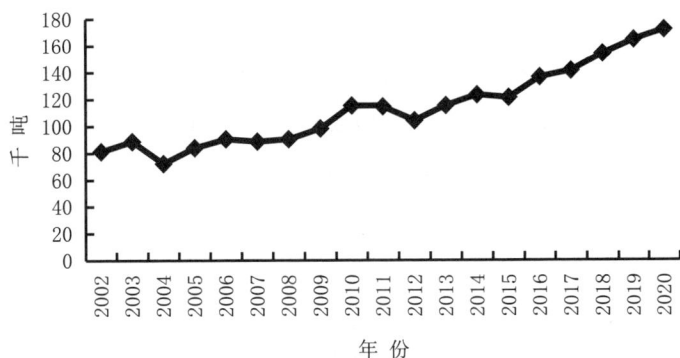

图8-9 2002—2020年台湾牛肉消费量

资料来源：历年《台湾农业统计年报》

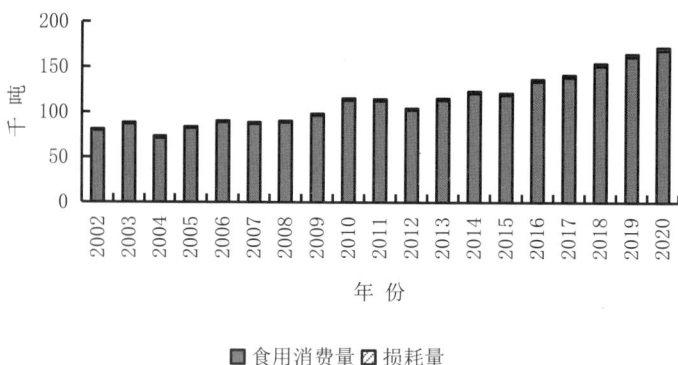

图8-10 2002—2020年台湾牛肉消费结构

资料来源：历年《台湾农业统计年报》

1.2.3 进口量逐渐增长，出口量极少

台湾牛肉消费基本依赖进口。根据图8-11可知，2002—2020年，进口量总体呈逐渐增长趋势，从76.2千吨增长至最大值165.4千吨，增长了1.17倍；而出口量在0.1千吨至1千吨之间小幅波动，但始终处于极低水平。由此可知，台湾牛肉进出口量的差距不断扩大。

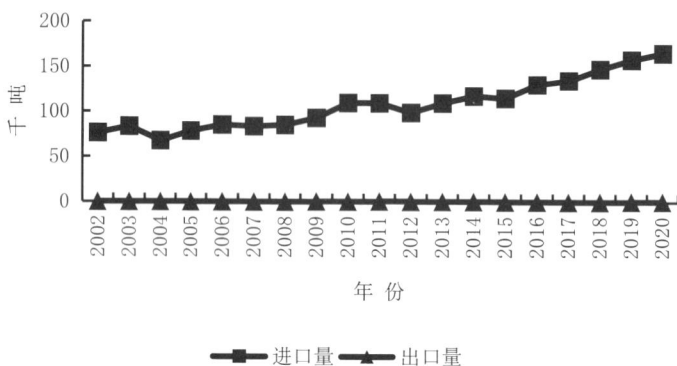

图8-11 2002—2020年牛肉进出口量

资料来源：历年《台湾农业统计年报》

1.3 家禽产业

1.3.1 家禽肉产量小幅波动，鸡屠宰数量最多

台湾家禽肉产量波动较小，总体呈先减后增的趋势。根据图8-12可知，2002—2008年产量从696.7千吨小幅波动下降至614.1千吨，下降幅度为11.86%；2009—2011年产量缓慢增长至680.1千吨，随后逐渐下降至2013年的最小值609.7千吨；2013—2020年产量逐渐增长至最大值757.2千吨，增长幅度为24.19%。

台湾鸡、鸭、鹅的屠宰数量均呈小幅波动趋势。根据图8-13可知，2002—2020年，鸡的屠宰数量最大，总体呈先减后增的趋势，先从2002年的377.52百万只小幅波动下降至2008年的322.18百万只，2008—2011年屠宰数量缓慢增长至350.12百万只，随后逐年下降至2013年的最小值307.49百万只；2013—2020年屠宰数量小幅波动增长至2020年的最大值379.60百万只，增长幅度为23.45%。鸭的屠宰数量明显小于鸡，在28.95百万只至38.33百万只之间小幅波动。鹅的屠宰数量最少，整体呈下降趋势，2002—2014年屠宰数量在4.59百万只至6.72百万只之间小幅波动，2015年屠宰数量明显下降，较上一年下降了75.14%，之后基本保持在2.5百万只左右。

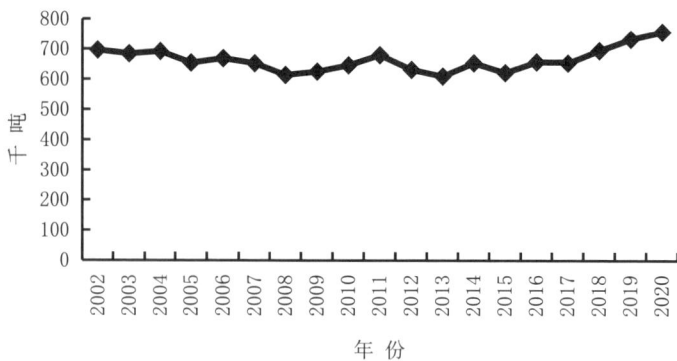

图8-12 2002—2020年台湾家禽肉产量

资料来源：历年《台湾农业统计年报》

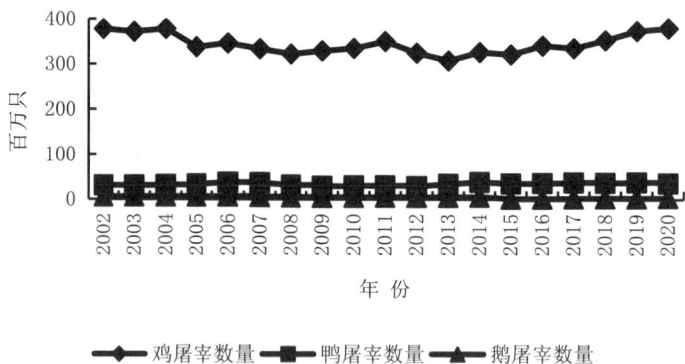

图8-13 2002—2020年台湾家禽屠宰数量

资料来源：历年《台湾农业统计年报》

1.3.2 家禽肉消费逐渐增长

台湾家禽肉消费量总体呈小幅波动增长趋势。根据图8-14可知，2002—2006年消费量从725.7千吨缓慢增长至777.8千吨，随后两年略降至696.5千吨，2008—2011年消费量逐年增长至799.1千吨，随后两年又略降至729.7千吨，2013—2020年消费量不断增长至最大值1036.1千吨，与2002年相比，增长了42.77%。

从消费结构来看，台湾家禽肉消费以食用消费为主。根据图8-15可知，2002—2020年，食用消费量占总消费量的比例平均高达98.5%，因而食用消费量的变化趋势与总消费量基本一致；损耗量占总消费量的比例保持在1.5%左右。

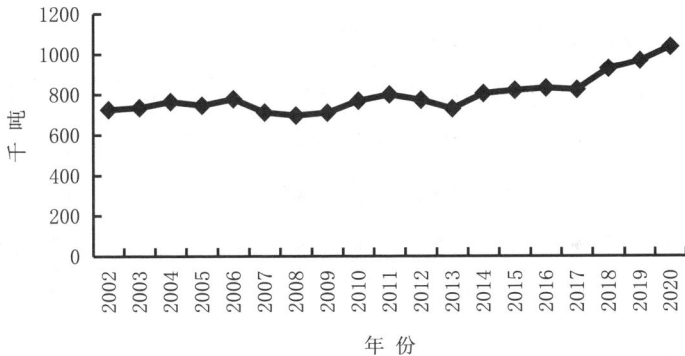

图8-14 2002—2020年台湾家禽肉消费量

资料来源：历年《台湾农业统计年报》

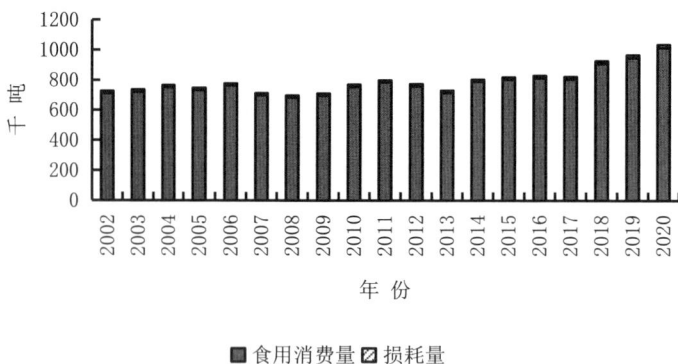

食用消费量 损耗量

图8-15 2002—2020年台湾家禽肉消费结构

资料来源：历年《台湾农业统计年报》

1.3.3 进口量波动增长，出口量极少

台湾家禽肉进口量总体呈波动增长趋势，出口量保持极低水平。根据图8-16可知，2002—2020年，进口量前期平稳增长，后期波动较大。2002—2006年进口量从最小值34.6千吨逐年增长至117.5千吨，2007年明显下降至69.9千吨；2007—2020年进口量快速波动增长至最大值283.2千吨，与2002年相比，增长幅度高达7.18倍。而出口量波动较小，在2.2千吨至11.1千吨之间小幅波动。

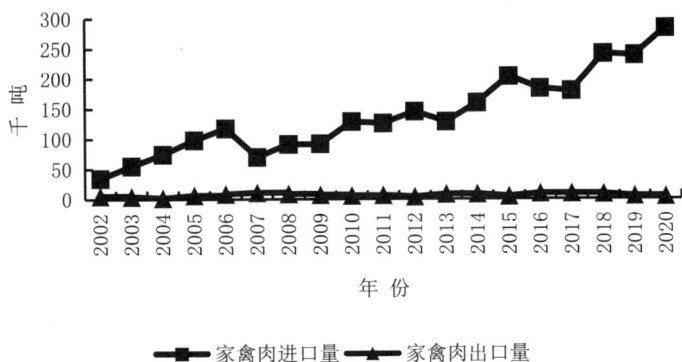

图8-16 2002—2020年台湾家禽肉进出口量

资料来源：历年《台湾农业统计年报》

2 未来市场发展走势判断

2.1 生猪产业预测

　　根据表8-1可知，台湾猪肉的产量、总消费量及进出口量预计未来五年均呈"减—增—减"的趋势。产量、总消费量、进口量、出口量将分别先从2021年的825.39千吨、931.82千吨、111.46千吨、3.55千吨小幅减少至2022年的817.73千吨、925.13千吨、107.84千吨、2.55千吨，之后分别逐年增长至2024年的最大值909.07千吨、1024.35千吨、130.06千吨、4.71千吨，2025年又分别小幅减少至828.11千吨、940.44千吨、119.64千吨、3.93千吨。

表8-1 2021—2025年猪肉预测值（单位：千吨）

年 份	产 量	进口量	出口量	总消费量
2021	825.39	111.46	3.55	931.82
2022	817.73	107.84	2.55	925.13
2023	837.01	114.21	3.67	944.95
2024	909.07	130.06	4.71	1024.35
2025	828.11	119.64	3.93	940.44

资料来源：根据历年《台湾农业统计年报》数据计算所得

2.2 肉牛产业预测

根据表8-2可知，台湾牛肉的产量、总消费量、进口量预计未来五年呈逐年小幅增长的趋势，产量将从2021年的7.53千吨增长至2025年的8.57千吨，总消费量将从2021年的187.48千吨增长至2025年的225.21千吨，进口量将从2021年的181.09千吨增长至2025年的217.38千吨。台湾牛肉的出口量预计未来五年呈小幅波动减少趋势，将从2021年的1.2千吨减少至2025年的0.80千吨。

表8-2 2021—2025年牛肉预测值（单位：千吨）

年 份	产 量	进口量	出口量	总消费量
2021	7.53	181.09	1.20	187.48
2022	7.76	193.43	1.25	200.04
2023	8.02	197.71	0.95	204.83
2024	8.25	207.49	0.97	214.82
2025	8.57	217.38	0.80	225.21

资料来源：根据历年《台湾农业统计年报》数据计算所得

2.3 家禽产业预测

根据表8-3可知，台湾家禽肉的产量、进口量、总消费量预计未来五年先波动增长后波动减少，将分别先从2021年的714.07千吨、255.23千吨、964.30千吨波动增长至2024年的最大值842.86千吨、388.27千吨、1227.74千吨，2025年分别小幅下降至801.39千吨、342.53千吨、1139.64千吨。台湾家禽肉出口量预计未来五年呈小幅波动趋势，在3.48千吨至5.01千吨之间上下波动。

表8-3 2021—2025年家禽肉预测值（单位：千吨）

年 份	产 量	进口量	出口量	总消费量
2021	714.07	255.23	5.01	964.30
2022	808.33	339.13	3.48	1144.09
2023	795.77	330.34	4.52	1121.76
2024	842.86	388.27	3.62	1227.74
2025	801.39	342.53	4.45	1139.64

资料来源：根据历年《台湾农业统计年报》数据计算所得

3 成本收益分析

3.1 生产成本构成与收益比较

台湾主要畜产品的生产总成本由高到低依次为：肉牛、鹅、番鸭、土番鸭、白肉鸡、生猪。根据表8-4和表8-5可知，2020年，肉牛的生产总成本高达57566元/头；鹅和番鸭的生产总成本超过30000元/百只；土番鸭的生产总成本为17257元/百只；白肉鸡和生猪的生产总成本低于10000元/头（百只），其中生猪的生产总成本最低，为7472元/头。

从生产成本构成来看，根据表8-4和表8-5可知，2020年，饲料费是畜产品生产成本的主要来源，占生产总成本的比例均超过59%，土番鸭和番鸭的饲料费所占比例甚至超过75%。除了饲料费，对于生猪，幼畜费较高，为1088元/头，占总成本的比例为14.56%；人工费和医药保险费分别为538元/头和469元/头，占总成本的比例分别为7.20%和6.28%；其他成本费用占总成本的比例均低于5%，值得注意的是，生猪生产需要一小部分配种费，而其他畜产品不需要配种费。对于肉牛，人工费为5175元/头，占总成本的比例为8.99；其他成本费用占总成本的比例均低于5%。对于白肉鸡，幼禽费较高，为2515元/百只，占总成本的比例为26.76%；其他成本费用占总成本的比例均低于5%。对于土番鸭，幼禽费为2122元/百只，占总成本的比例为12.30%；人工费为870元/百只，占总成本的比例为5.04%；其他成本费用占总成本的比例均低于3%。对于番鸭，幼禽费为3955元/百只，占总成本的比例为12.41%；人工费为2292元/百只，占总成本的比例为7.19%；其他成本费用占总成本的比例均低于2%。对于鹅，幼禽费较高，为9500元/百只，占总成本的比例为24.07%；人工费为2088元/百只，占总成本的比例为5.29%；其他成本费用占总成本的比例均低于3%。

从收益和利润来看，根据表8-4和表8-5可知，2020年，台湾主要畜产品总收益由高到低依次为：肉牛、鹅、番鸭、土番鸭、白肉鸡、生猪，而利润由高到低依次为：鹅、肉牛、番鸭、土番鸭、生猪、白肉鸡。总体而言，畜产品的生产成本越高，收益就越高，利润也相对越高。

表8-4 2020年生猪和肉牛的生产成本与收益（单位：元/头）

类 别	生 猪		肉 牛	
生产总成本	7472	占比	57566	占比
幼畜（禽）费	1088	14.56%	2727	4.74%
饲料费	4494	60.14%	43090	74.85%
配种费	14	0.19%	—	—
人工费	538	7.20%	5175	8.99%
医药保险费	469	6.28%	899	1.56%
能源费	170	2.28%	1405	2.44%
材料费	57	0.76%	293	0.51%
其他手续杂费	153	2.05%	790	1.37%
设备费折旧修缮费	293	3.92%	2413	4.19%
机具折旧修缮费	142	1.90%	238	0.41%
地 租	15	0.20%	65	0.11%
资本利息	39	0.52%	471	0.82%
总收益	9016		68610	
利 润	1544		11044	

资料来源：2020年《台湾农业统计年报》

表8-5 2020年家畜的生产成本与收益

类 别	白肉鸡（元／百只）	占比	土番鸭（元／百只）	占比	番鸭（元／百只）	占比	鹅（元／百只）	占比
生产总成本	9397	占比	17257	占比	31863	占比	39469	占比
幼畜（禽）费	2515	26.76%	2122	12.30%	3955	12.41%	9500	24.07%
饲料费	5570	59.27%	13250	76.78%	24049	75.48%	25373	64.29%
人工费	390	4.15%	870	5.04%	2292	7.19%	2088	5.29%
医药保险费	343	3.65%	114	0.66%	413	1.30%	945	2.39%
能源费	252	2.68%	174	1.01%	337	1.06%	267	0.68%
材料费	82	0.87%	42	0.24%	131	0.44%	525	1.33%
其他手续杂费	17	0.18%	43	0.25%	106	0.33%	51	0.13%
设备费折旧修缮费	124	1.31%	66	0.38%	212	0.67%	326	0.83%
机具折旧修缮费	57	0.61%	12	0.07%	22	0.07%	22	0.06%
地 租	34	0.36%	494	2.86%	228	0.72%	334	0.85%
资本利息	14	0.15%	72	0.42%	118	0.37%	38	0.10%
总收益	10008		19337		36368		51490	
利 润	611		2080		4506		12021	

资料来源：2020年《台湾农业统计年报》

3.2 成本收益变化趋势

3.2.1 生猪

根据图8-17可知，2011—2020年，台湾生猪总收益波动较大，先从2011年的8.88千元/头下降至2012年的7.45千元/头，随后两年逐渐增长至9.52千元/头，2015年总收益略降至8.70千元/头，2015—2017年逐渐增长至最大值9.91千元/头，随后小幅波动下降至2020年的9.02千元/头。台湾生猪总成本相对平稳，总体呈先减后增趋势，2011—2017年总成本从7.41千元/头缓慢减少至最小值6.72千元/头，2018—2020年逐渐增长至7.47千元/头。台湾生猪利润的变化趋势在2011—2018年与总收益基本一致，之后由于总成本有所增长，利润呈逐年下降趋势，其中2012年为最小值0.15千元/头，2017年为最大值3.19千元/头。

从生产成本结构来看，根据图8-18可知，2011—2020年，台湾生猪的饲料费占总成本的比例最大，总体呈逐渐下降趋势，从2011年的66.52%下降至2020年的60.14%；其次是幼禽费，占总成本的比例也呈下降趋势，从2011年的19.31%逐渐下降至2020年的14.56%；人工费占总成本的比例呈稳步增长趋势，从2011年的4.23%增长至2020年的7.20%；医药保险费占总成本的比例也呈增长趋势，从2011年的3.05%逐渐增长至2020年的6.28%；其他成本费用占总成本的比例变化不大。

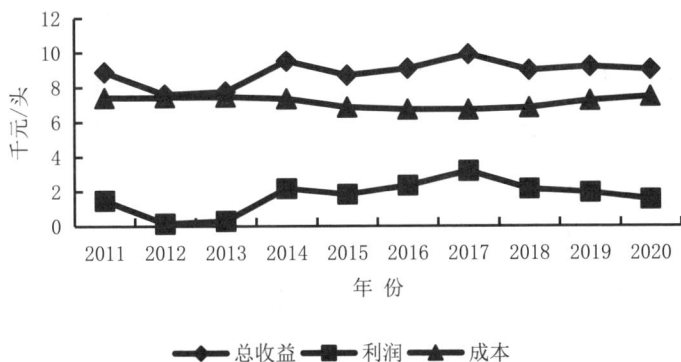

图8-17 2011—2020年生猪生产成本与收益变化

资料来源：历年《台湾农业统计年报》

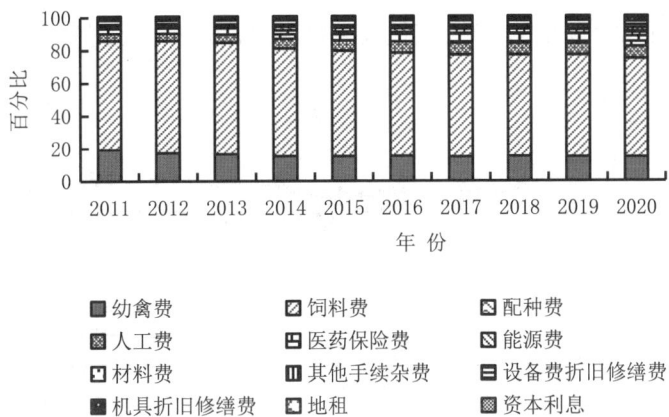

图8-18 2011—2020年生猪生产成本结构（%）

资料来源：历年《台湾农业统计年报》

3.2.2 肉牛

根据图8-19可知,2011—2020年,台湾肉牛总收益波动较小,总体呈小幅增长趋势,从最小值61.86千元/头略增至68.61千元/头,增长幅度为10.91%。台湾肉牛总成本相对平稳,基本保持在58千元/头左右。由于总成本变化不大,台湾肉牛利润的变化趋势与总收益相似,从2011年的4.09千元/头小幅波动增长至2020年的11.04千元/头。

从生产成本结构来看,根据图8-20可知,2011—2020年,台湾肉牛的饲料费占总成本的比例最大,总体呈先增后减的趋势,先从2011年的79.37%逐年增长至2013年的83.33%,随后逐渐减少至2020年的74.85%;幼禽费占总成本的比例呈"减—增—减"的趋势,先从2011年的6.95%逐年减少至2013年的3.58%,随后不断增长至2017年的10.91%,2017—2020年又逐年下降至4.74%;人工费占总成本的比例总体呈逐渐增长趋势,从2011年的6.08%增长至2020年的8.99%;其他成本费用占总成本的比例变化不大。

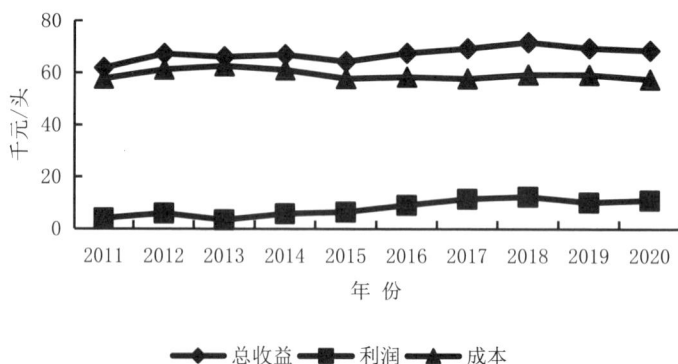

图8-19 2011—2020年肉牛生产成本与收益变化

资料来源:历年《台湾农业统计年报》

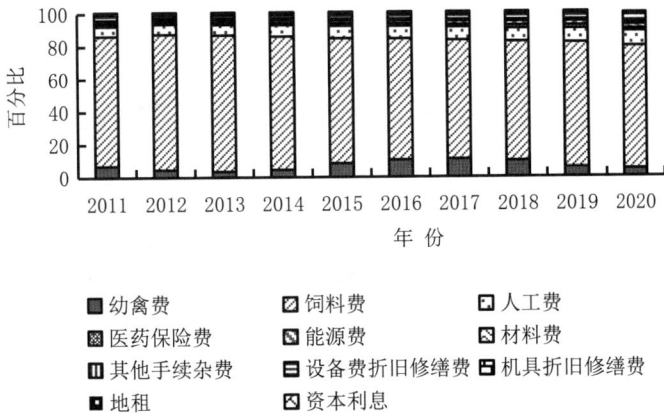

图8-19 2011—2020年肉牛生产成本结构（％）

资料来源：历年《台湾农业统计年报》

3.2.3 白肉鸡

根据图8-21可知，2011—2020年，台湾白肉鸡总收益波动较小，先从2011年的9.33千元/百只略降至2012年的8.96千元/百只，随后两年逐年增长至10.47千元/百只，2014—2018年总收益基本稳定在10.3千元/百只左右，2019年略降至9.42千元/百只，2020年又略增至10.01千元/百只。台湾白肉鸡总成本趋近于总收益，其变化趋势与总收益基本一致，因此利润处于低水平，始终小于0.8千元/百只。

从生产成本结构来看，根据图8-22可知，2011—2020年，台湾白肉鸡的饲料费占总成本的比例最大，总体呈先增后减趋势，先从2011年的68.26%增长至2012年的71.17%，随后逐渐减少至2020年的59.27%；其次是幼禽费，占总成本的比例总体呈波动增长趋势，从2011年的18.49%增长至2020年的26.76%；人工费占总成本的比例略有增长，从2011年的3.42%增长至2020年的4.15%；其他成本费用占总成本的比例变化不大。

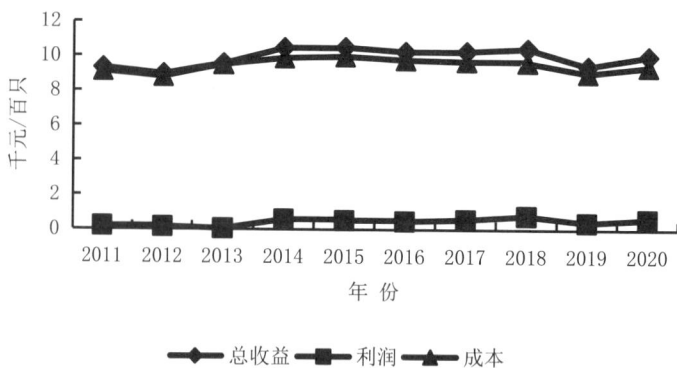

图8-21 2011—2020年白肉鸡生产成本与收益变化

资料来源：历年《台湾农业统计年报》

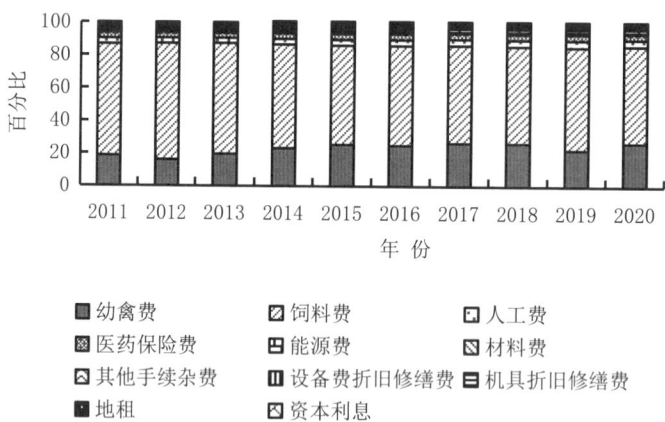

图8-22 2011—2020年白肉鸡生产成本结构（％）

资料来源：历年《台湾农业统计年报》

3.2.4 土番鸭

根据图8-23可知，2011—2020年，台湾土番鸭总收益波动较小，总体呈先增后减趋势，先从2011年的18.72千元/百只缓慢增长至2016年的最大值21.27千元/百只，随后小幅波动下降至2020年的19.34千元/百只。台湾土番鸭总成本趋近于总收益，总体呈先增后减趋势，先从2011年的18.44千元/百只增长至2013年的19.88千元/百只，随后缓慢减少至2020年的17.26千元/百只。由于总成本较高，台湾土番鸭利润很低，呈小幅波动趋势，其中2011年为最小值0.28千元/百只，2015年为最大值2.79千元/百只。

从生产成本结构来看，根据图8-24可知，2011—2020年，台湾土番鸭的饲料费占总成本的比例最大，总体呈先减后增的趋势，先从2011年的80.05%逐渐减少至2016年的74.81%，随后逐渐增长至2020年的76.77%；幼禽费占总成本的比例与饲料费所占比例呈反方向变动，先从2011年的8.66%逐渐增长至2016年的15.76%，随后逐渐减少至2020年的12.30%；人工费占总成本的比例呈先减后增趋势，先从2011年的6.02%逐渐减少至4.61%，随后逐渐增长至5.04%；其他成本费用占总成本的比例变化不大。

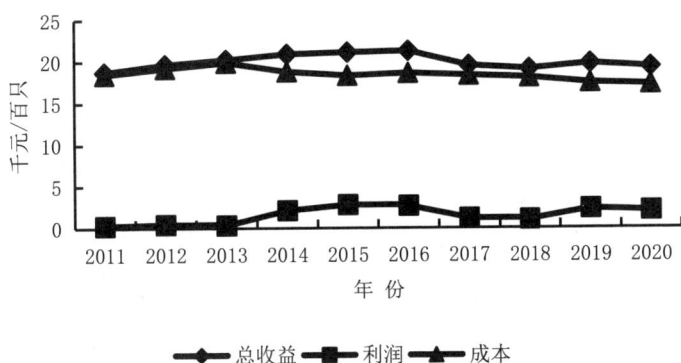

图8-23 2011—2020年土番鸭生产成本与收益变化

资料来源：历年《台湾农业统计年报》

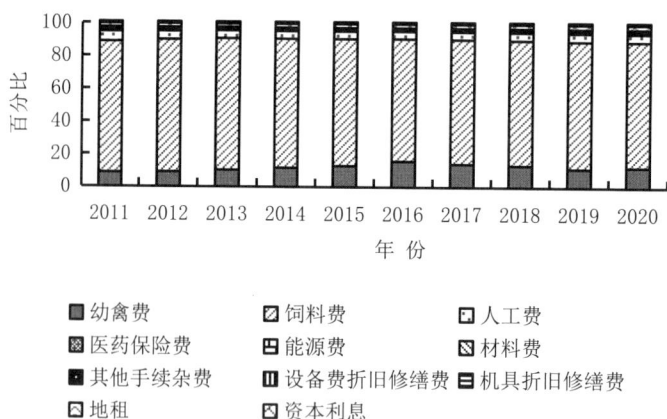

图8-24 2011—2020年土番鸭生产成本结构（%）

资料来源：历年《台湾农业统计年报》

3.2.5 番鸭

根据图8-25可知，2011—2020年，台湾番鸭总收益前期有所波动，后期相对平稳。2011—2014年总收益在31.76千元/百只至36.69千元/百只之间上下波动，2015—2020年总收益基本保持在36千元/百只左右。台湾番鸭总成本相对稳定，在30.57千元/百只至32.92千元/百只之间小幅波动。由于总成本较高，台湾番鸭利润较低，始终不超过5.5千元/百只，前期略有增长，后期保持平稳。

从生产成本结构来看，根据图8-26可知，2011—2020年，台湾番鸭的饲料费占总成本的比例最大，总体略有下降，从2011年的76.79%下降至2020年的75.48%；幼禽费占总成本的比例在11.26%至13.50%之间小幅波动；其他成本费用占总成本的比例变化不大。

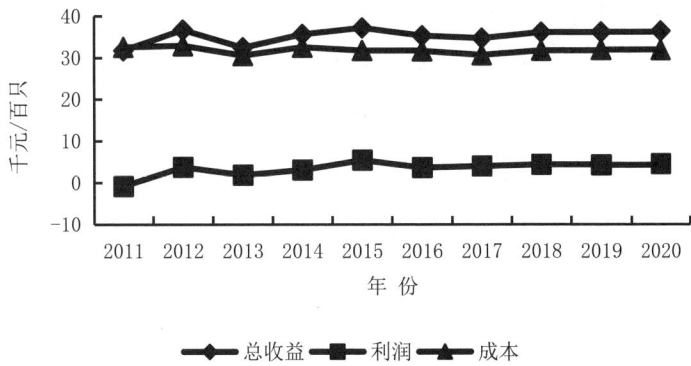

图8-25 2011—2020年番鸭生产成本与收益变化

资料来源：历年《台湾农业统计年报》

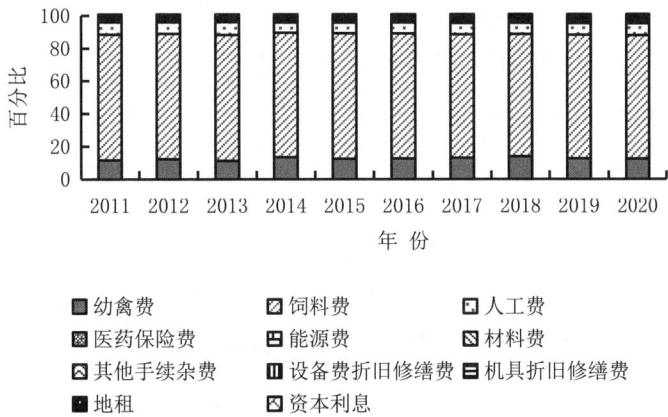

图8-26 2011—2020年番鸭生产成本结构（%）

资料来源：历年《台湾农业统计年报》

3.2.6 鹅

根据图8-27可知，2012—2020年，台湾鹅总收益总体呈先增后减的趋势，先从2012年的47.80千元/百只波动增长至2016年的最大值65.97千元/百只，随后小幅波动下降至2020年的51.49千元/百只。台湾鹅总成本也呈先增后减趋势，但波动较小，先从2012年的39.96千元/百只缓慢增长至2016年的最大值47.07千元/百只，随后小幅波动下降至2020年的39.47千元/百只。由于总成本变化不大，台湾鹅利润的变化趋势与总收益相似，其中2014年为最小值6.15千元/百只，2017年为最大值22.83千元/百只。

从生产成本结构来看，根据图8-28可知，2012—2020年，台湾鹅的饲料费占总成本的比例最大，总体呈先减后增的趋势，先从2012年的73.42%逐渐减少至2016年的56.41%，随后小幅波动增长至2020年的64.29%；幼禽费占总成本的比例与饲料费所占比例呈反方向变动，先从2012年的16.84%逐渐增长至2016年的34.73%，随后小幅波动减少至2020年的24.07%；人工费占总成本的比例略有增长，从2012年的4.05%略增至2020年的5.29%；其他成本费用占总成本的比例变化不大。

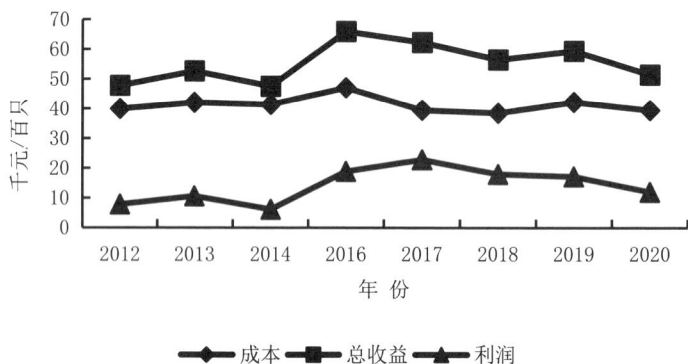

图8-27　2012—2020年鹅的生产成本与收益变化

资料来源：历年《台湾农业统计年报》

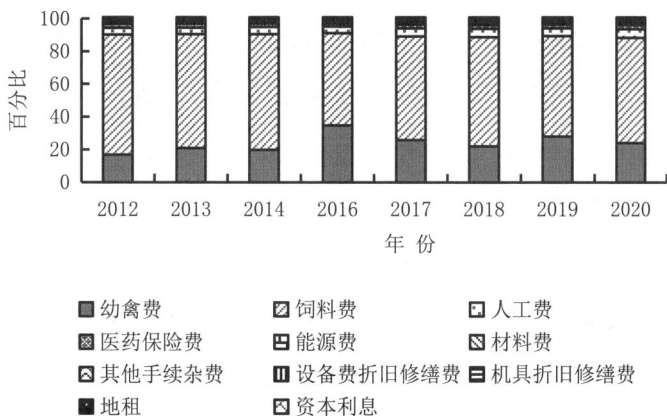

图8-28 2012—2020年鹅的生产成本结构（%）

资料来源：历年《台湾农业统计年报》

4 两岸国际竞争力对比

4.1 生猪产业

从国际市场占有率来看，根据图8-29可知，2000—2020年，台湾猪肉的国际市场占有率极低，始终保持在0.03%以下。大陆猪肉的国际市场占有率波动较大，总体呈现先降后升的趋势，2000—2006年占有率从17.18%下降至最小值8.15%，2007—2014年占有率小幅波动增长至9.43%，2015年出现明显增长，较上一年增长了4.6个百分点；2015—2020年占有率波动下降至10.93%，与2002年相比，下降了6.25个百分点。对比而言，大陆猪肉的国际市场份额明显高于台湾，且二者差距逐渐缩小。

从出口贡献率来看，根据图8-30可知，两岸猪肉的出口贡献率均处于极低水平。2000—2013年台湾猪肉的出口贡献率均为0，2014—2020年出口贡献率略有增长，但仍不超过0.0003%。大陆猪肉的出口贡献率总体呈下降趋势，前期持续下降，后期相对平稳，2000—2007年出口贡献率从最大值0.093%逐年下降至0.022%，2008—2020年出口贡献率波动较小，在0.016%至0.028%之间小幅波动。由此可知，大陆猪肉的出口贡献率明显高于台湾，且二者差距不断缩小。

从贸易竞争力指数来看，根据图8-31可知，台湾猪肉总体上处于出口竞争劣势地位。2000—2012年指数均为-1，说明台湾猪肉在这期间只进口不出口，2013—2020年贸易竞争力明显增强，但指数波动较大，其中2013年、2015年和2018年指数仍小于0，其余年份指数均大于0，处于出口竞争优势地位，但指数均小于0.5，说明竞争优势较弱。而大陆猪肉的出口竞争优势极强，2000—2019年指数均接近于1，2020年略降至0.77。对比而言，大陆猪肉的贸易竞争力显著高于台湾，且二者差距在2012年之后不断缩小。

从显示性比较优势指数来看，根据图8-32可知，台湾猪肉的出口竞争力很弱，2000—2012年指数均等于0，2013—2020年指数略有增长，但仍低于0.02。而大陆猪肉在2000—2006年具有很强的出口优势，但竞争力在不断下降，其指数从4.414连续下降至1.003；在2007—2020年基本不具有出口优势，其指数在0.8左右小幅波动。对比而言，大陆猪肉的出口竞争优势明显高于台湾，且二者差距不断缩小后保持相对稳定。

从相对贸易优势指数来看，根据图8-33可知，2000—2020年，台湾猪肉总体上不具有贸易比较优势，其指数基本稳定在0左右。而大陆猪肉具有较强的贸易比较优势，但竞争力逐渐下降，2000—2006年指数从4.32逐年快速下降至0.98，2007—2020年指数小幅波动下降至0.62。对比而言，大陆猪肉的国际竞争力明显高于台湾，且二者差距逐渐缩小。

综上所述，台湾猪肉的贸易竞争力较弱，而大陆猪肉具有较强的贸易竞争优势，但竞争力逐渐减弱。

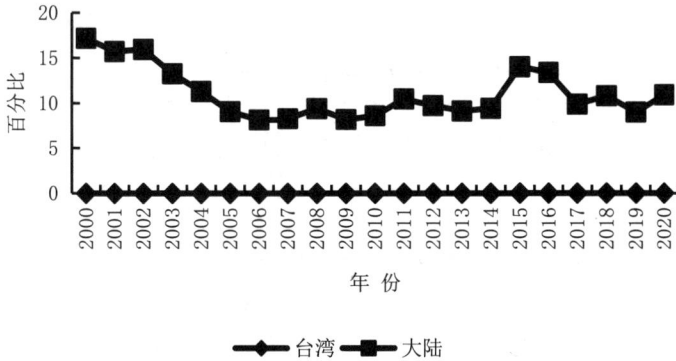

图8-29 2000—2020年大陆与台湾的猪肉国际市场占有率（%）

资料来源：根据FAOSTAT数据计算所得

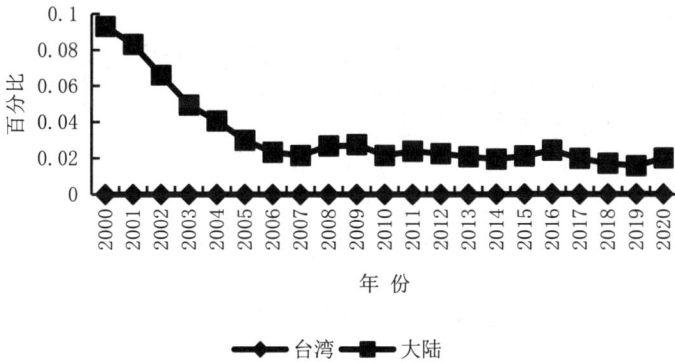

图8-30 2000—2020年大陆与台湾的猪肉出口贡献率（%）

资料来源：根据FAOSTAT数据计算所得

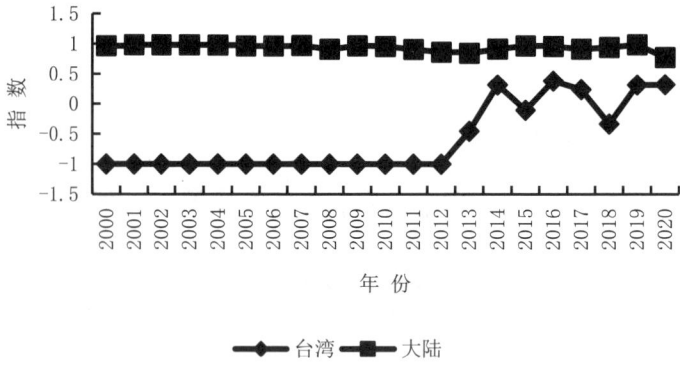

图8-31 2000—2020年大陆与台湾的猪肉贸易竞争力指数

资料来源：根据FAOSTAT数据计算所得

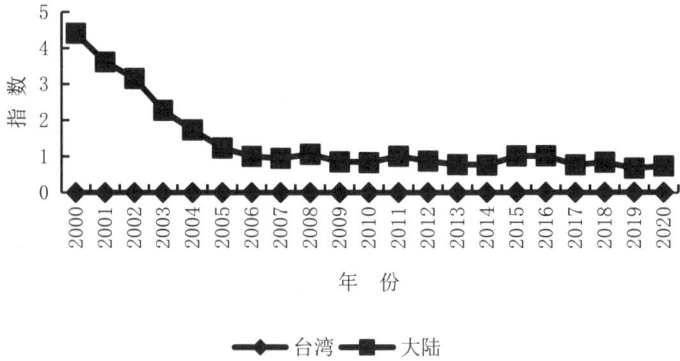

图8-32 2000—2020年大陆与台湾的猪肉显示性比较优势指数

资料来源：根据FAOSTAT数据计算所得

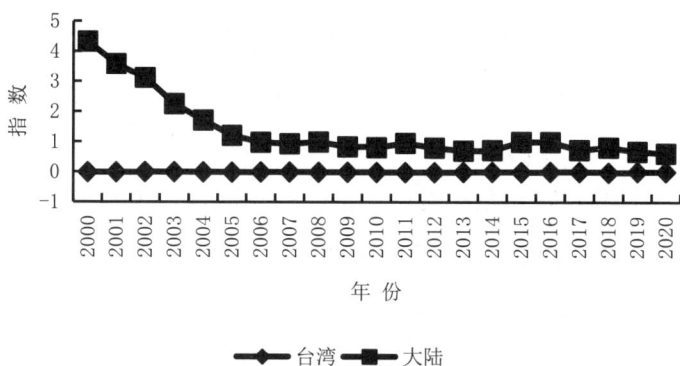

图8-33 2000—2020年大陆与台湾的猪肉相对贸易优势指数

资料来源：根据FAOSTAT数据计算所得

4.2 肉牛产业

从国际市场占有率来看，根据图8-34可知，2000—2020年，两岸牛肉的国际市场占有率均处于极低水平。台湾牛肉的国际市场份额相对平稳，始终低于0.003%。而大陆牛肉的国际市场占有率波动较大，2000—2007年占有率明显高于台湾，之后除了2013年和2017年占有率较高以外，基本与台湾牛肉的国际市场份额处于同一水平。

从出口贡献率来看，根据图8-35可知，2000—2020年，两岸牛肉的出口贡献率均处于极低水平。台湾牛肉的出口贡献率始终保持在0.00002%以下，而大陆牛肉的出口贡献率在2000年、2002年、2004年和2013年明显高于台湾，其余年份基本与台湾牛肉的出口贡献率处于同一水平。

从贸易竞争力指数来看，根据图8-36可知，2000—2020年，两岸牛肉均处于出口竞争劣势地位。台湾牛肉的出口竞争力极低，指数始终趋近于-1。大陆牛肉的出口竞争力呈下降趋势，2000—2007年指数明显高于台湾，但波动较大，2008—2020年两岸牛肉指数基本相同。

从显示性比较优势指数来看，根据图8-37可知，2000—2020年，两岸牛肉均不具有出口比较优势，且贸易竞争力极弱。台湾牛肉指数始终趋近于0，大陆牛肉指数在2000年、2002年、2004年和2013年明显高于台湾，其余年份两岸牛肉指数基本相同。

从相对贸易优势指数来看，根据图8-38可知，2000—2020年，两岸牛肉的国际竞争力均很弱。台湾牛肉指数始终小于0，总体呈现先增后减的趋势，2000—2006年指数从-0.20波动增长至-0.06，2007—2012年指数变化不大，2013—2020年指数从-0.07小幅波动下降至-0.19。大陆牛肉的贸易竞争力前期保持稳定，后期持续下降，2000—2012年指数稳定在0附近，2013年指数开始小于台湾牛肉指数，到2020年快速下降至-0.81。对比而言，2000—2012年大陆牛肉的国际竞争力强于台湾，但二者差距逐渐缩小，2013—2020年台湾牛肉的国际竞争力超过大陆，且二者差距不断扩大。

综上所述，两岸牛肉的国际竞争力均处于劣势地位，且二者的竞争力差距不大。

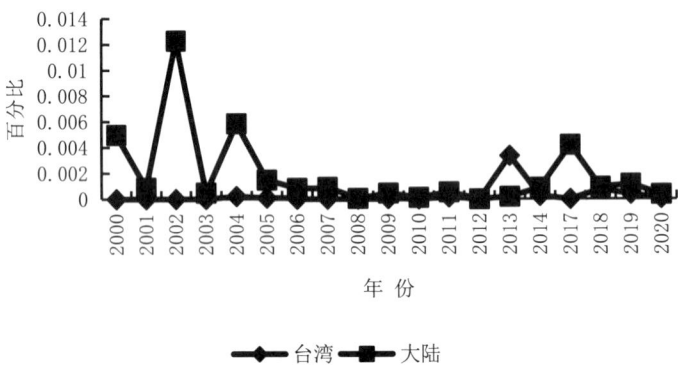

图8-34 2000—2020年大陆与台湾的牛肉国际市场占有率（%）

资料来源：根据FAOSTAT数据计算所得

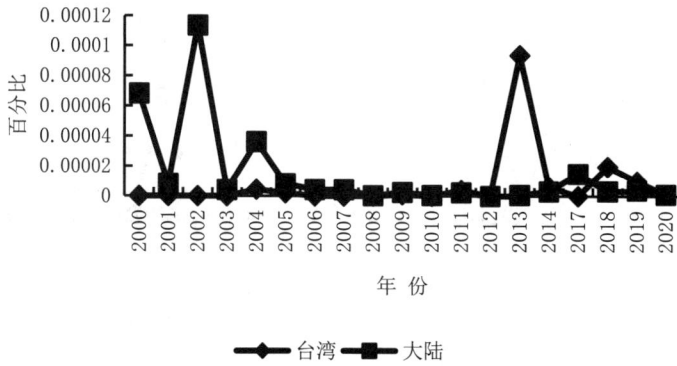

图8-35 2000—2020年大陆与台湾的牛肉出口贡献率（%）

资料来源：根据FAOSTAT数据计算所得

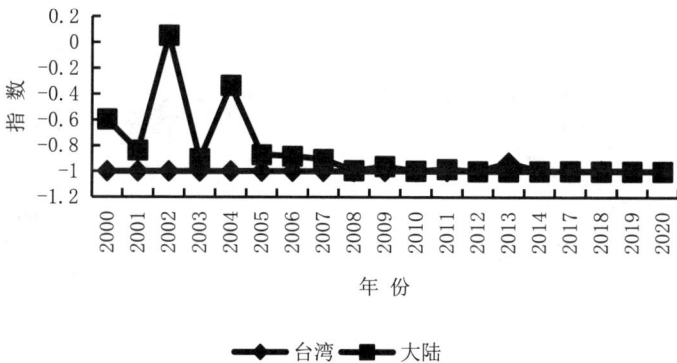

图8-36 2000—2020年大陆与台湾的牛肉贸易竞争力指数

资料来源：根据FAOSTAT数据计算所得

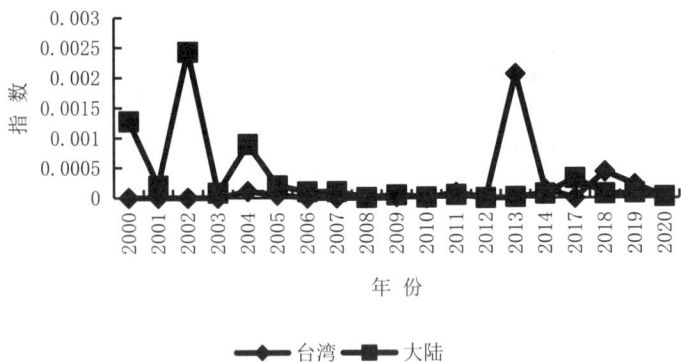

图8-37 2000—2020年大陆与台湾的牛肉显示性比较优势指数

资料来源：根据FAOSTAT数据计算所得

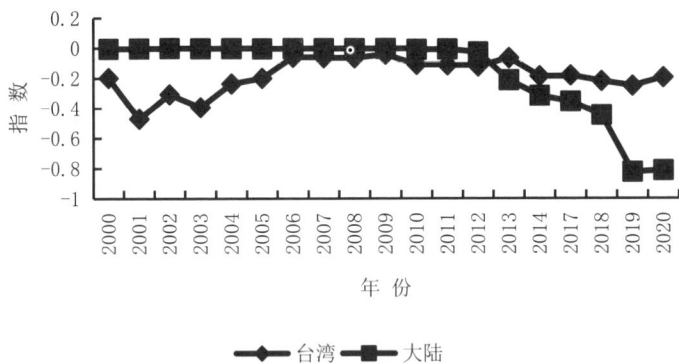

图8-38 2000—2020年大陆与台湾的牛肉相对贸易优势指数

资料来源：根据FAOSTAT数据计算所得

4.3 家禽产业

从国际市场占有率来看，根据图8-39可知，2000—2020年，台湾家禽肉的国际市场占有率始终处于0.2%以下的极低水平。大陆家禽肉的国际市场占有率明显高于台湾，总体呈现先减后增最后保持平稳的趋势，2000—2008年占有率从最大值8.84%波动下降至最小值3.43%，随后逐年小幅增长至2012年的5.30%，2012—2020年占有率相对平稳，基本保持在5%左右。

从出口贡献率来看，根据图8-40可知，2000—2020年，两岸家禽肉的出口贡献率均处于极低水平。台湾家禽肉的出口贡献率始终不超过0.01%。而大陆家禽肉的出口贡献率前期逐渐下降，后期保持平稳，2000—2008年出口贡献率从0.35%下降至0.07%，2009—2020年出口贡献率相对平稳且缓慢下降，从0.08%下降至0.06%。

从贸易竞争力指数来看，根据图8-41可知，2000—2020年，台湾家禽肉不具有出口竞争优势，且总体上竞争力呈下降趋势，2000—2005年指数波动较大，在-0.79至-0.28之间上下波动，2006—2020年指数逐年缓慢下降至-0.97。大陆家禽肉在2000—2018年具有出口竞争优势，其指数除了2008年以外，均大于0，2019年指数降至-0.04，转入出口竞争劣势，2020年指数进一步下降至-0.37。总体而言，大陆家禽肉的出口竞争力明显高于台湾。

从显示性比较优势指数来看，根据8-42可知，2000—2020年，台湾家禽肉处于出口比较劣势地位，贸易竞争力非常弱，其指数始终不超过0.08。而大陆家禽肉在2000—2003年具有较强的出口比较优势，其指数大于1，但竞争力不断下降，2004年指数开始小于0.8，转入出口比较劣势地位，随后指数缓慢下降至2020年的0.33。由此可知，大陆家禽肉的出口竞争力明显高于台湾，但二者差距逐渐缩小。

从相对贸易优势指数来看，根据8-43可知，2000—2020年，台湾家禽肉不具有贸易比较优势，其指数始终小于0。而大陆家禽肉的国际竞争力总体呈下降趋势，2000—2018年除了2007年、2008年、2009年和2016年以外，指数均大于0，2019年指数降至-0.15，转入贸易比较劣势地位，2020年指数进一步下降至-0.57。总体而言，大陆家禽肉的贸易竞争力强于台湾，但二者差距逐渐缩小，2020年台湾家禽肉的贸易竞争力首次超过大陆。

综上所述，大陆家禽肉具有一定的贸易竞争优势，台湾家禽肉的国际竞争力较弱，但二者差距逐渐缩小。

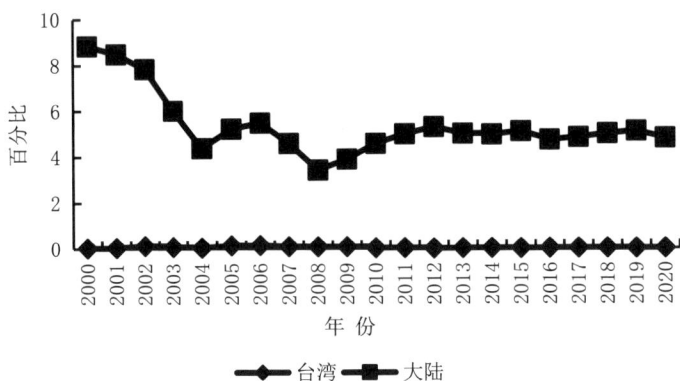

图8-39 2000—2020年大陆与台湾的家禽肉国际市场占有率（%）

资料来源：根据FAOSTAT数据计算所得

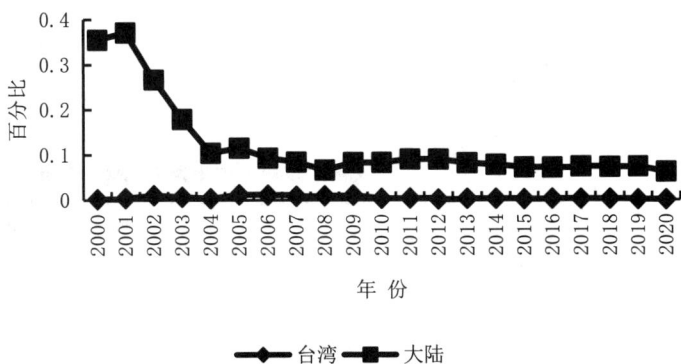

图8-40 2000—2020年大陆与台湾的家禽肉出口贡献率（%）

资料来源：根据FAOSTAT数据计算所得

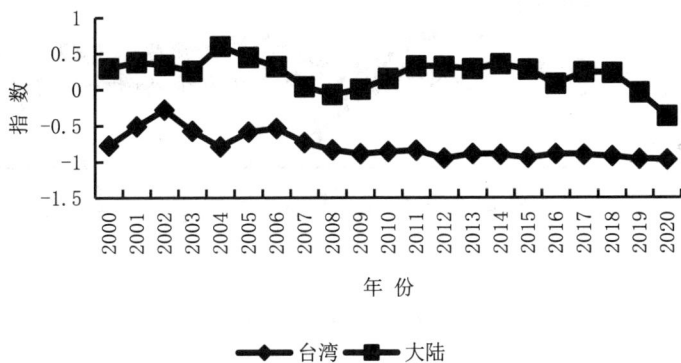

图8-41 2000—2020年大陆与台湾的家禽肉贸易竞争力指数

资料来源：根据FAOSTAT数据计算所得

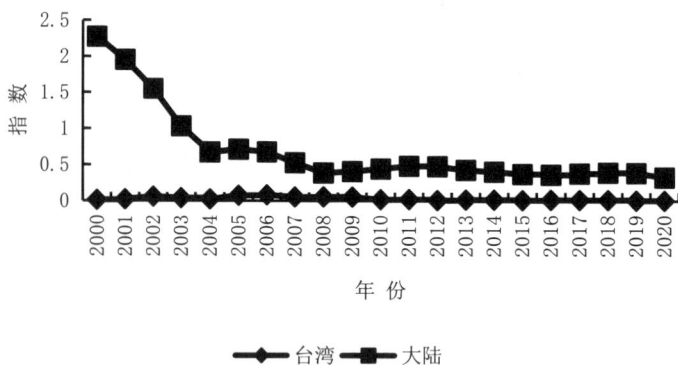

图8-42 2000—2020年大陆与台湾的家禽肉显示性比较优势指数

资料来源：根据FAOSTAT数据计算所得

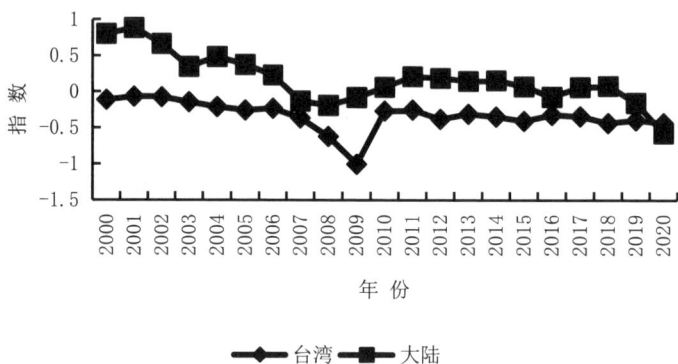

图8-43 2000—2020年大陆与台湾的家禽肉相对贸易优势指数

资料来源：根据FAOSTAT数据计算所得

第 9 章 │ 水产品产业

1 供求变化分析

1.1 鱼类水产品产业

1.1.1 产量波动下降

台湾水产品产量波动较大，整体呈下降趋势。根据图9-1可知，2002—2007年产量在1291.5千吨至1515.1千吨之间上下波动，随后连续下降至2009年的1107.5千吨，2009—2014年产量逐年增长至1415.0千吨，随后又快速下降至2016年的1012.5千吨，2016—2018年产量小幅回升至1102.5千吨，随后逐年下降至2020年的最小值891.0千吨，与2002年相比，下降幅度为36.72%。

台湾鱼类水产品产量总体呈小幅波动下降趋势。根据图9-2可知，2002—2009年产量从1144.7千吨波动下降至876.1千吨，随后逐年增长至2014年的1034.8千吨，2014—2017年产量连续下降至825.5千吨，2018年小幅回升至926.2千吨，随后逐步下降至2020年的最小值719.9千吨，与2002年相比，下降幅度为37.11%。

图9-1 2002—2020年台湾水产品产量

资料来源：历年《台湾农业统计年报》

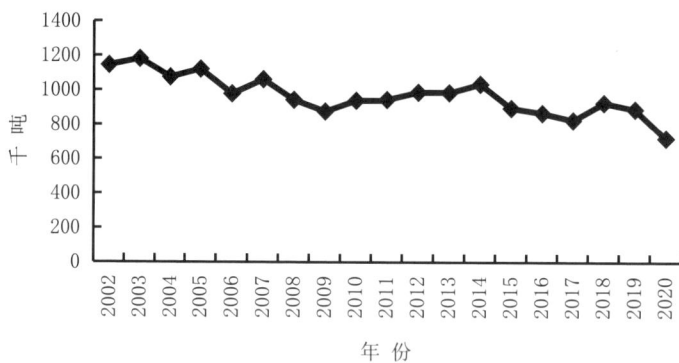

图9-2 2002—2020年台湾鱼类水产品产量

资料来源：历年《台湾农业统计年报》

1.1.2 消费波动下降

台湾鱼类水产品消费量总体呈波动下降趋势。根据图9-3可知，2003年产量为678.0千吨，较上一年增长了7.82%，2003—2006年产量连续下降至417.2千吨，2007年回升至514.3千吨，2008年又回落至415.1千吨，2008—2014年产量相对平稳且略有增长，2015—2017年产量逐年下降至314.1千吨，2018年产量回升至420.7千吨，2019年又回落至322.1千吨，2020年产量略增至348.0千吨，与2002年相比，减少幅度为44.66%。

从消费结构来看，台湾鱼类水产品消费以食用消费为主。根据图9-4可知，2002—2020年，鱼类水产品的食用消费量占总消费量的比例始终保持在85%以上，其所占比例呈波动增长趋势，从88.47%增长至92.39%；饲料用消费量总体呈波动下降趋势，从2002年的34.9千吨下降至2019年的4.3千吨，其占总消费量的比例也从5.55%波动下降至1.33%，2020年进一步下降至0；加工用消费量总体呈先增后减的趋势，先从2002年的8.3千吨增长至2010年的24.8千吨，随后波动减少至2020年的9.5千吨，其占总消费量的比例也先从2002年的1.32%波动增长至2009年的7.06%，之后波动减少至2020年的2.73%；损耗量占总消费量的比例基本稳定在4.7%左右。

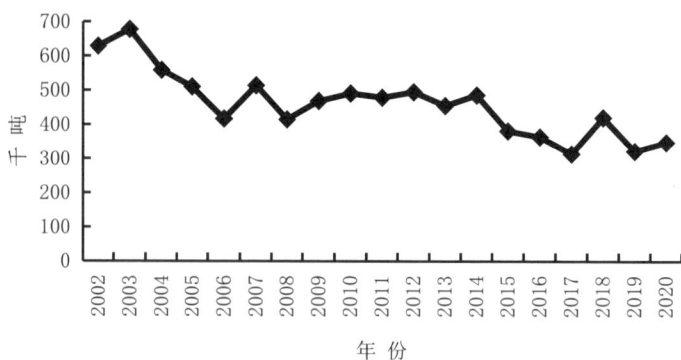

图9-3 2002—2020年台湾鱼类水产品消费量

资料来源：历年《台湾农业统计年报》

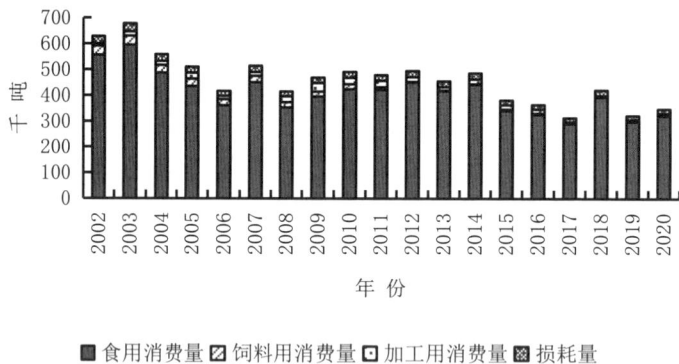

■食用消费量☑饲料用消费量▢加工用消费量☒损耗量

图9-4 2002—2020年台湾鱼类水产品消费结构

资料来源：历年《台湾农业统计年报》

1.1.3 进出口量逐渐增长

台湾鱼类水产品进出口量总体呈增长趋势，出口量波动较大，进口量相对平稳，且出口量明显高于进口量。根据图9-5可知，出口量在2002—2008年呈阶梯式增长趋势，2002—2004年保持在590千吨左右，随后有所增长，2005—2008年保持在650千吨左右；2009年出口量降至最小值568.1千吨，随后缓慢增长至2019年的最大值777.9千吨；值得注意的是，2020年出口量出现明显下降，较上一年下降了18.90%。进口量处于较低水平，从2002年的81.8千吨逐渐增长至2020年的最大值259.0千吨，增长了2.17倍。

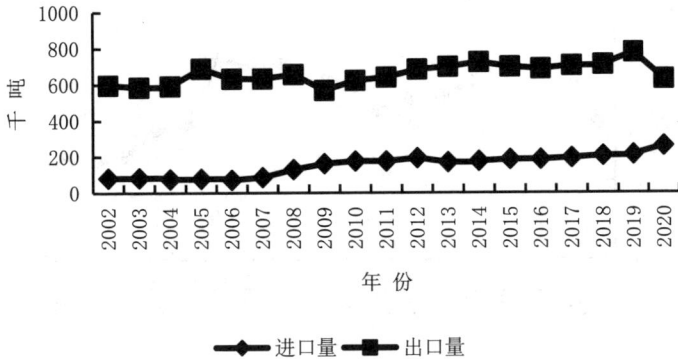

图9-5 2002—2020年台湾鱼类水产品进出口量

资料来源：历年《台湾农业统计年报》

1.2 虾蟹类水产品产业

1.2.1 产量波动明显

台湾虾蟹类水产品产量较少且波动起伏较大，总体呈下降趋势。根据图9-6可知，2002—2014年产量呈"增—减—增"的趋势，先从2002年的35.1千吨逐年增长至2005年的49.5千吨，2005—2009年产量连续下降至37.7千吨，之后逐渐增长至2014年的最大值50.7千吨，2015年产量突降至34.1千吨，较上一年减少了32.74%，随后继续不断下降至2020年的最小值23.8千吨。

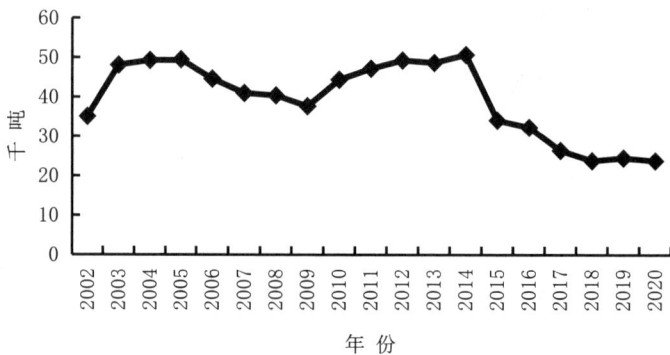

图9-6 2002—2020年台湾虾蟹类水产品产量

资料来源：历年《台湾农业统计年报》

1.2.2 消费波动增长

台湾虾蟹类水产品消费量波动较大，总体呈增长趋势。根据图9-7可知，消费量先从2002年的53.3千吨小幅增长至2004年的64.4千吨，随后略降至2006年的57.3千吨，2006—2013年消费量快速波动增长至最大值109.2千吨，增长幅度为90.58%，随后两年连续下降至90.7千吨，2015—2020年消费量小幅波动增长至104.5千吨，与2002年相比，增长幅度为96.06%。

从消费结构来看，台湾虾蟹类水产品消费以食用消费为主，根据图9-8可知，2002—2020年，食用消费量从34.7千吨波动增长至96.6千吨，其占总消费量的比例也从65.10%波动增长至92.44%；加工用消费量从16.8千吨波动减少至2.8千吨，其占总消费量的比例也从31.52%波动减少至2.68%；损耗量略有增长，从1.8千吨小幅增长至5.1千吨，其占总消费量的比例也从3.38%增长至4.88%。

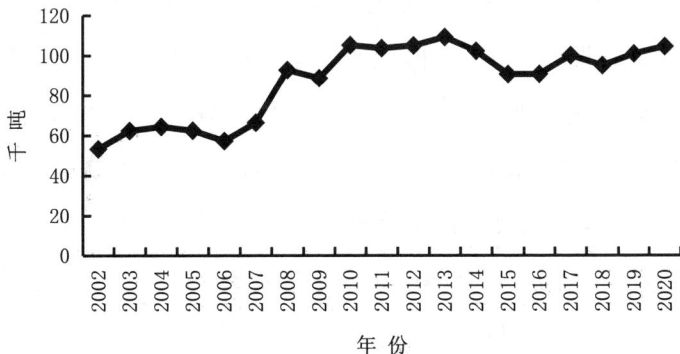

图9-7 2002—2020年台湾虾蟹类水产品消费量

资料来源：历年《台湾农业统计年报》

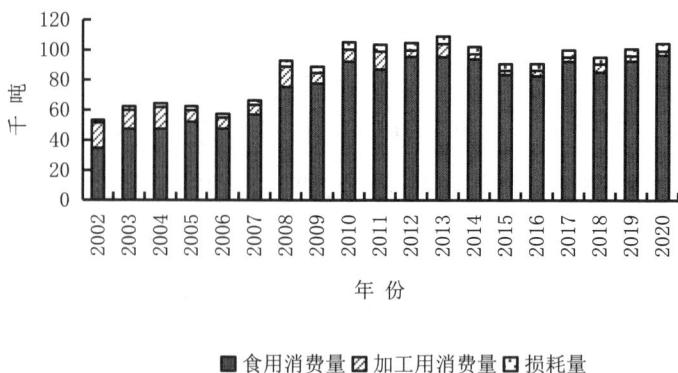

图9-8　2002—2020年台湾虾蟹类水产品消费结构

资料来源：历年《台湾农业统计年报》

1.2.3 进口量波动增长，出口量相对平稳

由于产量较低，台湾虾蟹类水产品出口量也始终处于低水平，需求基本依赖进口。根据图9-9可知，2002—2020年，出口量相对平稳，基本保持在10千吨以下。进口量总体呈波动上升趋势，先从2002年的26.7千吨逐年小幅下降至2006年的最小值14.4千吨，随后突增至2008年的53.8千吨，较2006年增长了2.74倍；2008—2013年进口量变化不大，在52.3千吨至62.6千吨之间小幅波动；2014—2020年进口量从55.0千吨连续增长至最大值85.4千吨，与2002年相比，增长了2.2倍。由此可知，进口量明显高于出口量，且二者差距不断扩大。

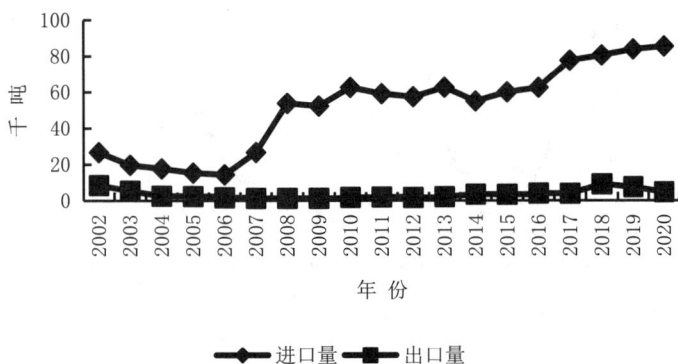

图9-9 2002—2020年台湾虾蟹类水产品进出口量

资料来源：历年《台湾农业统计年报》

1.3 头足类水产品产业

1.3.1 产量波动明显

台湾头足类水产品产量波动较大。根据图9-10可知，产量先从2002年的128.6千吨小幅增长至2003年的168.3千吨，2004年突降至76.5千吨，较上一年下降了54.55%，2005年进一步小幅下降至75.8千吨；2005—2007年产量猛增至最大值308.1千吨，增长幅度为3.06倍，随后又陡降至2009年的74.2千吨，较2007年下降了75.92%；2010—2015年产量从66.1千吨逐年快速增长至271.0千吨，增长幅度为3.1倍；2016年产量突降至最小值33.4千吨，较上一年下降了87.68%；2017年产量小幅回升至89.8千吨，随后又小幅波动下降至2020年的59.5千吨。

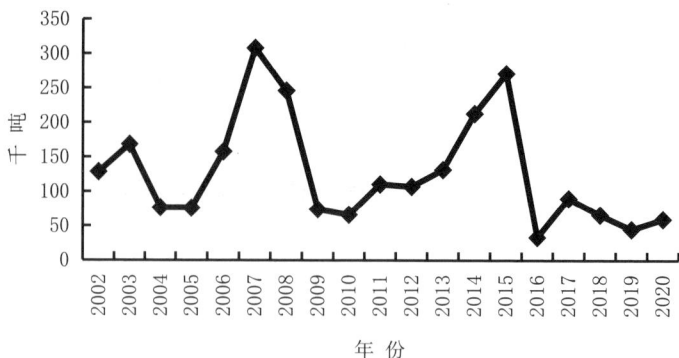

图9-10 2002—2020年台湾头足类水产品产量

资料来源：历年《台湾农业统计年报》

1.3.2 消费波动明显

台湾头足类水产品消费量波动较大。根据图9-11可知，消费量先从2002年的95.5千吨小幅增长至2003年的121.8千吨，2004年明显下降至57.1千吨；2004—2007年消费量逐年快速增长至最大值211.7千吨，增长幅度为2.71倍；2008—2009年消费量陡降至40.9千吨，较2007年下降了80.68%；2010—2015年消费量逐渐增长至174.4千吨，2016年突降至最小值39.7千吨，较上一年下降了77.24%；2016—2020年消费量小幅波动增长至85.6千吨。

从消费结构来看，头足类水产品消费以食用消费为主。根据图9-12可知，2002—2020年，食用消费量占总消费量的比例从84.19%小幅波动增长至94.39%；加工用消费量波动较大，其中2017年为最大值19.6千吨，2020年为最小值0.6千吨，其占总消费量的比例也呈明显波动趋势，其中2017年为最大值31.77%，2020年为最小值0.70%；损耗量占总消费量的比例基本稳定在4.7%左右。

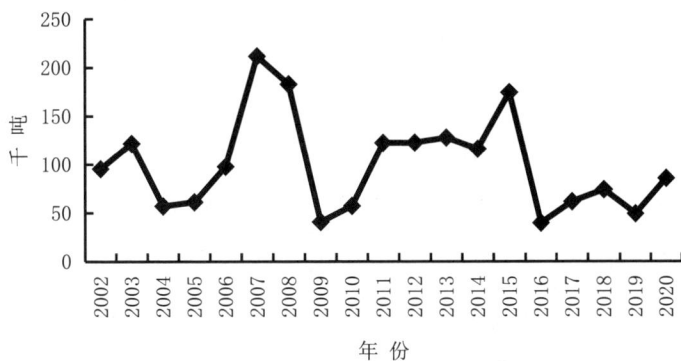

图9-11 2002—2020年台湾头足类水产品消费量

资料来源：历年《台湾农业统计年报》

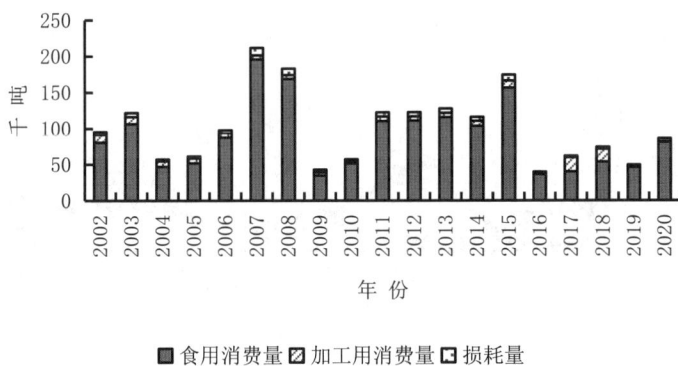

■食用消费量 ▨加工用消费量 ▢损耗量

图9-12 2002—2020年台湾头足类水产品消费结构

资料来源：历年《台湾农业统计年报》

1.3.3 进口量逐渐增长，出口量波动明显

台湾头足类水产品进口量呈小幅波动增长趋势，出口量波动较大。根据图9-13可知，进口量在2002—2007年处于13千吨以下的极低水平，2008—2011年逐年增长至35.1千吨，随后小幅下降至2014年的27.4千吨，2014—2020年进口量逐渐增长至53.0千吨，与2002年相比，增长了4.1倍。出口量先从2002年的43.5千吨逐渐下降至2005年的20.3千吨，随后快速增长至2007年的102.2千吨；2007—2012年出口量连续下降至最小值17.6千吨，之后飞速增长至2015年的最大值143.8千吨，较2012年增长了7.17倍；2016年出口量又突降至42.1千吨，较上一年下降了70.72%，随后波动下降至2020年的26.8千吨。对比而言，台湾头足类水产品出口量总体上明显高于进口量，值得注意的是，2018—2020年进口量超过出口量，且二者差距在扩大。

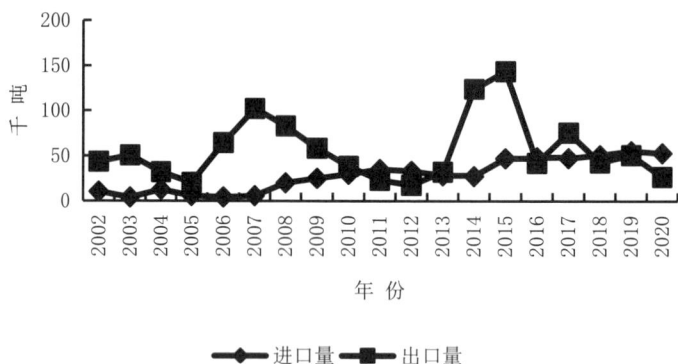

图9-13　2002—2020年台湾头足类水产品进出口量

资料来源：历年《台湾农业统计年报》

1.4 贝介类水产品产业

1.4.1 产量先增后减

台湾贝介类水产品产量波动明显，总体呈先增后减的趋势。根据图9-14可知，2002—2011年产量从66.7千吨波动增长至最大值110.0千吨，增长幅度为64.92%；2012—2016年产量逐年下降至66.7千吨，2017年回升至80.6千吨，随后继续缓慢下降至2020年的76.4千吨，较2011年下降了30.55%。

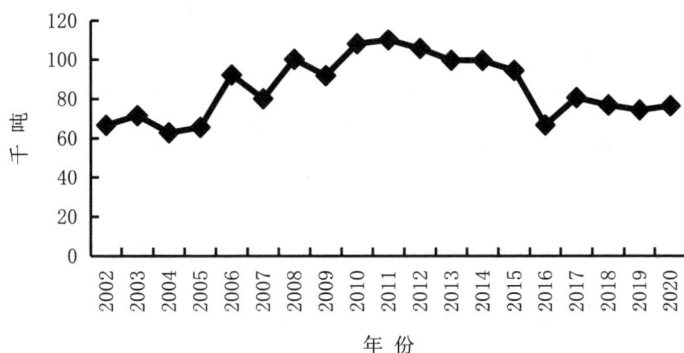

图9-14 2002—2020年台湾贝介类水产品产量

资料来源：历年《台湾农业统计年报》

1.4.2 消费波动明显

台湾贝介类水产品消费量波动较大，总体呈"增—减—增"的趋势。根据图9-15可知，2002—2012年消费量从92.8千吨波动增长至163.5千吨，增长幅度为76.19%；随后两年消费量略有下降，2015年突降至最小值66.1千吨，较上一年下降了58.87%；2015—2017年消费量快速回升至134.3千吨，增长幅度为1.03倍；2018—2020年消费量相对稳定，在130千吨左右小幅波动。

从消费结构来看，台湾贝介类水产品消费以食用消费为主。根据9-16可知，2002—2020年，食用消费量占总消费量的比例基本稳定在95%左右，其变化趋势与总消费量基本一致；损耗量占总消费量的比例保持在5%左右。

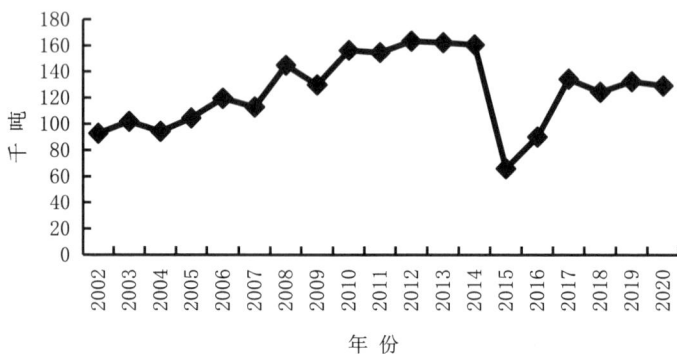

图9-15 2002—2020年台湾贝介类水产品消费量

资料来源：历年《台湾农业统计年报》

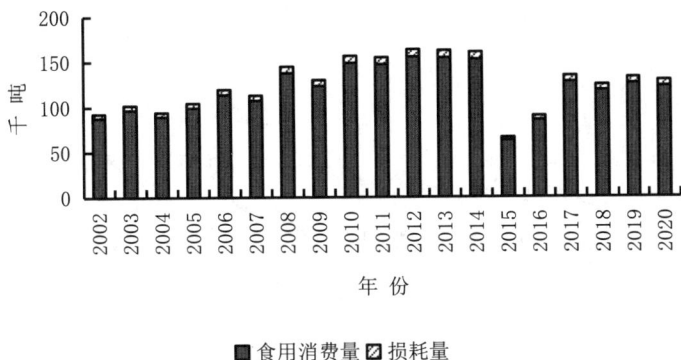

图9-16 2002—2020年台湾贝介类水产品消费结构

资料来源：历年《台湾农业统计年报》

1.4.3 进出口量先增后减

台湾贝介类水产品进出口量总体呈先增后减的趋势，进口量明显高于出口量。根据图9-17可知，出口量在2002—2009年稳定在3千吨以下的极低水平，2010—2015年出口量从2.4千吨逐年快速增长至最大值86.9千吨，增长幅度高达35.2倍，随后陡降至2017年的3.8千吨，较2015年下降了95.63%；2017—2020年出口量又进入6.5千吨以下的极低水平。进口量在2002—2014年从28.4千吨波动增长至最大值113.7千吨，增长了3倍，2015年突降至58.7千吨，较上一年下降了48.37%；2015—2020年进口量相对平稳，在54.0千吨至65.8千吨之间小幅波动。

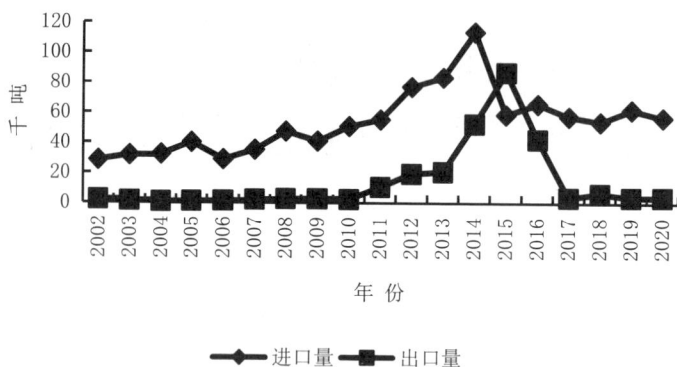

図17 2002—2020年台湾贝介类水产品进出口量

资料来源：历年《台湾农业统计年报》

2 未来市场发展走势判断

2.1 鱼类水产品产业预测

根据表9-1可知，台湾鱼类水产品的产量预计未来五年波动明显，其中2023年将下降至最小值759.63千吨，2025年将达到最大值901.21千吨。台湾鱼类水产品的进出口量预计未来五年呈小幅波动趋势，进口量将在224.28千吨至276.68千吨之间上下波动，出口量将在708.05千吨至773.87千吨之间上下波动。台湾鱼类水产品的总消费量总体呈"减—增—减"的趋势，将先从2021年的375.76千吨逐年减少至2023年的327.47千吨，2024年增长至377.54千吨，2025年又减少至329.94千吨。

表9-1 2021—2025年鱼类水产品产业预测值（单位：千吨）

年 份	产 量	进口量	出口量	总消费量
2021	821.37	262.29	708.05	375.76
2022	848.88	224.28	718.77	354.42
2023	759.63	276.68	709.03	327.47
2024	901.21	250.23	773.87	377.54
2025	840.36	254.05	764.49	329.94

资料来源：根据历年《台湾农业统计年报》数据计算所得

2.2 虾蟹类水产品产业预测

根据表9-2可知，台湾虾蟹类水产品的产量预计未来五年变化不大，基本保持在23.5千吨左右。台湾虾蟹类水产品的进出口量和总消费量预计未来五年呈小幅增长趋势，进口量将从2021年的93.50千吨逐年增长至2025年的100.95千吨，出口量将从2021年的5.90千吨逐步增长至2025年的7.23千吨，总消费量将从2021年的111.11千吨连续增长至2025年的116.56千吨。

表9-2 2021—2025年虾蟹类水产品产业预测值（单位：千吨）

年 份	产 量	进口量	出口量	总消费量
2021	23.57	93.50	5.90	111.11
2022	23.75	97.40	6.52	114.60
2023	23.48	99.30	6.88	115.87
2024	23.17	100.31	7.09	116.36
2025	22.86	100.95	7.23	116.56

资料来源：根据历年《台湾农业统计年报》数据计算所得

2.3 头足类水产品产业预测

根据表9-3可知，台湾头足类水产品的产量预计未来五年下降幅度较大，将从2021年的137.12千吨不断下降至2025年的28.75千吨，下降幅度为79.03%。台湾头足类水产品的进口量预计未来五年呈小幅波动增长趋势，将从2021年的54.61千吨增长至2025年的60.02千吨。台湾头足类水产品的出口量和总消费量预计未来五年呈逐渐减少趋势，出口量将从2021年的86.43千吨逐年减少至2025年的37.15千吨，总消费量将从2021年的105.23千吨不断减少至2025年的51.62千吨。

表9-3 2021—2025年头足类水产品产业预测值（单位：千吨）

年 份	产量	进口量	出口量	总消费量
2021	137.12	54.61	86.43	105.23
2022	100.56	55.15	74.61	81.07
2023	83.35	56.83	67.94	72.22
2024	52.59	54.88	53.60	53.90
2025	28.75	60.02	37.15	51.62

资料来源：根据历年《台湾农业统计年报》数据计算所得

2.4 贝介类水产品产业预测

根据表9-4可知，台湾贝介类水产品的产量和进口量预计未来五年变化不大，总体呈先减后增的趋势，将分别先从2021年的87.40千吨、23.97千吨逐年减少至2023年的84.23千吨、19.03千吨，随后逐渐增长至2025年的88.87千吨、23.28千吨。台湾贝介类水产品的出口量预计未来五年变化较大，也呈先减后增的趋势，将先从2021年的102.31千吨不断减少至2023年的93.25千吨，随后逐年增长至2025年的114.38千吨。台湾贝介类水产品的总消费量预计未来五年波动较小，将在70.02千吨至71.49千吨之间小幅波动。

表9-4 2021—2025年贝介类水产品产业预测值（单位：千吨）

年 份	产 量	进口量	出口量	总消费量
2021	87.40	23.97	102.31	71.49
2022	86.98	21.12	99.54	71.31
2023	84.23	19.03	93.25	70.02
2024	86.40	21.21	97.48	71.19
2025	88.87	23.28	114.38	70.33

资料来源：根据历年《台湾农业统计年报》数据计算所得

3 两岸国际竞争力对比

3.1 鱼类水产品产业

从国际市场占有率来看，根据图9-18可知，2013—2020年，台湾鱼类水产品的国际市场占有率处于低水平，始终稳定在2%以下。而大陆鱼类水产品的国际市场占有率明显高于台湾，总体呈先增后减的趋势，先从2013年的12.36%逐年增长至2015年的最大值13.62%，随后逐渐下降至2020年的最小值10.15%，较2015年下降了3.47百分点。

从出口贡献率来看，根据图9-19可知，两岸鱼类水产品的出口贡献率均非常低。台湾鱼类水产品的出口贡献率在2013—2018年变化不大，基本稳定在0.5%左右，随后逐年下降至2020年的最小值0.37%。而大陆鱼类水产品的出口贡献率总体呈先增后减的趋势，先从2013年的0.57%小幅波动增长至2016年的最大值0.65%，随后不断下降至2020年的最小值0.41%。对比而言，大陆鱼类水产品的出口贡献率略高于台湾，且二者差距先不断扩大后逐渐缩小。

从贸易竞争力指数来看，根据图9-20可知，台湾鱼类水产品始终处于出口竞争优势地位，但竞争力逐渐下降，指数从2013年的0.61逐渐下降至2020年的0.27。大陆鱼类水产品的出口竞争力也呈逐渐下降趋势，2013—2018年指数从0.35逐渐下降至0.07，具有一定的出口竞争优势，2019年指数进一步下降至-0.11，转入出口竞争劣势地位，2020年指数略增至-0.07。对比而言，台湾鱼类水产品的出口竞争力明显高于大陆，且二者差距先不断缩小后逐渐扩大。

从显示性比较优势指数来看，根据图9-21可知，台湾鱼类水产品的出口竞争力呈"减—增—减"趋势。2013—2015年指数虽逐渐下降，但略大于0.8，具有一定的出口比较优势；2016年指数进一步下降至0.77，转入出口比较劣势地位，之后指数缓慢增长，2018年指数再次略大于0.8，呈现出较弱的出口比较优势，随后指数又缓慢下降至2020年的0.61。而大陆鱼类水产品总体上具有一定的出口比较优势，但竞争力不断下降，指数从2013年的1.05下降至2020年的0.69。对比而言，大陆鱼类水产品的贸易竞争力略大于台湾，且二者差距先不断扩大后逐渐缩小。

从相对贸易优势指数来看，根据图9-22可知，台湾鱼类水产品具有贸易比较优势，但竞争力逐渐下降，指数从2013年的0.74下降至2020年的0.21。而大陆鱼类水产品的国际竞争力也不断下降，2013—2017年指数从0.48下降至0.21，具有一定的贸易比较优势，2018年指数开始小于0，转入贸易比较劣势地位。对比而言，台湾鱼类水产品的国际竞争力大于大陆，且二者差距逐渐扩大。

综上所述，台湾鱼类水产品具有一定的贸易竞争优势，总体高于大陆鱼类水产品的贸易竞争力，但二者的国际竞争力均逐渐下降。

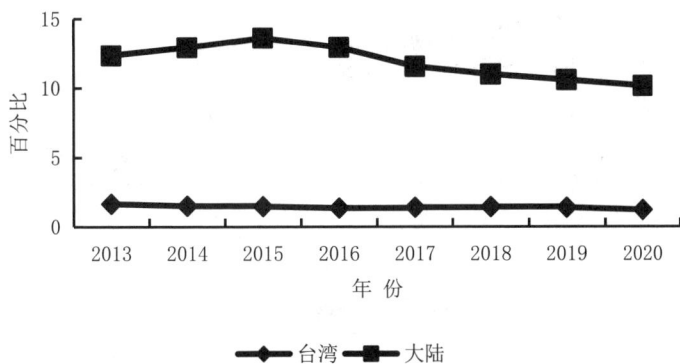

图9-18 2013—2020年大陆与台湾的鱼类水产品国际市场占有率（%）

资料来源：根据un comtrade、历年《台湾农业统计年报》数据计算所得

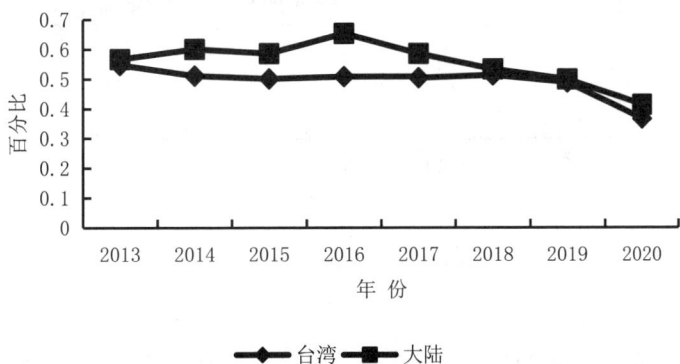

图9-19 2013—2020年大陆与台湾的鱼类水产品出口贡献率（%）

资料来源：根据un comtrade、历年《台湾农业统计年报》数据计算所得

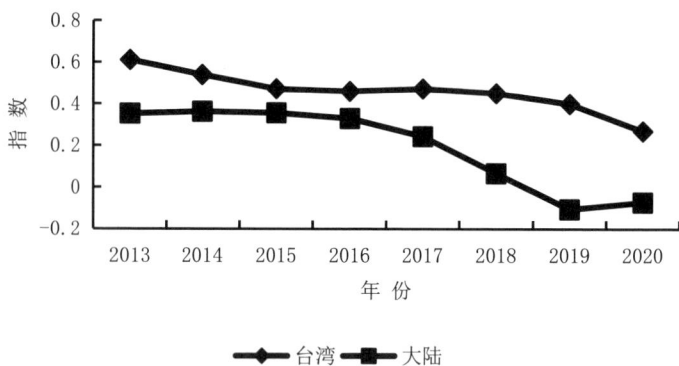

图9-20 2013—2020年大陆与台湾的鱼类水产品贸易竞争力指数

资料来源：根据un comtrade、历年《台湾农业统计年报》数据计算所得

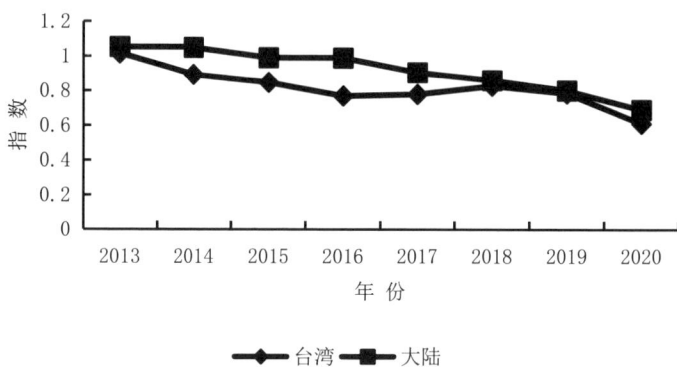

图9-21 2013—2020年大陆与台湾的鱼类水产品显示性比较优势指数

资料来源：根据un comtrade、历年《台湾农业统计年报》数据计算所得

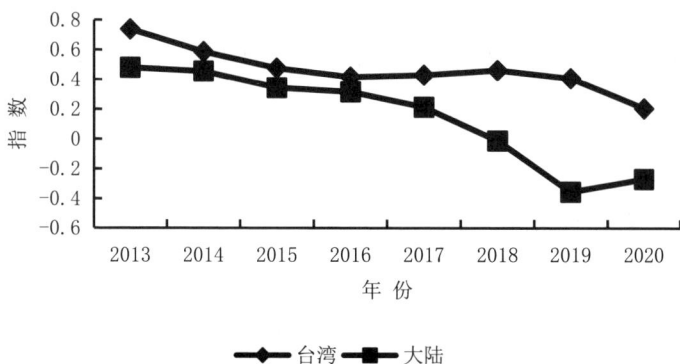

图9-22 2013—2020年大陆与台湾的鱼类水产品相对贸易优势指数

资料来源：根据un comtrade、历年《台湾农业统计年报》数据计算所得

3.2 甲壳类水产品产业

从国际市场占有率来看，根据图9-23可知，2013—2020年，台湾甲壳类水产品的国际市场占有率处于极低水平，始终稳定在0.2%以下。而大陆甲壳类水产品的国际市场占有率明显高于台湾，但总体呈逐渐下降趋势，从2013年的7.85%下降至2020年的3.80%。

从出口贡献率来看，根据图9-24可知，两岸甲壳类水产品的出口贡献率均处于低水平。台湾甲壳类水产品的出口贡献率相对平稳，始终稳定在0.02%以下。而大陆甲壳类水产品的出口贡献率总体呈下降趋势，2013—2015年变化不大，2016—2020年从0.08%不断下降至最小值0.04%。对比而言，大陆甲壳类水产品的出口贡献率明显高于台湾，且二者差距逐渐缩小。

从贸易竞争力指数来看，根据图9-25可知，2013—2020年，台湾甲壳类水产品的出口竞争力非常弱，指数基本稳定在-0.8左右。而大陆甲壳类水产品的贸易竞争力明显高于台湾，但基本不具有出口竞争优势，且竞争力不断下降，指数从2013年的0.10逐渐下降至2020年的-0.72。

从显示性比较优势指数来看，根据图9-26可知，2013—2020年，两岸甲壳类水产品均不具有出口比较优势。台湾甲壳类水产品的指数稳定在0.10以下，贸易竞争力非常弱。而大陆甲壳类水产品的贸易竞争力明显高于台湾，但竞争力不断下降，从2013年的0.67逐年下降至2020年的0.26。

从相对贸易优势指数来看，根据图9-27可知，两岸甲壳类水产品均不具有贸易比较优势，且国际竞争力均呈下降趋势。台湾甲壳类水产品的指数略有下降，从2013年的-0.72缓慢减少至2020年的-1.02。而大陆甲壳类水产品的指数下降幅度较大，2013—2017年竞争力高于台湾，2018年竞争力开始低于台湾，2019年两者差距进一步拉大，2020年指数略有增长，但仍明显低于台湾甲壳类水产品的指数。

综上所述，两岸甲壳类水产品均不具有贸易比较优势，但大陆甲壳类水产品的国际竞争力明显高于台湾。

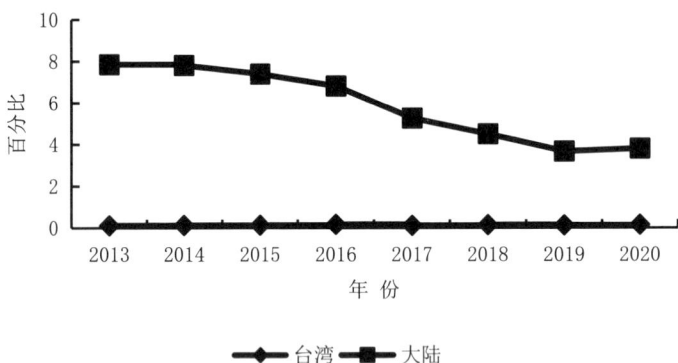

图9-23 2013—2020年大陆与台湾的甲壳类水产品国际市场占有率（％）

资料来源：根据un comtrade、历年《台湾农业统计年报》数据计算所得

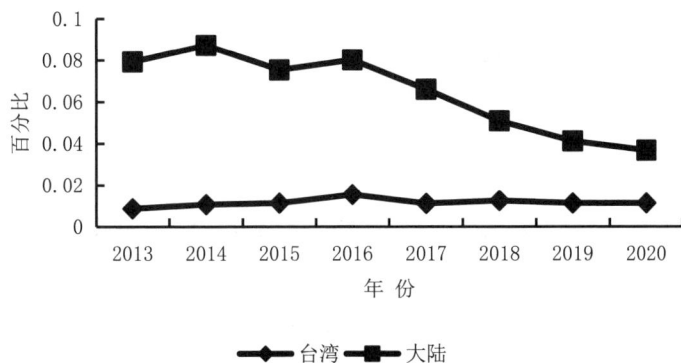

图9-24 2013—2020年大陆与台湾的甲壳类水产品出口贡献率（%）

资料来源：根据un comtrade、历年《台湾农业统计年报》数据计算所得

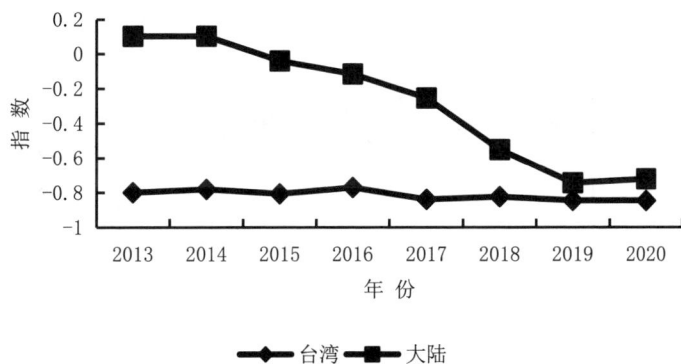

图9-25 2013—2020年大陆与台湾的甲壳类水产品贸易竞争力指数

资料来源：根据un comtrade、历年《台湾农业统计年报》数据计算所得

图9-26 2013—2020年大陆与台湾的甲壳类水产品显示性比较优势指数

资料来源：根据un comtrade、历年《台湾农业统计年报》数据计算所得

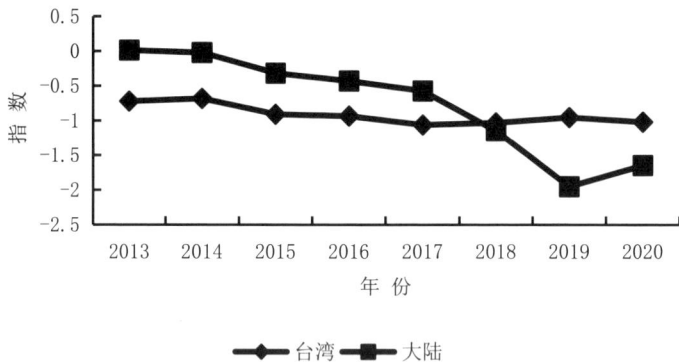

图9-27 2013—2020年大陆与台湾的甲壳类水产品相对贸易优势指数

资料来源：根据un comtrade、历年《台湾农业统计年报》数据计算所得

3.3 软体类水产品产业

从国际市场占有率来看，根据图9-28可知，2013—2020年，台湾软体类水产品的国际市场占有率非常低，基本稳定在1.35%以下。而大陆软体类水产品的国际市场占有率较高，总体呈先增后减的趋势，先从2013年的23.93%逐年增长至2015年的最大值30.42%，随后不断减少至2019年的最小值22.81%，2020年国际市场份额小幅回升至24.60%。

从出口贡献率来看，根据图9-29可知，2013—2020年，两岸软体类水产品的出口贡献率均非常低。台湾软体类水产品的出口贡献率波动较小，在0.03%至0.05%之间小幅波动。而大陆软体类水产品的出口贡献率呈先增后减的趋势，先从2013年的0.12%逐年增长至2016年的最大值0.18%，随后不断下降至2020年的最小值0.11%。对比而言，大陆软体类水产品的出口贡献率明显高于台湾，且二者差距先不断扩大后逐渐缩小。

从贸易竞争力指数来看，根据图9-30可知，2013—2020年，两岸软体类水产品均不具有出口竞争优势，但大陆软体类水产品的贸易竞争力明显高于台湾。台湾软体类水产品的指数始终为-1，说明软体类水产品只进口不出口。而大陆软体类水产品的指数总体呈下降趋势，先从2013年的-0.31增长至2014年的-0.11，随后两年不断下降至-0.43，2017年指数小幅回升至-0.31，之后逐年下降至2020年的-0.55，出口竞争力逐渐下降。

从显示性比较优势指数来看，根据图9-31可知，2013—2020年，台湾软体类水产品不具有贸易比较优势，而大陆软体类水产品具有贸易比较优势，但二者的国际竞争力均呈小幅下降趋势。台湾软体类水产品的指数从2013年的-0.71逐渐下降至2020年的最小值-1.50。大陆软体类水产品的指数从2013年的1.25逐渐下降至2019年的最小值0.59，2020年小幅回升至0.72。

综上所述，大陆软体类水产品具有较强的贸易竞争优势，而台湾软体类水产品的国际竞争力较弱。

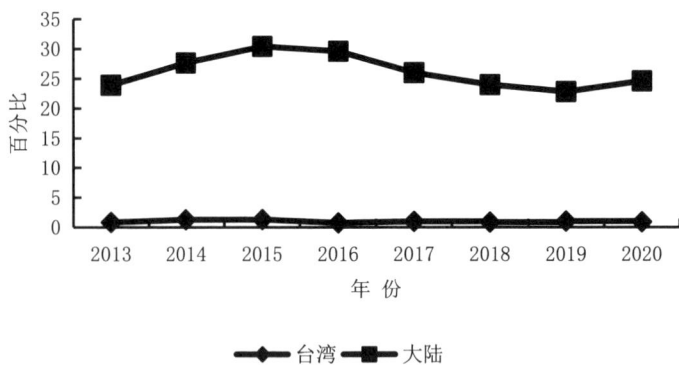

图9-28 2013—2020年大陆与台湾的软体类水产品国际市场占有率（%）

资料来源：根据un comtrade、历年《台湾农业统计年报》数据计算所得

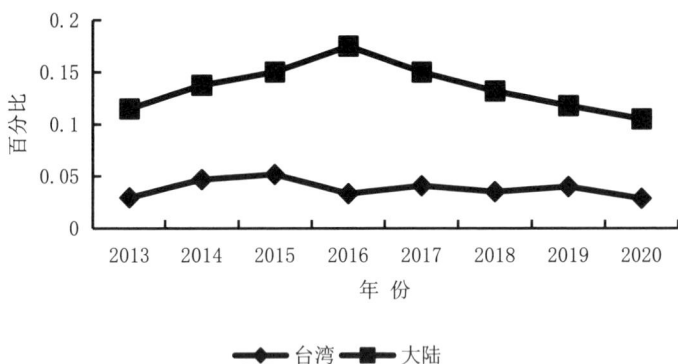

图9-29 2013—2020年大陆与台湾的软体类水产品出口贡献率（%）

资料来源：根据un comtrade、历年《台湾农业统计年报》数据计算所得

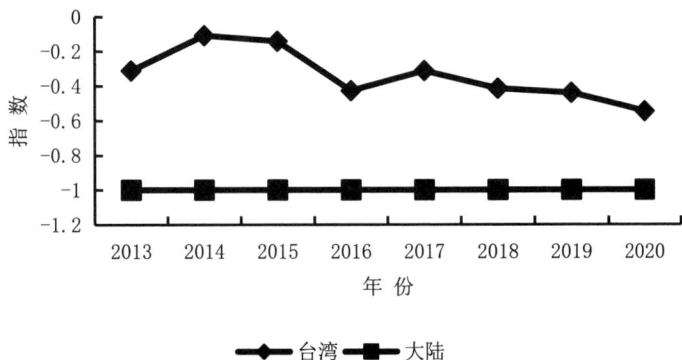

图9-30 2013—2020年大陆与台湾的软体类水产品贸易竞争力指数

资料来源：根据un comtrade、历年《台湾农业统计年报》数据计算所得

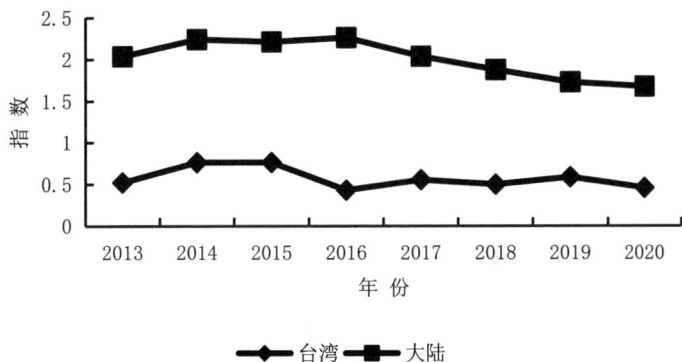

图9-31 2013—2020年大陆与台湾的软体类水产品显示性比较优势指数

资料来源：根据un comtrade、历年《台湾农业统计年报》数据计算所得

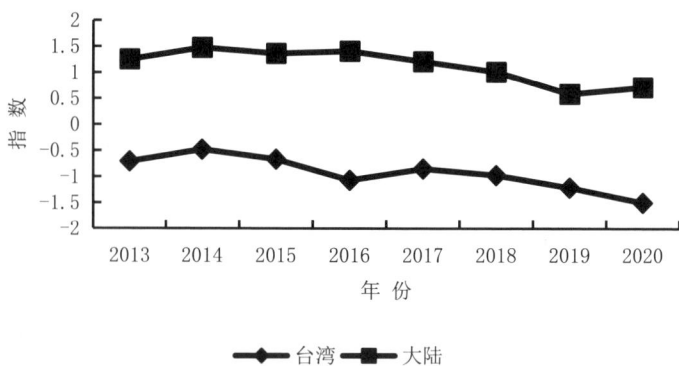

图9-32 2013—2020年大陆与台湾的软体类水产品相对贸易优势指数

资料来源：根据un comtrade、历年《台湾农业统计年报》数据计算所得

第10章 | 林产品产业

1 生产情况分析

1.1 木材产业

1.1.1 总体情况：产量起伏较大

　　台湾木材产量波动起伏较大。根据图10-1可知，2002—2005年产量从3.53万立方公尺波动增长至最大值4.41万立方公尺；2006—2010年产量不断减少至最小值1.95万立方公尺，减少幅度为46.13%；2011—2014年产量连续快速增长至4.22万立方公尺，较2010年增长了1.16倍；2015—2017年产量又逐年下降至2.55万立方公尺，随后逐步回升至2019年的3.57万立方公尺，2020年产量又小幅下降至3.08万立方公尺。

1.1.2 针叶树：产量前期波动较小，后期波动明显

　　台湾针叶树用材产量前期呈小幅波动趋势，后期波动较大。根据图10-2可知，2002—2009年产量在1.45万立方公尺至2.09万立方公尺之间小幅波动；2010年产量出现大幅下降，较上一年下降了43.92%；2010—2014年产量从1.06万立方公尺快速增长至最大值3.32万立方公尺，增长了2.13倍；2015—2017年产量连续下降至1.68万立方公尺，下降幅度

为35.63%；2018—2019年产量逐步回升至2.57万立方公尺，增长幅度为48.55%；2020年产量又小幅下降至2.15万立方公尺。

1.1.3 阔叶树：产量波动下降

台湾阔叶树用材产量总体呈下降趋势，前期波动明显，后期波动较小。根据图10-3可知，2002—2012年产量波动较大，先从2002年的最大值1.66万立方公尺突降至2003年的0.66万立方公尺，下降幅度为60.24%；2004年产量又快速回升至1.38万立方公尺，较上一年增长了1.09倍；2004—2008年产量不断下降至0.48万立方公尺，下降幅度为65.22%；随后两年产量逐步回升至0.85万立方公尺，2010—2012年产量又逐年下降至0.36万立方公尺。2013—2020年产量相对平稳，在0.28万立方公尺至0.55万立方公尺之间小幅波动。

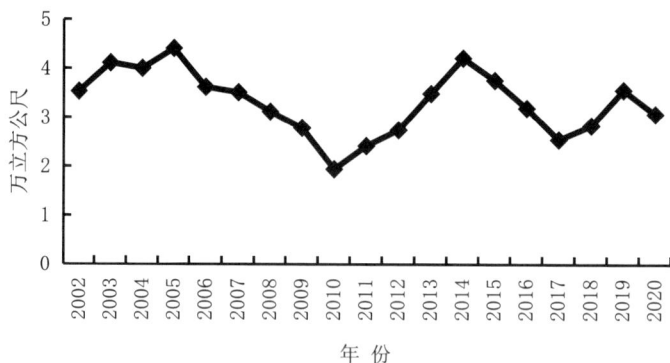

图10-1 2002—2020年台湾木材产量

资料来源：历年《台湾农业统计年报》

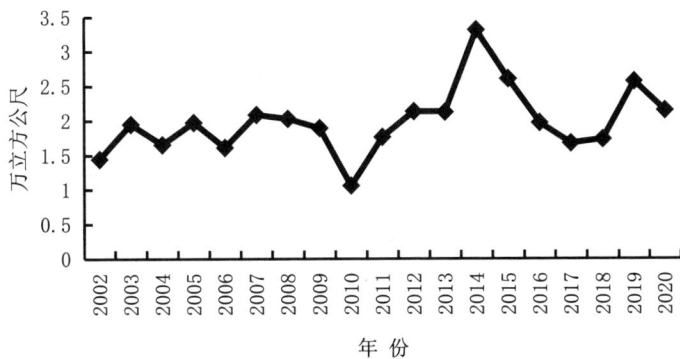

图10-2 2002—2020年台湾针叶树用材产量

资料来源：历年《台湾农业统计年报》

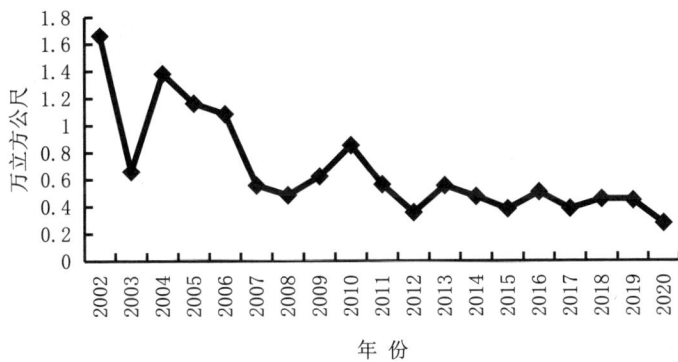

图10-3 2002—2020年台湾阔叶树用材产量

资料来源：历年《台湾农业统计年报》

1.2 竹产业

台湾竹产量波动较大，总体呈先增后减的趋势。根据图10-4可知，2002—2006年产量从86.80万支缓慢减少至54.37万支；2007—2010年产量连续快速增长至最大值326.12万支，增长了近3倍；2011—2013年产量连续下降至151.24万支，较2010年下降了53.62%；2014—2015年产量又逐步回升至239.03万支；2016—2020年产量逐渐下降至54.26万支，较2015年下降了为77.30%。

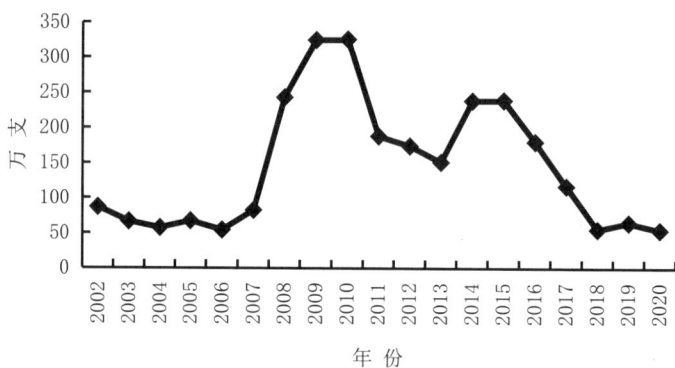

图10-4 2002—2020年台湾竹产量

资料来源：历年《台湾农业统计年报》

1.3 森林副产物产业

1.3.1 总体情况：产量逐渐下降

台湾森林副产品总产量总体呈小幅波动下降趋势。根据图10-5可知，产量先从2002年的4143.01万公斤小幅增长至2003年的4775.98万公斤；

2003—2008年产量连续快速下降至2261.70万公斤，下降幅度为52.64%；2009—2012年产量相对平稳，基本稳定在2300万公斤左右；2013—2020年产量从2222.14万公斤不断下降至最小值77.72万公斤，下降幅度为96.50%。

1.3.2 竹笋类产品：产量前期快速下降，后期平稳减少

台湾竹笋类产品总体呈下降趋势，前期下降幅度较大，后期相对平稳。根据图10-6可知，2002—2009年产量从1388.58万公斤快速下降至284.30万公斤，下降幅度高达79.53%；随后产量进入相对平稳状态，2010—2015年产量从342.62万公斤逐渐减少至66.60万公斤，2016—2020年产量变化不大，在29.62万公斤至57.08万公斤之间小幅波动，其中2020年达到最小值，与2002相比，下降幅度为97.87%。

1.3.3 爱玉子：产量呈下降趋势，由大幅波动趋于平稳

台湾爱玉子产量总体上呈下降趋势，前期波动较大，后期相对平稳。根据图10-7可知，2002—2013年产量波动明显，先从2002年的2.19万公斤波动增长至2006年的最大值4.57万公斤，随后连续快速下降至2010年的0.16万公斤，较2006年下降了96.50%；2011年产量小幅回升至0.94万公斤，随后两年又逐年下降至0.30万公斤。2013—2020年产量进入相对稳定状态，在2013—2018年稳定在0.33万公斤左右，随后缓慢下降至2020年的最小值0.15万公斤。

1.3.4 树实类产品：产量呈阶梯式下降趋势

台湾树实类产品产量总体呈阶梯式下降趋势。根据图10-8可知，2003—2004年产量稳定在3500万公斤左右，2005年突降至2032.66万公斤，较上一年下降了42.52%；2006—2013年产量保持相对平稳，在

1927.50万公斤至2243.85万公斤之间小幅波动；随后产量又快速下降至2015年的548.85万公斤，较2013年下降了72.92%；2016—2017年产量从477.59万公斤缓慢下降至448.86万公斤，2018年产量出现明显下降，较上一年下降了82.16%；2019—2020年产量基本稳定在45万公斤左右。

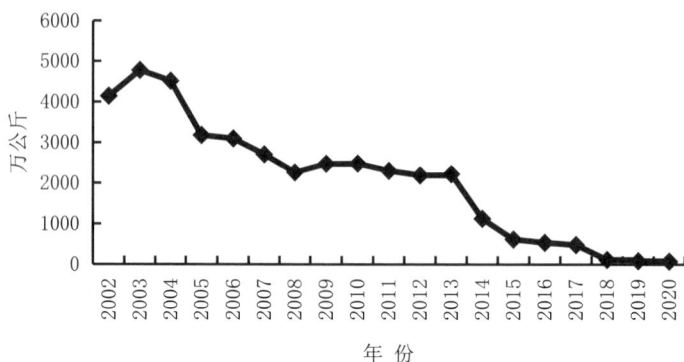

图10-5 2002—2020年台湾森林副产物总产量

资料来源：历年《台湾农业统计年报》

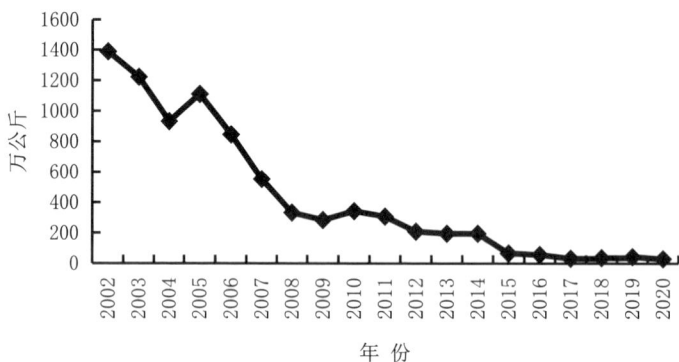

图10-6 2002—2020年台湾竹笋类产品产量

资料来源：历年《台湾农业统计年报》

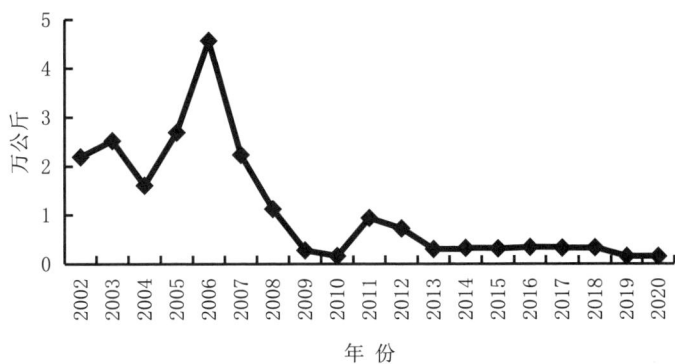

图10-7 2002—2020年台湾爱玉子产量

资料来源：历年《台湾农业统计年报》

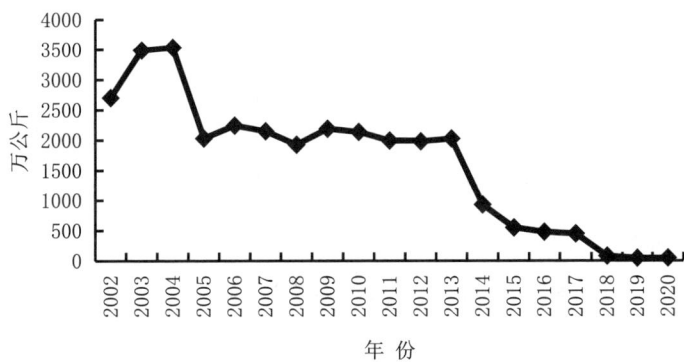

图10-8 2002—2020年台湾树实类产品产量

资料来源：历年《台湾农业统计年报》

1.4 育苗及造林情况

1.4.1 总体情况

台湾育苗面积总体呈下降趋势，前期波动较大，后期稳步下降。根据图10-9可知，2002—2010年面积波动明显，先从2002年的92.18万平方公尺波动下降至2006年的61.37万平方公尺，随后小幅波动增长至2010年的最大值97.17万平方公尺。2011—2020年面积不断下降至最小值44.06万平方公尺，下降幅度为52.23%。

台湾育苗数量总体呈"减—增—减"的趋势。根据图10-10可知，2002—2006年数量从最大值4554.50万株快速下降至1915.20万株，下降幅度为57.95%。2007—2010年数量快速回升至3570.63万株，增长幅度为69.35%；2011—2020年数量稳步下降至最小值1249.07万株，较2010年下降了65.02%。

与育苗数量相似，台湾造林面积也呈"减—增—减"的趋势。根据图10-11可知，2002—2006年面积从最大值7484公顷快速下降至409公顷，下降幅度为94.54%。2007—2009年面积波动回升至3267公顷，较2006年增长了近7倍。2010—2020年面积平稳下降至325公顷，下降幅度为88.96%。

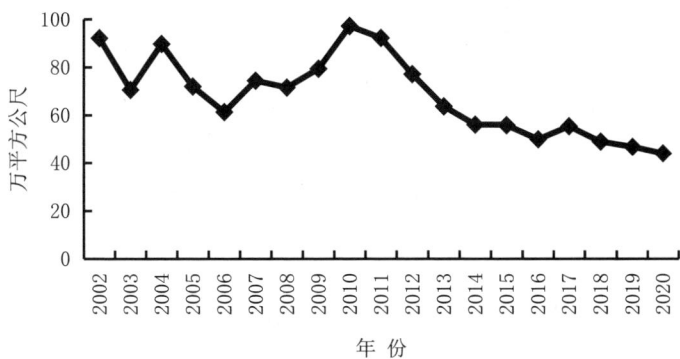

图10-9　2002—2020年台湾育苗面积

资料来源：历年《台湾农业统计年报》

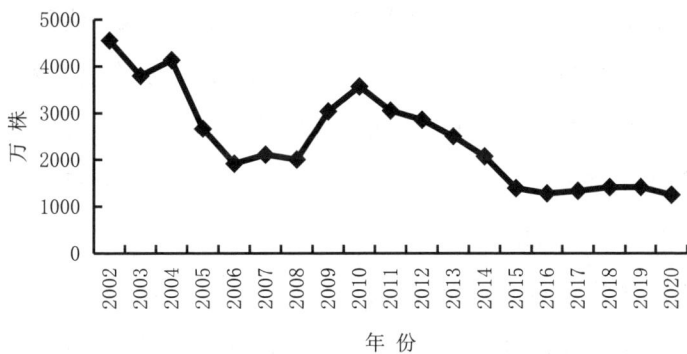

图10-10　2002—2020年台湾育苗数量

资料来源：历年《台湾农业统计年报》

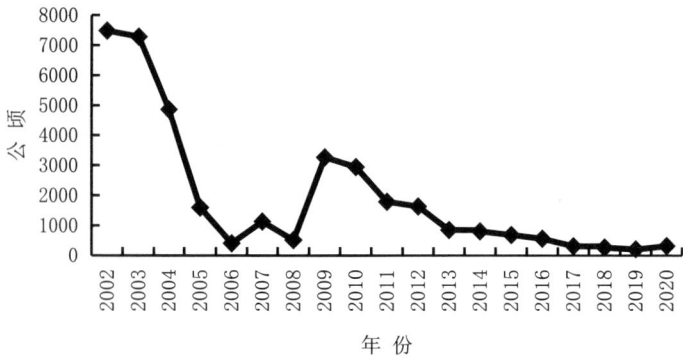

图10-11 2002—2020年台湾造林面积

资料来源：历年《台湾农业统计年报》

1.4.2 红桧

台湾红桧育苗数量波动明显，总体呈先减后增的趋势。根据图10-12可知，数量先从2002年的41.89万株突增至2003年的最大值76.94万株，2003—2008年数量快速下降至最小值15.82万株，下降幅度为79.44%。2009—2014年数量逐渐回升至42.96万株，增长了1.20倍。2015年数量又明显下降至21.79万株，2016—2020年数量小幅波动回升至28.66万株，较2015年增长了31.53%。

台湾红桧的造林面积总体呈波动下降趋势，前期波动较大，后期波动较小，而造林数量波动剧烈。对于造林面积，根据图10-13可知，2002—2011年面积从最大值68公顷大幅波动下降至2公顷，下降幅度为97.06%；随后两年面积逐年回升至15公顷，2013—2019年面积小幅波动下降至2公顷，下降幅度为86.67%；2020年面积有所回升。对于造林数量，根据图10-14可知，2002—2020年数量在0.15万株至4.44万株之间剧烈变动，其中2002年为最小值，2009年为最大值。

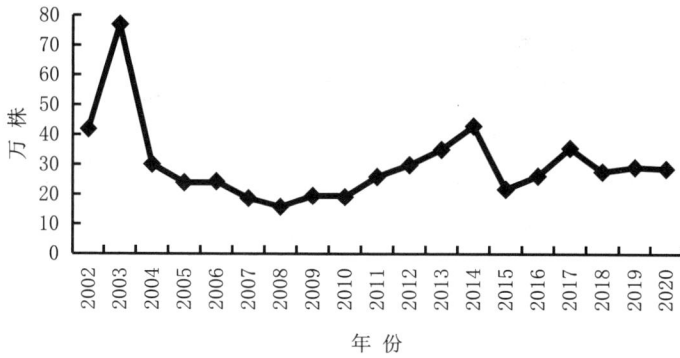

图10-12 2002—2020年台湾红桧育苗数量

资料来源：历年《台湾农业统计年报》

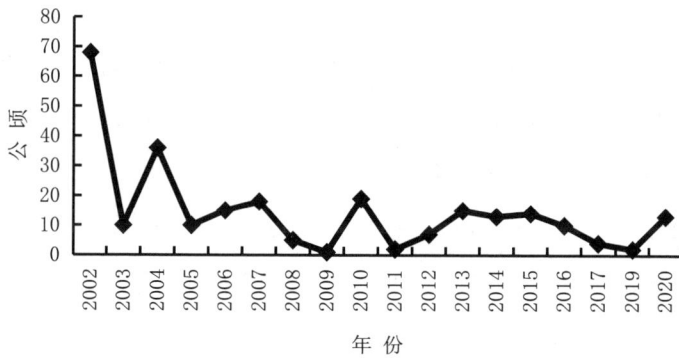

图10-13 2002—2020年台湾红桧造林面积

资料来源：历年《台湾农业统计年报》

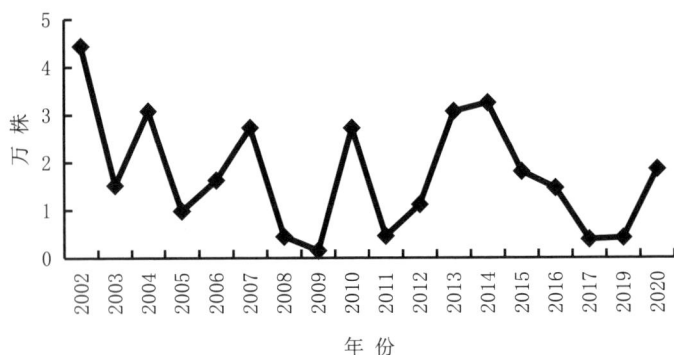

图10-14 2002—2020年台湾红桧造林数量

资料来源：历年《台湾农业统计年报》

1.4.3 肖楠

台湾肖楠育苗数量总体呈下降趋势，前期波动明显，后期波动较小。根据图10-15可知，2002—2009年数量波动较大，先从2002年的157.93万株突降至2003年的最小值75.47万株，随后快速增长至2005年的最大值237.93万株，较2003年增长了2.15倍；2006—2008年数量连续下降至144.97万株，较2005年下降了39.07%；2009年数量又大幅增长至215.52万株，较上一年增长了48.67%。2010—2020年数量小幅波动下降至89.58万株，下降幅度为53.47%。

台湾肖楠的造林面积和造林数量均呈下降趋势，由大幅下降趋于平稳。对于造林面积，根据图10-16可知，2002—2006年面积从最大值603公顷连续快速下降至15公顷，下降幅度为97.51%；2007—2009年面积小幅波动回升至109公顷；2010—2020年面积缓慢下降至17公顷，尤其在2014年以后，面积基本保持在30公顷以下。对于造林数量，根据图10-17可知，2002—2020年，数量的变化趋势与造林面积基本一致，其中2002年为最大值111.05万株，2018年为最小值1.27万株。

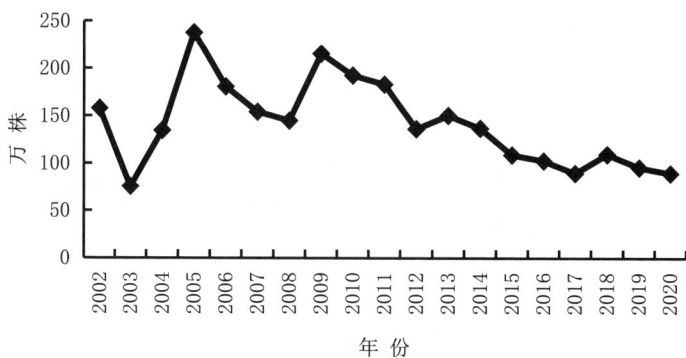

图10-15 2002—2020年台湾肖楠育苗数量

资料来源：历年《台湾农业统计年报》

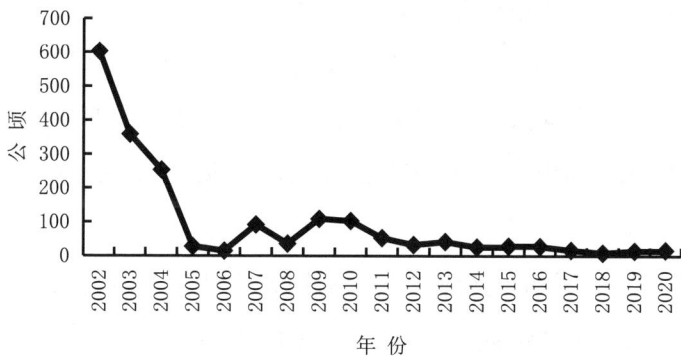

图10-16 2002—2020年台湾肖楠造林面积

资料来源：历年《台湾农业统计年报》

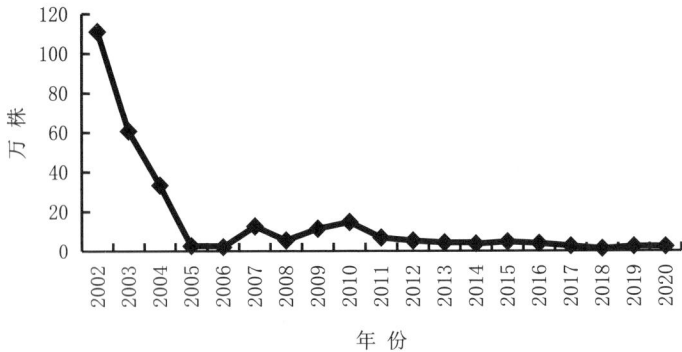

图10-17 2002—2020年台湾肖楠造林数量

资料来源：历年《台湾农业统计年报》

1.4.4 台湾杉

台湾杉育苗数量波动起伏较大，总体呈"减—增—减"的趋势。根据图10-18可知，2003—2007年数量从最大值86.22万株快速下降至最小值11.75万株，下降幅度为86.37%。2008—2014年数量不断增长至76.28万株，翻了4.36倍。2015—2020年数量小幅波动下降至38.68万株，较2014年下降了49.29%。

台湾杉造林面积前期快速下降，后期波动明显。根据图10-19可知，面积先从2002年的77公顷波动增长至2004年的最大值96公顷，随后快速下降至2006年的8公顷，较2004年下降了91.67%；2006—2014年面积小幅波动增长至32公顷，随后又连续下降至2017年的最小值5公顷；2017—2020年面积波动增长至24公顷，增长了3.8倍。

台湾杉造林数量先增后减，最后趋于平稳。根据图10-20可知，2002—2004年数量从13.36万株快速增长至最大值32.14万株，增长了1.41倍。2005年数量陡降至1.42万株，较上一年下降了95.58%。2005—2020年数量处于极低水平，总体呈相对平稳状态，在0.80万株至3.75万株之间小幅波动。

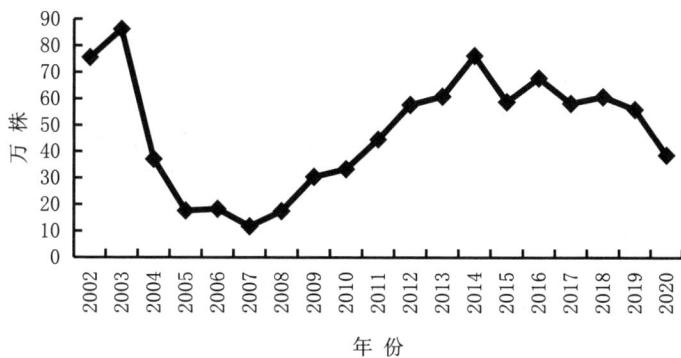

图10-18 2002—2020年台湾杉育苗数量

资料来源：历年《台湾农业统计年报》

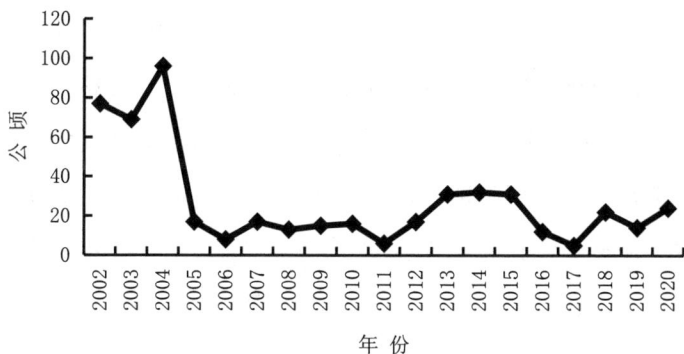

图10-19 2002—2020年台湾杉造林面积

资料来源：历年《台湾农业统计年报》

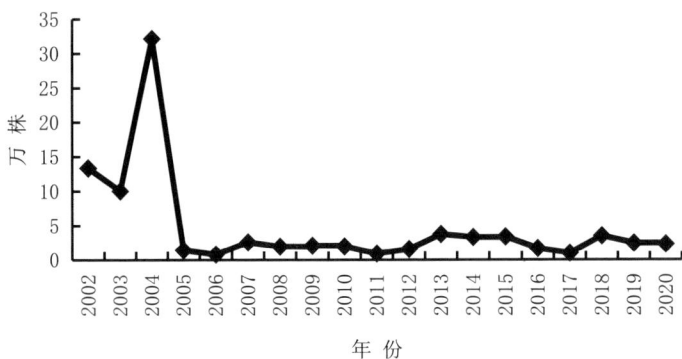

图10-20 2002—2020年台湾杉造林数量

资料来源：历年《台湾农业统计年报》

1.4.5 台湾榉

台湾榉育苗数量总体呈下降趋势，前期波动较大，后期相对平稳。根据图10-21可知，数量先从2002年的548.37万株波动增长至2004年的最大值682.15万株，随后快速下降至2006年的222.44万株，下降幅度为67.39%。2006—2020年数量平稳下降至71.88万株，下降幅度为67.69%。

台湾榉的造林面积和造林数量总体均呈下降趋势，由大幅下降趋于平稳。对于造林面积，根据图10-22可知，2002—2006年面积从最大值1330公顷连续快速下降至33公顷，下降幅度为97.52%，随后面积小幅波动回升至2010年的310公顷。2010—2020年面积稳步下降至2020年的18公顷，下降幅度为94.19%。对于造林数量，根据图10-23可知，2002—2020年，数量的变化趋势与造林面积基本一致，其中2002年为最大值231.23万株，2019年为最小值2.39万株。

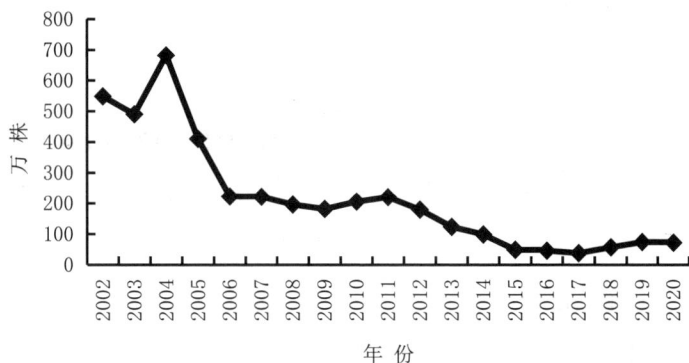

图10-21 2002—2020年台湾榉育苗数量

资料来源：历年《台湾农业统计年报》

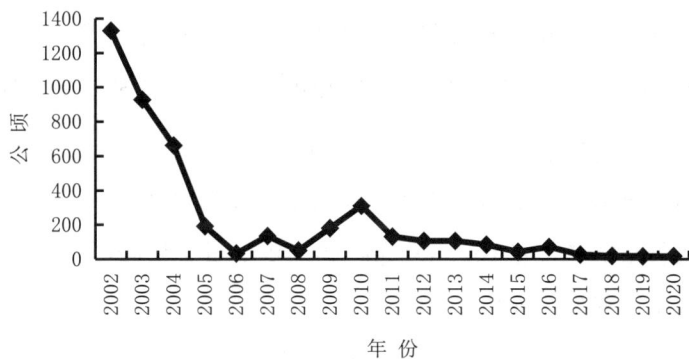

图10-22 2002—2020年台湾榉造林面积

资料来源：历年《台湾农业统计年报》

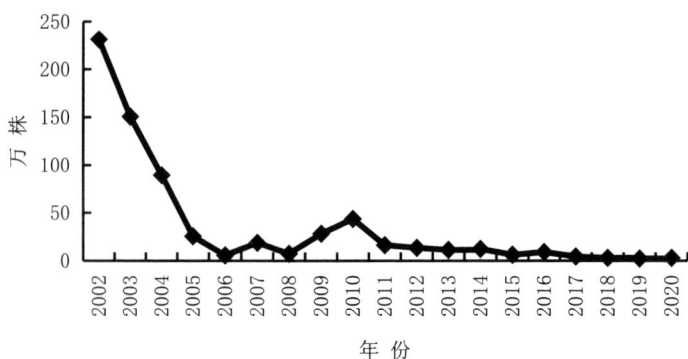

图10-23 2002—2020年台湾榉造林数量

资料来源：历年《台湾农业统计年报》

1.4.6 光蜡树

台湾光蜡树育苗数量波动较大，总体呈下降趋势。根据图10-24可知，数量先从2002年的304.61万株小幅增长至2004年的最大值348.52万株，增长幅度为14.42%；2004—2008年数量连续快速下降至109.29万株，下降幅度为68.64%，随后逐年回升至2010年的251.59万株；2010—2016年数量快速下降至最小值40.83万株，下降幅度为83.77%，随后逐年小幅增长至2019年的95.98万株；2020年数量又略降至73.77万株，与2002年相比，下降幅度为75.78%。

台湾光蜡树的造林面积和造林数量总体均呈下降趋势，前期波动较大，后期保持平稳。对于造林面积，根据图10-25可知，面积先从2002年的470公顷明显增长至2003年的最大值716公顷，随后连续快速下降至2006年的7公顷，较2003年下降了99.02%；2006—2009年面积波动回升至461公顷，随后两年又连续下降至118公顷；2011—2020年面积保持相对平稳状态，继续缓慢下降至21公顷，与2002年相比，下降幅度为95.53%。对于造林数量，根据图10-26可知，数量与造林面积的变化趋势基本一致，其中2003年为最大值112.10万株，2006年为最小值1.14万株。

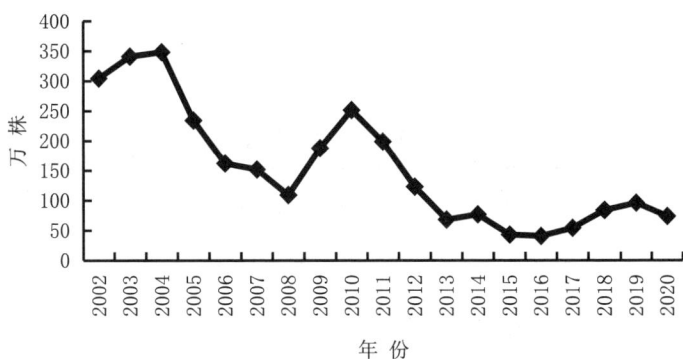

图10-24 2002—2020年台湾光蜡树育苗数量

资料来源：历年《台湾农业统计年报》

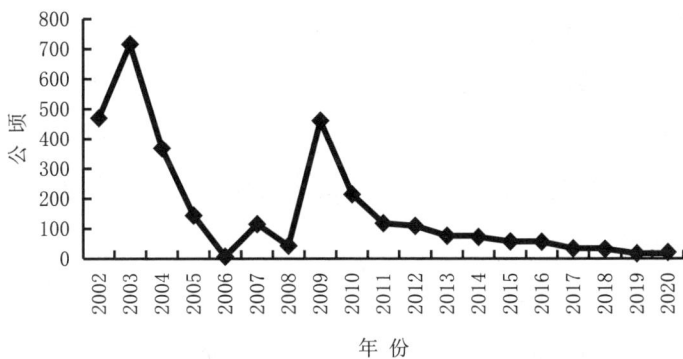

图10-25 2002—2020年台湾光蜡树造林面积

资料来源：历年《台湾农业统计年报》

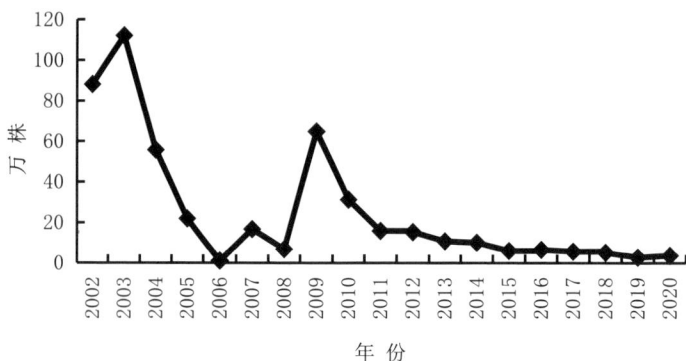

图10-26　2002—2020年台湾光蜡树造林数量

资料来源：历年《台湾农业统计年报》

1.4.7　樟树

台湾樟树育苗数量变化较大，总体呈下降趋势。根据图10-27可知，2002—2006年数量从最大值219.18万株连续快速下降至31.65万株，下降幅度为85.56%；2007—2010年数量波动回升至103.14万株，较2006年增长了2.26倍；2011—2016年数量逐年下降至最小值2.39万株，下降幅度为97.25%，随后缓慢回升至2020年的9.62万株，与2002年相比，下降幅度为95.61%。

台湾樟树的造林面积和造林数量总体均呈下降趋势，由大幅下降趋于平稳。对于造林面积，根据图10-28可知，2002—2006年面积从最大值576公顷连续快速下降至3公顷，下降幅度为99.48%；2007—2010年面积小幅回升至76公顷，第二年又回落至5公顷；2011—2020年面积基本稳定在5公顷以下的极低水平。对于造林数量，根据图10-29可知，数量与造林面积的变化趋势基本一致，其中2002年为最大值98.65万株，2016年为最小值0.045万株。

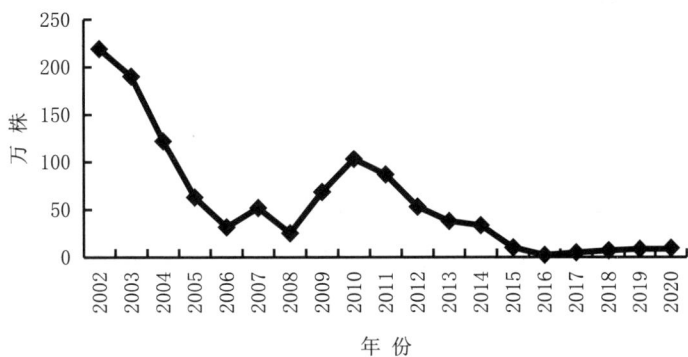

图10-27 2002—2020年台湾樟树育苗数量

资料来源：历年《台湾农业统计年报》

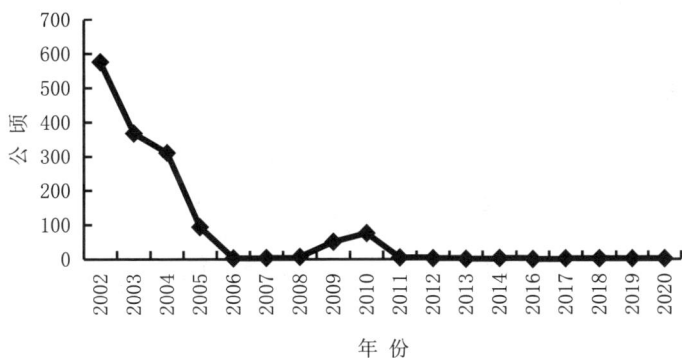

图10-28 2002—2020年台湾樟树造林面积

资料来源：历年《台湾农业统计年报》

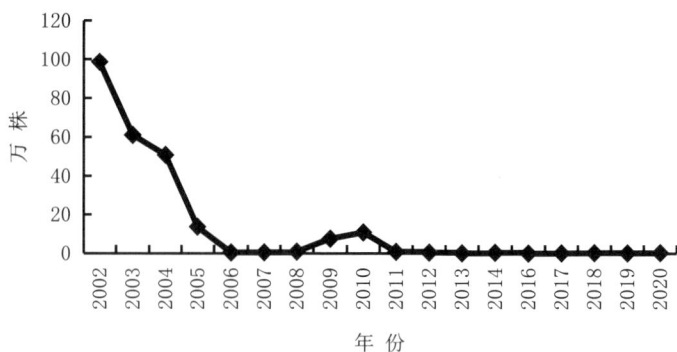

图10-29 2002—2020年台湾樟树造林数量

资料来源：历年《台湾农业统计年报》

2 贸易情况分析

2.1 林产品

台湾林产品的出口量极低，需求基本依赖进口。根据图10-30可知，出口量总体呈缓慢下降趋势，从2013年的最大值8.60万吨下降至2020年的最小值2.67万吨，下降幅度为68.95%。进口量明显高于出口量，总体呈小幅波动下降趋势，从2013年的389.28万吨下降至2020年的318.25万吨，下降幅度为18.25%。

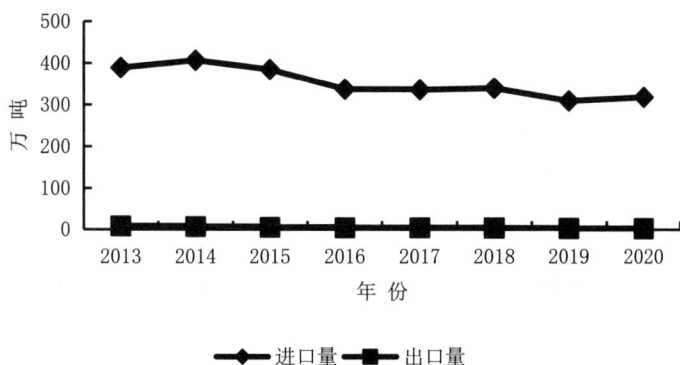

图10-30 2013—2020年台湾林产品进出口量

资料来源：历年《台湾农业统计年报》

2.2 木材及制品

与林产品相似，台湾木材及制品的需求也基本依赖进口。根据图
10-31可知，出口量始终处于极低水平，总体呈缓慢下降趋势，从2013
年的最大值8.07万吨下降至2020年的最小值2.52万吨，下降幅度为
68.77%。进口量明显高于出口量，总体呈小幅波动下降趋势，从2013年
的371.15万吨下降至2020年的302.49万吨，下降幅度为18.50%。

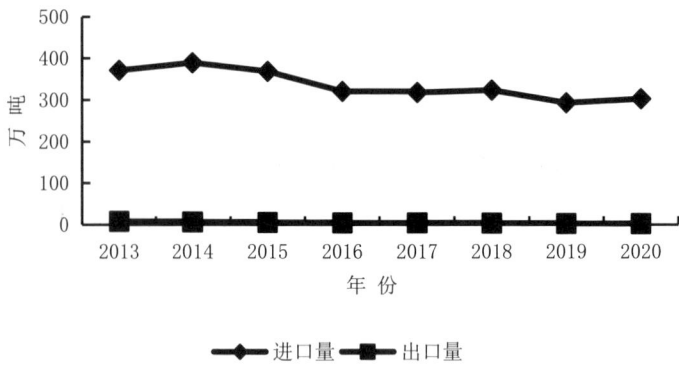

图10-31 2013—2020年台湾木材及制品进出口量

资料来源：历年《台湾农业统计年报》

2.3 竹

台湾竹的进出口量均处于极低水平，但进口量明显高于出口量。根据图10-32可知，出口量总体呈小幅波动下降趋势，从2013年的0.18万吨下降至2020年的最小值0.07万吨，下降幅度为61.11%。进口量总体呈下降趋势，前期波动较大，后期相对平稳，先从2002年的0.81万吨小幅增长至2014年的最大值0.89万吨，2015年明显下降至最小值0.67万吨，次年又回升至0.88万吨；2016—2020年进口量稳步下降至0.69万吨，下降幅度为21.59%。

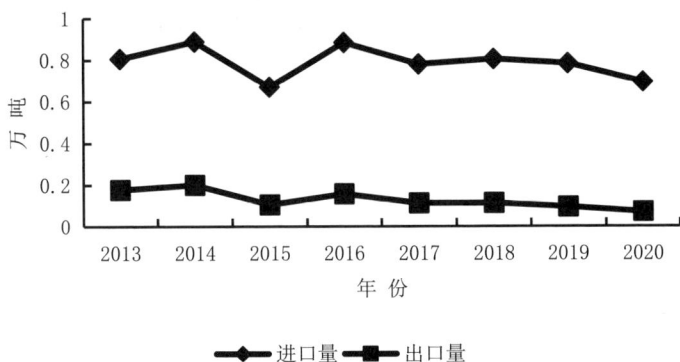

图10-32 2013—2020年台湾竹进出口量

资料来源：历年《台湾农业统计年报》

3 未来市场发展走势预测

3.1 木材及竹产业生产预测

根据表10-1可知，台湾针叶树产量预计未来五年呈小幅波动下降趋势，将从2021年的2.20万立方公尺略降至2025年的2.08万立方公尺。台湾阔叶树产量预计未来五年波动较小，将在0.43万立方公尺至0.56万立方公尺之间上下波动。台湾竹产量预计未来五年呈"减—增—减"的趋势，将先从2021年的154.27万支略减至2022年的153.30万支，随后逐年增长至2024年的173.06万支，2025年又小幅下降至164.78万支。

表10-1 2021—2025年木材和竹的产量预测值

年 份	针叶树 （万立方公尺）	阔叶树 （万立方公尺）	竹 （万支）
2021	2.20	0.56	154.27
2022	2.42	0.43	153.30
2023	2.07	0.56	164.46
2024	2.11	0.51	173.06
2025	2.08	0.55	164.78

资料来源：根据历年《台湾农业统计年报》数据计算所得

3.2 育苗及造林预测

根据表10-2可知，台湾育苗的面积和数量预计未来五年呈小幅波动趋势，2021—2025年，育苗面积将在44.06万平方公尺至54.23万平方公尺之间上下波动，育苗数量将在1249.07万株至1428.99万株之间上下波动。台湾林木造林的面积和数量预计未来五年先小幅增长后保持平稳，造林面积将先从2021年的0.07万公顷小幅增长至2023年的0.09万公顷，之后将稳定在0.09万公顷，而造林数量将先从2021年的109.24万株逐年增长至2024年的143.92万株，2025年将略降至143.57万株。

表10-2 2021—2025年育苗及造林预测值

年 份	育 苗		林木造林	
	面 积 （万平方公尺）	数 量 （万株）	面 积 （万公顷）	数 量 （万株）
2021	44.06	1249.07	0.07	109.24
2022	51.04	1266.00	0.08	132.73
2023	49.29	1155.38	0.09	141.71
2024	54.23	1428.99	0.09	143.92
2025	53.12	1358.45	0.09	143.57

资料来源：根据历年《台湾农业统计年报》数据计算所得

3.3 进出口量预测

根据表10-3可知,台湾木材及制品的进出口量预计未来五年呈下降趋势,进口量将从2021年的289.33万吨小幅波动下降至2025年的276.72万吨,出口量将从2021年的2.17万吨连续下降至2025年的1.61万吨。台湾竹的进出口量预计未来五年呈小幅波动趋势,2021—2025年,进口量将在0.72万吨至0.83万吨之间上下波动,出口量将在0.07万吨至0.11万吨之间上下波动。

表10-3 2021—2025年林产品进出口量预测值(单位:万吨)

年 份	木材及制品		竹	
	进口量	出口量	进口量	出口量
2021	289.33	2.17	0.83	0.11
2022	280.63	2.10	0.72	0.07
2023	278.98	1.84	0.80	0.10
2024	281.20	1.75	0.74	0.07
2025	276.72	1.61	0.78	0.08

资料来源:根据历年《台湾农业统计年报》数据计算所得

4 两岸国际竞争力对比

4.1 林产品产业

从国际市场占有率来看,根据图10-33可知,2000—2020年,台湾林产品的国际市场占有率处于极低水平,始终稳定在0.5%以下。而大陆林产品的国际市场占有率明显高于台湾,总体呈波动增长趋势,先从2002

年的最小值0.84%小幅波动增长至2016年的最大值6.33%，随后逐年下降至2019年的4.83%，2020年又小幅回升至5.25%。

从出口贡献率来看，根据图10-34可知，2000—2020年，两岸林产品的出口贡献率均处于极低水平。台湾林产品的出口贡献率总体呈小幅波动下降趋势，先从2000年的0.38缓慢增长至2003年的最大值0.48%，2004—2015年小幅波动下降至0.29%，随后缓慢回升至2018年的0.36%，2019—2020年又小幅下降至0.27%。大陆林产品的出口贡献率波动较大，先从2000年的0.49%缓慢下降至2003年的0.42%，随后逐年增长至2007年的0.68%，2008—2010年又小幅下降至0.55%，2011—2016年小幅波动增长至最大值0.69%，随后不断下降至2020年的0.46%。对比而言，大陆林产品出口贡献率明显高于台湾，且二者差距先不断扩大后逐渐缩小。

从贸易竞争力指数来看，根据图10-35可知，2000—2020年，两岸林产品的出口竞争力均很弱，且二者差距不大。台湾林产品的贸易竞争力变化较小，总体略有增长，指数从2000年的-0.62增长至2020年的-0.48。而大陆林产品的贸易竞争力波动较大，指数先从2000年的-0.77不断增长至2007年的最大值-0.43，随后缓慢下降至2011年的-0.55；2012—2016年指数小幅波动增长至-0.46，随后两年又回落至-0.60；2019—2020年指数小幅增长至-0.56。

从显示性比较优势指数来看，根据图10-36可知，2000—2020年，两岸林产品均不具有出口比较优势，但大陆林产品的贸易竞争力明显高于台湾。台湾林产品的指数变化不大，其中2000年为最小值0.17，2012年为最大值0.27。而大陆林产品的指数波动较大，总体呈先增后减的趋势，先从2000年0.22波动增长至2016年的最大值0.48，随后连续下降至2020年的0.36。

从相对贸易优势指数来看，根据图10-37可知，2000—2020年，两岸林产品均不具有贸易比较优势。台湾林产品的指数相对平稳，在-0.73

至-0.49之间小幅波动。而大陆林产品的指数变化较大，总体呈"增—减—增"的趋势，先从2000年的-1.57不断增长至2006年的-0.85，随后小幅波动减少至2017年的-1.38，2018—2020年指数逐渐回升至-1.20。对比而言，台湾林产品的国际竞争力明显高于大陆，且二者差距先不断缩小后逐渐扩大。

综上所述，两岸林产品的贸易竞争力均处于劣势地位，总体上大陆林产品的竞争力略高于台湾。

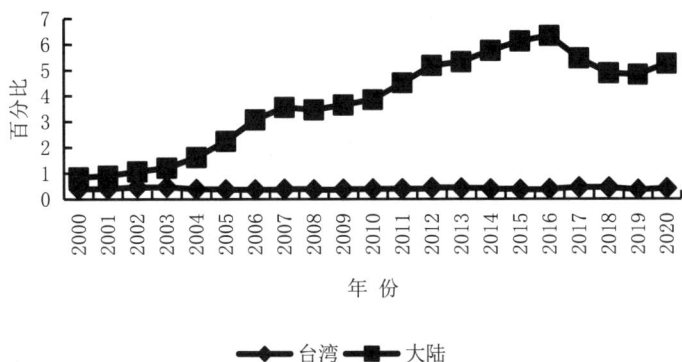

图10-33 2000—2020年大陆与台湾的林产品国际市场占有率（%）

资料来源：根据FAOSTAT数据计算所得

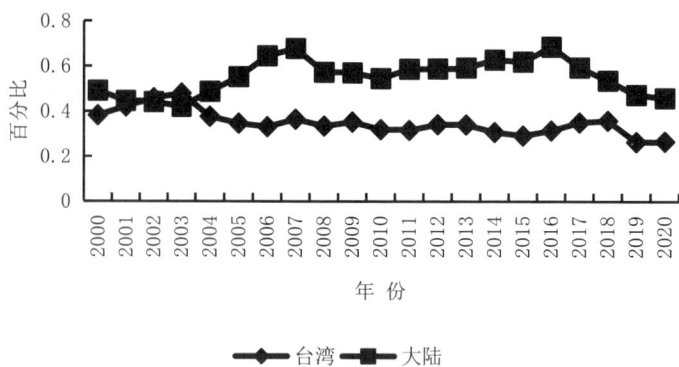

图10-34 2000—2020年大陆与台湾的林产品出口贡献率（%）

资料来源：根据FAOSTAT数据计算所得

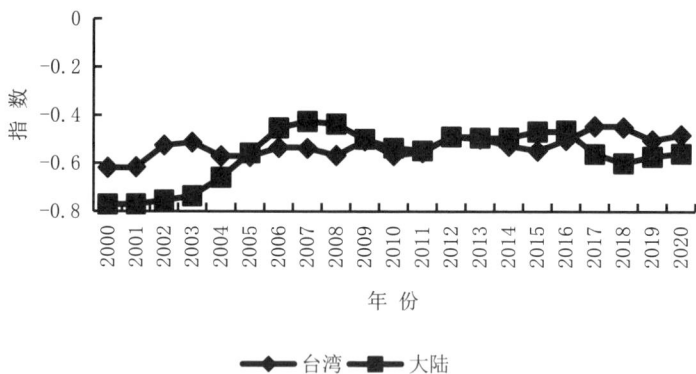

图10-35 2000—2020年大陆与台湾的林产品贸易竞争力指数

资料来源：根据FAOSTAT数据计算所得

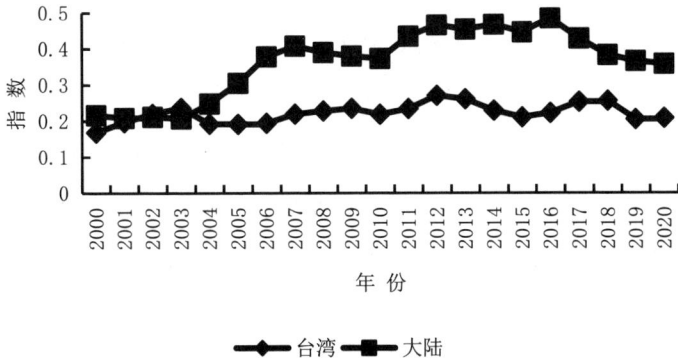

图10-36 2000—2020年大陆与台湾的林产品显示性比较优势指数

资料来源：根据FAOSTAT数据计算所得

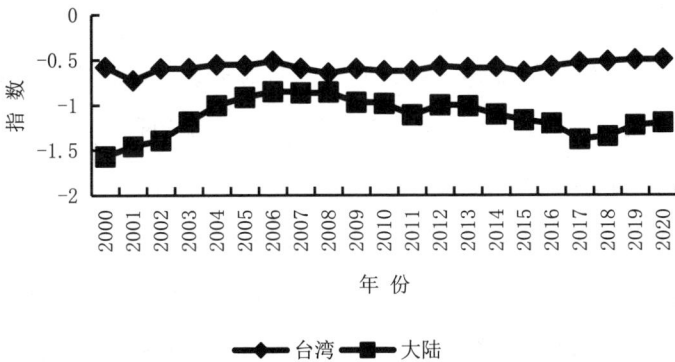

图10-37 2000—2020年大陆与台湾的林产品相对贸易优势指数

资料来源：根据FAOSTAT数据计算所得

4.2 圆木类产品产业

从国际市场占有率来看，根据图10-38可知，2000—2020年，两岸圆木类产品的国际市场占有率均处于极低水平且波动明显。台湾圆木类产品的国际市场占有率总体呈先增后减的趋势，先从2000年的0.07%波动增长至2012年的最大值0.20%，随后波动下降至2020年的最小值0.02%。而大陆圆木类产品的国际市场占有率波动较大，先从2002年的0.10%逐渐下降至2007年的0.01%，随后逐年增长至2010年的0.08%，2011—2012年又连续下降至0.01%，随后小幅回升至2015年的0.04%，2016年占有率猛增至最大值0.21%，随后逐年下降至2020年的0.06%。对比而言，2016年以前，台湾圆木类产品的国际市场份额基本高于大陆，且二者差距逐渐扩大，但2016年以后，大陆圆木类产品的国际市场份额明显高于台湾。

从出口贡献率来看，根据图10-39可知，2000—2020年，两岸圆木类产品的出口贡献率均处于极低水平。台湾圆木类产品的出口贡献率波动较大，总体呈先增后减的趋势，先从2000年的0.004%波动增长至2007年的0.011%，随后波动下降至2010年的0.006%，2011—2014年又小幅波动回升至0.011%，之后波动下降至2020年的最小值0.001%。而大陆圆木类产品的出口贡献率波动较小，始终保持在0.003%以下。对比而言，台湾圆木类产品的出口贡献率始终高于大陆，且二者差距先逐渐扩大后不断缩小。

从贸易竞争力指数来看，根据图10-40可知，2000—2020年，两岸圆木类产品的出口竞争力均很弱。台湾圆木类产品的出口竞争力高于台湾，指数总体呈先增后减的趋势，先从2000年的-0.94波动增长至2012年的最大值-0.59，随后逐渐下降至2015年的-0.78，2016—2017年指数逐年回升至-0.63，随后连续下降至2020年的-0.94，与2000年持平。而大陆圆木类产品的指数始终趋近于-1，基本只进口不出口。对比而言，台湾圆木类产品的出口竞争力高于大陆，且二者差距先逐渐扩大后不断缩小。

从显示性比较优势指数来看，根据图10-41可知，2000—2020年，台湾圆木类产品总体上具有较强的出口比较优势，而大陆圆木类产品的贸易竞争力很弱。台湾圆木类产品的指数波动较大，总体呈先增后减的趋势，先从2000年的0.73快速波动增长至2009年的17.10，2010年指数突降至6.07，随后连续增长至2012年的最大值18.03，2013—2020年指数快速下降至最小值0.01。而大陆圆木类产品的指数始终保持在0.07以下的极低水平。

从相对贸易优势指数来看，根据图10-42可知，两岸圆木类产品均具有贸易比较优势。台湾圆木类产品的指数波动较大，总体呈先增后减的趋势，先从2000年的0.73波动增长至2009年的17.10，2010年突降至6.07，随后又连续增长至2012年的最大值18.03，2013—2020年指数快速下降至最小值0.14。而大陆圆木类产品的指数相对平稳，基本保持在5左右。对比而言，2000—2005年大陆圆木类产品的国际竞争力基本略高于台湾，2006—2016年台湾圆木类产品的国际竞争力超过台湾，2017—2020年大陆圆木类产品的国际竞争力又高于台湾，且二者差距逐渐扩大。

综上所述，台湾圆木类产品具有一定的贸易竞争优势，而大陆圆木类产品的贸易竞争力较弱，但二者的差距逐渐缩小。

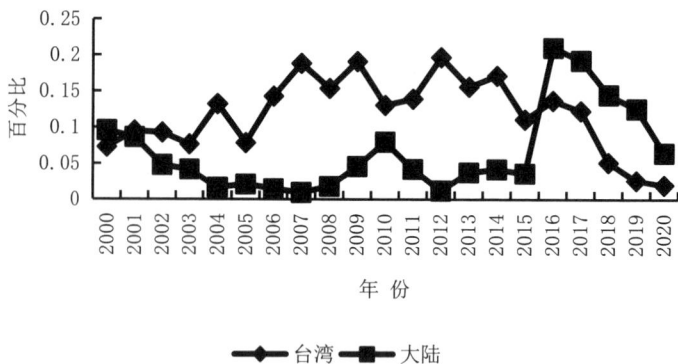

图10-38 2000—2020年大陆与台湾的圆木类产品国际市场占有率（%）

资料来源：根据FAOSTAT数据计算所得

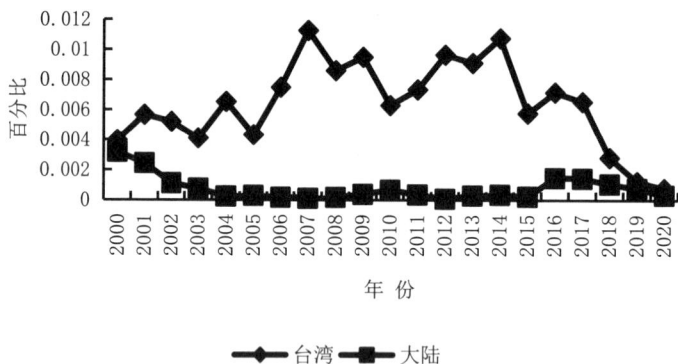

图10-39 2000—2020年大陆与台湾的圆木类产品出口贡献率（%）

资料来源：根据FAOSTAT数据计算所得

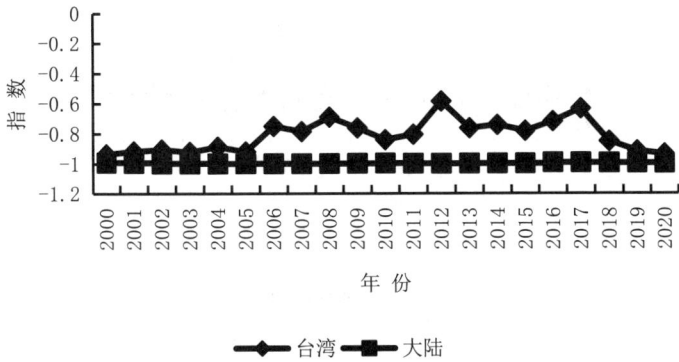

图10-40 2000—2020年大陆与台湾的圆木类产品贸易竞争力指数

资料来源：根据FAOSTAT数据计算所得

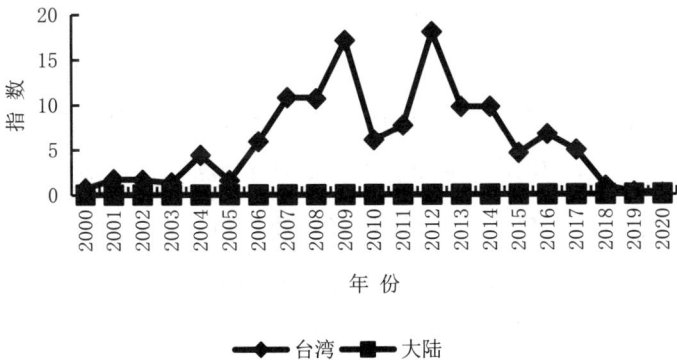

图10-41 2000—2020年大陆与台湾的圆木类产品显示性比较优势指数

资料来源：根据FAOSTAT数据计算所得

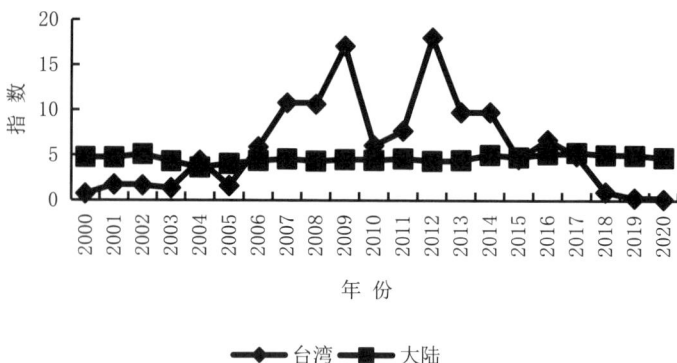

图10-42 2000—2020年大陆与台湾的圆木类产品相对贸易优势指数

资料来源：根据FAOSTAT数据计算所得

4.3 针叶树产业

从国际市场占有率来看，根据图10-43可知，2017—2020年，两岸针叶树的国际市场占有率均处于极低水平。台湾针叶树的国际市场占有率呈小幅下降趋势，从2017年的0.014%逐渐下降至2020年的0.002%。而大陆针叶树的国际市场占有率呈先增后减的趋势，先从2017年的0.026%逐年增长至2019年的0.040%，随后下降至2020年的0.017%。对比而言，大陆针叶树的国际市场份额高于台湾，且二者差距先扩大后缩小。

从出口贡献率来看，根据图10-44可知，2017—2020年，两岸针叶树的出口贡献率均处于低水平。台湾针叶树的出口贡献率呈不断下降趋势，从2017年的1.38%下降至2020年的0.15%。而大陆针叶树的出口贡献率始终趋近于0。对比而言，台湾针叶树的出口贡献率明显高于大陆，且二者差距逐渐缩小。

从贸易竞争力指数来看，根据图10-45可知，2017—2020年，两岸针叶树的出口竞争力均很弱，台湾针叶树的竞争力略高于大陆。台湾针叶树的指数总体呈下降趋势，从-0.90逐渐下降至2020年的-0.99。而大陆针叶树的指数均为-1，基本只进口不出口。

从显示性比较优势指数来看，根据图10-46可知，2017—2020年，两岸针叶树均处于出口比较劣势地位，贸易竞争力很弱。台湾针叶树的指数呈不断下降趋势，从2017年的0.008下降至2020年的0.001。而大陆针叶树的指数呈先增后减趋势，先从2017年的0.002缓慢增长至2019年的0.003，随后小幅下降至2020年的0.001。对比而言，2017年台湾针叶树的贸易竞争力明显高于大陆，2018年基本持平，之后大陆针叶树的贸易竞争力超过台湾，且二者差距先拉大后缩小。

从相对贸易优势指数来看，根据图10-47可知，2017—2020年，两岸针叶树均不具有贸易比较优势，但台湾针叶树的国际竞争力明显高于大陆。台湾针叶树的指数基本稳定在-0.2左右。而大陆针叶树的指数略有波动，其中2017年为最小值-5.26，2018年为最大值-4.92。

综上所述，两岸针叶树均处于贸易竞争劣势地位，总体上台湾针叶树的贸易竞争力略高于大陆。

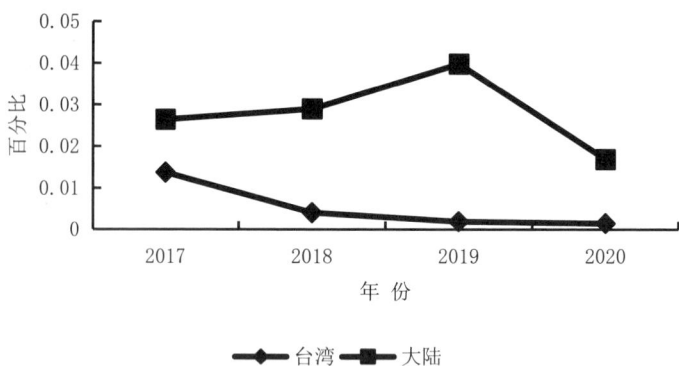

图10-43 2017—2020年大陆与台湾的针叶树国际市场占有率（%）

资料来源：根据FAOSTAT数据计算所得

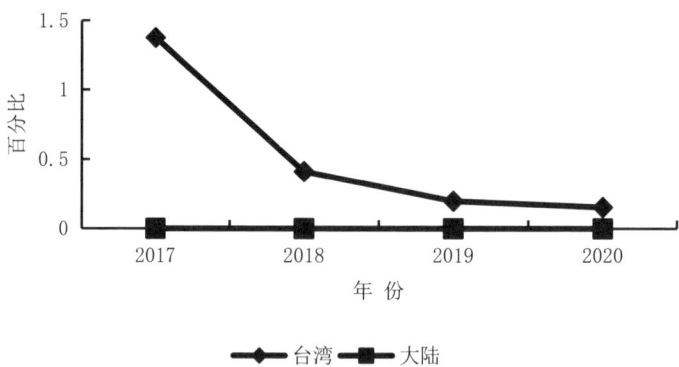

图10-44 2017—2020年大陆与台湾的针叶树出口贡献率（%）

资料来源：根据FAOSTAT数据计算所得

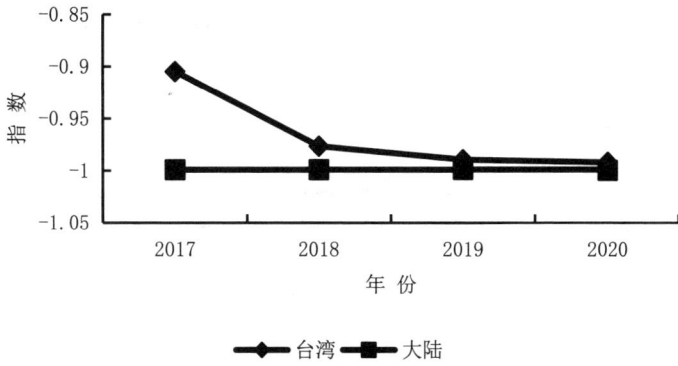

图10-45 2017—2020年大陆与台湾的针叶树贸易竞争力指数

资料来源：根据FAOSTAT数据计算所得

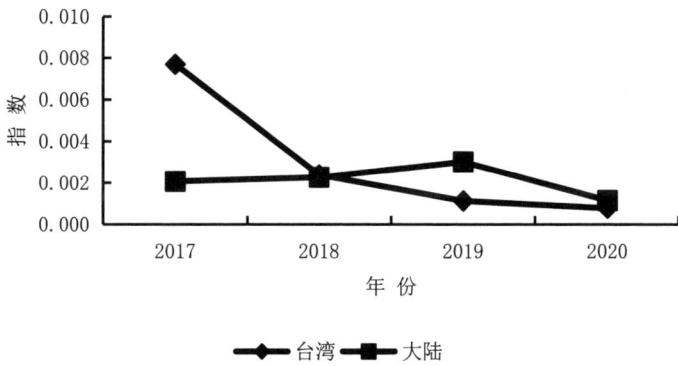

图10-46 2017—2020年大陆与台湾的针叶树显示性比较优势指数

资料来源：根据FAOSTAT数据计算所得

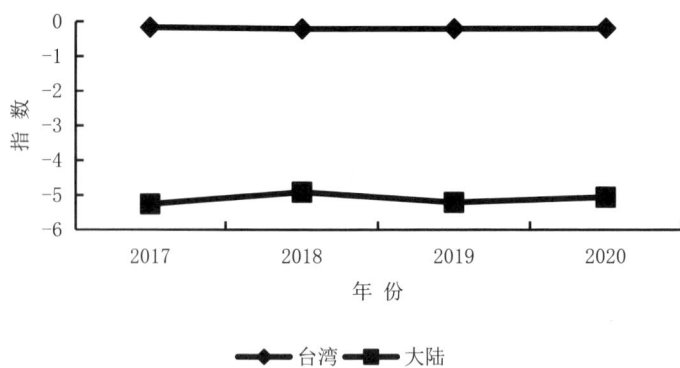

图10-47 2017—2020年大陆与台湾的针叶树相对贸易优势指数

资料来源：根据FAOSTAT数据计算所得